Die therapeutische Beziehung unter dem Aspekt verschiedener psychotherapeutischer Schulen

HERAUSGEGEBEN VON
RAYMOND BATTEGAY UND ARTHUR TRENKEL

Die therapeutische Beziehung unter dem Aspekt verschiedener psychotherapeutischer Schulen

HERAUSGEGEBEN VON
RAYMOND BATTEGAY UND ARTHUR TRENKEL

MIT BEITRÄGEN VON:
RENÉ HENNY, LAUSANNE
ADOLF GUGGENBÜHL-CRAIG, ZÜRICH
VICTOR LOUIS, KÜSNACHT/ZÜRICH
MARCELLE SPIRA, GENF
THERESE WAGNER-SIMON, RIEHEN/BASEL
GION CONDRAU, HERRLIBERG
YVONNE MAURER, KILCHBERG
RAYMOND BATTEGAY, BASEL
ARTHUR TRENKEL, BERN

VERLAG HANS HUBER BERN STUTTGART WIEN

Cip-Kurztitelaufnahme der Deutschen Bibliothek

Die therapeutische Beziehung unter dem Aspekt verschiedener psychotherapeutischer Schulen
hrsg. von Raymond Battegay u. Arthur Trenkel.
Mit Beitr. von René Henny ...
Bern, Stuttgart, Wien: Huber, 1978
ISBN 3-456-80553-5

NE: Battegay, Raymond (Hrsg.); Henny, René (Mitarb.)

© 1978 Verlag Hans Huber Bern
Druck: Lang Druck AG, Liebefeld-Bern
Printed in Switzerland

Inhaltsverzeichnis

Vorwort 7

RENÉ HENNY: Die therapeutische Beziehung in der Freudschen Psychoanalyse 9

ADOLF GUGGENBÜHL: Die therapeutische Beziehung unter dem Aspekt der Analytischen Psychologie C. G. Jungs 22

MARCELLE SPIRA: Die therapeutische Beziehung in der Sicht von Melanie Klein 35

VICTOR LOUIS: Die therapeutische Beziehung unter dem Aspekt der Adlerschen Individualpsychologie 44

THERESE WAGNER-SIMON: Die Gestaltung der therapeutischen Beziehung nach dem Aspekt der Schicksalsanalyse von Szondi 56

GION CONDRAU: Die therapeutische Beziehung aus daseinsanalytischer Sicht 71

YVONNE A. MAURER und HILARION G. PETZOLD: Die therapeutische Beziehung in der Gestalttherapie 95

RAYMOND BATTEGAY: Die therapeutische Beziehung in der Gruppenpsychotherapie 117

ARTHUR TRENKEL: Zur therapeutischen Beziehung in der Praxis 127

Autorenregister 145

Sachregister 147

Vorwort

Der therapeutischen Beziehung kommt in der Psychoanalyse und in allen psychotherapeutischen Schulen naturgemäss eine zentrale Bedeutung zu. Das theoretische Konzept ist für den Therapeuten sehr wichtig, weil es ihm Halt und Orientierung gibt. Für den Patienten jedoch, der um Hilfe nachsucht, ist die lebendige Erfahrung mitmenschlicher Präsenz das Entscheidende. — Während zu Beginn der Psychoanalyse die Erforschung der Träume und der frühen Kindheit im Vordergrund des Interesses stand, wird heute das Augenmerk mehr auf das Hier und Jetzt der therapeutischen Beziehung gelegt. In ihr spiegeln sich, übertragen auf die Gegenwart, auch alle Konflikte der Vergangenheit wieder.

Am 13. November 1976 wurde von der Schweizerischen Ärztegesellschaft für Psychotherapie eine schulenvergleichende Tagung unter dem Titel des vorliegenden Buches durchgeführt. Die dort gehaltenen Vorträge sind in diesem Sammelband vereinigt und durch weitere Arbeiten zum Thema ergänzt worden. Die enthaltenen Beiträge lassen die Unterschiede zwischen den einzelnen Schulen in der theoretischen Auffassung der Neurosen, der sogenannten Metapsychologie, und der therapeutischen Beziehung deutlich werden. Im übrigen wird der Leser feststellen, dass sich alle Schulen, mehr als es vor Jahren der Fall war, auch neurotischer Störungen psychotherapeutisch annehmen, die ihren Ursprung in frühester Kindheit haben. Frühe Beziehungsstörungen scheinen in unserer Gegenwart an Häufigkeit zuzunehmen und verlangen deshalb auch vermehrte Beachtung in der Psychotherapie. Vielleicht nicht zuletzt als Folge davon haben die Therapeuten aller Schulen besser gelernt, die Patienten in diese Bereiche der primären seelischen Bedürfnisse zu begleiten und dabei entsprechende Störungen anzugehen. Eine tragende therapeutische Beziehung ist wesentliche Voraussetzung dazu.

Basel und Bern, im Januar 1978 RAYMOND BATTEGAY
ARTHUR TRENKEL

Die therapeutische Beziehung in der Freudschen Psychoanalyse*

Von René Henny

Die intersubjektive Beziehung Patient — Psychotherapeut ist ein schwieriges, immer wieder diskutiertes Thema. Bekanntlich ist diese Thematik zur Zeit sehr in Mode, so sehr, dass sie im Rahmen der medizinischen wie auch der humanen Wissenschaften ihre Bedeutung etwas verloren hat. Häufiger als von der Beziehung Patient — Arzt spricht man von einer Beziehung des Sozialarbeiters zu seiner Gruppe, besonders im Rahmen des „case-work"; von einer Beziehung über den Körper, die Haut, den Schrei, die Nacktheit, die Sinne. Auf einem anderen Gebiet spricht man von der Beziehung des Künstlers zu seinem Werk, des Schauspielers zu seinem Text, des Schriftstellers zu seinem Leser, und ganz allgemein des Zuschauers zur artistischen Schöpfung. Man könnte noch viel hinzufügen, zum Beispiel die politische Beziehung des Führers zur Masse. Jeder von ihnen verteidigt seine Stellung, bisweilen mit einer gewissen Leidenschaft.

Im Grunde handelt es sich um die Begegnung zwischen Menschen, um Beziehungen, die das Subjekt, das sich dem anderen öffnet, gefährden, indem es sich durch dieses Öffnen sowohl als schenkendes wie als drohendes empfindet. Reife kann als die Fähigkeit, Geben und Sich-Geben zu können, definiert werden, und geistige Gesundheit kann mit dem freien Wechsel von Empfangen und Hingeben, als Ausgleich der Affekte, der Emotionen, der Sprache und der Kommunikation im wahrsten Sinne des Wortes erklärt werden.

Die zwischenmenschliche Beziehung umfasst also die ganze menschliche Geschichte: die phylogenetische Geschichte, gezeichnet durch Eroberung und Beherrschung der natürlichen Umwelt, der der Mensch sich anpassen musste, indem er sie gleichzeitig veränderte, aber auch die Ontogenese, welche durch die Neotenie beeinflusst wurde. Der Mensch kann sich durch die Beherrschung der Beziehung eine relativ angenehme und angstfreie Existenz schaffen. Wir wissen, dass diese Beherrschung, wenigstens auf dem Niveau von Sublimation, Verständnis und Einsicht in eine bestimmte Situation erfordert. Es handelt sich also um die Beherrschung der Handlung und der Triebe durch vermittelndes Denken.

Sigmund Freud hat in den Jahren 1885 bis 1920 eine Methode zum Verständnis der psychischen Tätigkeit des Gesunden und des Kranken entwickelt. Diese geniale Konstruktion ist die Frucht sowohl naturalistischer wie

---

* Aus dem Französischen übersetzt von Dr. Walter Bettschard, Lausanne auch hypothetisch-deduktiver Beobachtung. Er realisierte sie in einem rein experimentellen Rahmen, nämlich in der Zweierbeziehung. Diese Situation (setting) entstand im Laufe der Entwicklung der Psychoanalyse. Die Motivationen beruhen sowohl auf technischen Forderungen als auch auf den Bedürfnissen des Arztes und des Wissenschaftlers. Die intersubjektive Beziehung wurde zum Untersuchungsfeld. Im Laufe der aktiven Untersuchung befinden sich sowohl der Untersucher als auch der Untersuchte in einem Kräftefeld, das nur von innen her beschrieben werden kann. Diese Periode wirkte für FREUD vermutlich organisierend auf sein Denken. Wir sehen an ihr den Dynamismus, aber auch die Schwäche der Freudschen Entdeckung, die von seinen Zeitgenossen massiv zurückgewiesen wurde. Das Unbewusste und seine primäre Funktion, die Sexualität, sind der Motor der Symptome und der Desorganisation des psychischen Apparates. Sie sind auch treibend für die erhabenste Schöpfung des sozialen und ästhetischen Menschen, nämlich für die Suche nach einer zweckmässigen Kompromisslösung zwischen den niemals befriedigten Wünschen einerseits und dem Druck der Umgebung andererseits. Diese Umgebungseinwirkungen wurden sehr früh als Instanz der Zensur und der Gegenbesetzung internalisiert. Diese Entdeckungen sind fundamental und werden von allen psychotherapeutischen Schulen, die auf den Freudschen Erkenntnissen beruhen, angenommen. Wir wissen jedoch nicht, ob unsere Kollegen unserem Optimismus zustimmen, dass wir uns nämlich vermutlich alle auf einige grundlegende Ideen berufen können, wenn wir die uns trennenden Punkte genau beschreiben. Wahrscheinlich unterscheiden wir uns in bezug auf das Verständnis und noch mehr in bezug auf die therapeutische Benutzung der Beziehung. Ich muss leider befürchten, dass der Begriff ‚Beziehung', welcher am Anfang dieses Kapitels steht, uns kaum erlaubt, uns in einer wirklich operationellen Art und Weise zu verständigen, da er so weitläufig ist, dass wir entweder oberflächlich bleiben, d.h. dass wir in einer allgemeinen Diskussion über eine Pseudoübereinstimmung unserer gegenseitigen Metapsychologien stecken bleiben, oder dass wir uns auf ein spezifisches Niveau zurückziehen, indem wir von vornherein darauf verzichten, dieses Thema zu behandeln. Wir müssen uns ausserdem daran erinnern, dass wir alle Gefahr laufen, in eine Diskussion zu geraten, die umso konfuser wird, als unser Vokabular, obwohl lexikal identisch, tiefe semantische Unterschiede enthält. Unsere Kollegen der Jungschen Analyse benützen sicher die Begriffe ‚Libido', ‚Ich', ‚Es' in einem anderen Beziehungsfeld als die Freudschen Psychoanalytiker. Für die Zukunft können wir nur den Wunsch aussprechen, der kürzlich von unserem Kollegen WALTER BETTSCHART formuliert wurde, nämlich ein Glossar zu veröffentlichen, das uns erlaubt, uns in unseren Definitionen zurechtzufinden.

Ehe wir weiterfahren, unterstreichen wir, dass unser kurzes Exposé sich an jenes von Frau SPIRA anschliesst, welches sich mit der therapeutischen

Beziehung in der Perspektive von MELANIE KLEIN befasst. Die Psychoanalyse im Jahre 1976 umfasst wie auch die des Jahres 1930 sowohl das Werk von SIGMUND FREUD als auch das seiner Schüler, die den wesentlichen Gedanken des Begründers ihrer Schule treu geblieben sind. Es handelt sich um die Begriffe der Existenz des Unbewussten, der kindlichen Sexualität, der Bedeutung der Wiedererinnerung, die in der Durcharbeitung erlaubt, die Wiederholung zu überschreiten, und vielleicht auch der dualistischen Anthropologie der Triebe. Die Arbeiten von MELANIE KLEIN haben unsere Kenntnisse wesentlich erweitert, ohne dass sie von der Arbeit des Begründers der Psychoanalyse etwas abstreichen. Es scheint uns daher ein methodologischer Fehler zu sein, wenn der Unterschied zwischen den verschiedenen therapeutischen Schulen, die in dieser Arbeit aufgeführt werden, auf den metapsychologischen Unterschied der Freudschen und der Kleinschen Schule zurückgeführt werden. Im Rahmen dieser Ausführungen gehen wir nicht auf die Entdeckungen von MELANIE KLEIN ein. Wir überlassen dies unserer Ko-Referentin, obwohl wir uns durch diese künstliche Trennung etwas verarmt fühlen.

Durch eine Herausforderung versuchen wir, die nachfolgende Diskussion zu beleben, indem wir sagen, dass die Spezifität der psychoanalytischen Beziehung — wenigstens was die phänomenologische Seite betrifft — durch die Abwesenheit des Psychoanalytikers gekennzeichnet ist. Ein antonymer Kommentar hiezu von SACHA NACHT lautet: Keine visuelle Wahrnehmung für den Patienten, weder Sehen noch Hören, ausgenommen die interpretative Sprache, die keineswegs die erwartete Antwort des Sekundärprozesses darstellt; der Analytiker verbirgt sich, so dass er nicht gesehen werden kann; er ist vom Patienten durch die Herstellung der Situation (setting), welche den psychoanalytischen Raum definiert, abgeschnitten. Wir betonen also die Abwesenheit, das Verschwinden des Sensoriums, welches die Figur, die Szene schafft, auf der der Prozess entsteht, sich fortsetzt und sich erschöpft. Über die psychoanalytische Situation wurde viel geschrieben, über die Couch und den Sessel, über Sichtbares und Verborgenes, über Reden und Schweigen, über die von Grund auf asymmetrische Beziehung, welche die Regression organisiert, wie es Frau MACALPINE gezeigt hat. Man könnte diese Situation mit neuropsychologischen Begriffen als reizlose Situation bezeichnen, die versucht, den Primärprozess neu zu beleben. Möglicherweise können wir dies gegenüber der Psychotherapie, oder genauer gesagt gegenüber den Psychotherapien, phänomenologisch als das psychoanalytische Feld bezeichnen. Dies ist, wie oft gesagt wurde, die Schöpfung FREUDS.

In der Geschichte der psychoanalytischen Bewegung geht es um die Distanznahme gegenüber dem Analysanden. Diese Distanz ermöglicht es dem Arzt, sowohl seinen Patienten zu beobachten und ihm zuzuhören, als auch sich selbst in den eigenen und parallelen Assoziationen wahrzunehmen. FREUD hat dadurch jene Situation geschaffen, die intersubjektiven Prozessen sich zu entwickeln erlaubte. Es ist dadurch das Feld eines dialektischen Kräfteverhältnisses geschaffen, das sich nun ohne Hindernisse entwickeln kann. Für FREUD war es sicher wichtig, eine Situation gefunden zu haben, welche ihm ein experimentelles, mehr oder weniger neutralisiertes Feld verschaffte, das ihn vor dem zu direkten übertragungsbedingten Agieren seiner Patienten schützte. Nach der erschöpfenden Periode der Hypnose und der nicht weniger aktiven Phase, in der der Begründer der Psychoanalyse versuchte, die Assoziationen seiner Patienten in bezug auf traumatische Erinnerungen zu mobilisieren, strukturierte FREUD diesen dissymmetrischen Raum, in den sich der Arzt zugunsten des Patienten zurückzog, um zu versuchen, der medizinischen Autorität einen neutralen Platz einzuräumen und die klassische Beziehung Arzt-Patient zu gestalten. Es kann jedoch nicht geleugnet werden, dass es FREUD auch um eine gewisse Energieersparnis ging, und zwar jener Energie, die er bis dahin in der Periode der Hypnose und der direkten Suggestion durch seine aktive Mitarbeit zugunsten seiner Patienten verbrauchte. Dies war selbstverständlich nicht die grundlegende Motivation; doch selbst, wenn sie es gewesen wäre, hat der Arzt dadurch, dass er sich hinter den Patienten plazierte, jenseits der ökonomischen Dimension die intersubjektive Beziehung organisiert.

Durch diese Situation schützt sich der Psychoanalytiker. Er schützt sich vor der Anstrengung der Suggestion wie auch vor dem übertragungsbedingten Agieren des Patienten. Sein Rückzug verschafft ihm eine angenehmere Stellung. Dies wurde von gewissen Personen als Missbrauch der Macht angesehen. Was jedoch die Machtposition betrifft, so sollten wir eher von einer Reorganisation der Macht sprechen. Wir sehen im Erleben der Gegenübertragung des Analytikers weit mehr einen Verzicht auf Ausübung der Macht. Wir sprachen vorher davon, dass der Analytiker durch diese Stellung von seinem Patienten abgeschnitten ist. Es handelt sich dabei um eine organisierende Abschneidung, deren hingebender Aspekt FRANCIS PACHE kürzlich gezeigt hat: „Sowohl der Ausdruck des Wunsches, sich vor den Angriffen zu rechtfertigen, sich zu rächen oder wissen zu lassen, dass man vergibt, als auch derjenige, auf die Liebeshinweise zu antworten oder solche anzubieten, etwa zu wünschen, zu heilen, oder sich zu behaupten, sich geltend zu machen, aber auch sich beklagen oder verachten zu lassen, ist verboten. Dies alles gehört zur Anwendung des Grundsatzes der Abstinenz, zu dem absolute Neutralität gehört und der im wahrsten Sinne des Wortes verstanden werden muss. Der Analytiker muss alles, was nicht seine interpretative Aktivität betrifft, verhindern, entwaffnen, neutralisieren. Indem er sich diesem Grundsatz unterwirft, realisiert er in einem gewissen Sinne die Selbstkastration." Der Patient seinerseits ist eingeladen, sich in dieser asymmetrischen Situation einer gewissen verbalen Katharsis hinzugeben, sich auszudrücken, mitzuteilen, sich seiner Spannungen, seiner Hass- und

Liebesgefühle zu entladen. Er ist nur durch das projektierte Imago zurückgehalten und die objektivierende Wahrnehmung des Analytikers wird auf ein Minimum zurückgedrängt. Es handelt sich also um einen Schutz des Analytikers, jedoch um einen relativen Schutz, der dem Analysanden so weit wie möglich erlaubt, seine Wünsche verbal zu entfalten, da er durch die Regel der Abstinenz zurückgehalten wird. Der Analytiker seinerseits muss sich enthalten, er muss sich zurückhalten, sich kontrollieren und darauf bedacht sein, die Sichtbarmachung des roten Fadens für den Patienten nicht zu stören oder seine Entfaltung nicht zu verwirren. Diese Haltung ist dadurch erträglich, dass sie eine aktive Wahrnehmung durch den Psychoanalytiker beinhaltet, sich organisierend auf die Wahrnehmung unbewusster Produktionen auswirkt und sowohl die Wiedererinnerung als auch die Organisation der psychoanalytischen Konstruktion mobilisiert. Diese Kontrolle verlangt jedoch auf einem elementaren Niveau, dass keine Verteidigung, vor allem keine Selbstverteidigung stattfindet. Es handelt sich hier um eine elementare Dimension der Gegenübertragung des Psychoanalytikers. Die wohlwollende Neutralität ist eine entwaffnende. Die Falle ist besonders schwierig zu umgehen, wenn der Patient in seiner Aggressivität den Therapeuten – gelegentlich in böswilliger Art und Weise – direkt in Frage stellt, vor allem, wenn er sich auf Gehörtes und Gesagtes ausserhalb der Analyse stützt. Die medizinischen und psychotherapeutischen Gesellschaften sind ein Gefüge von Kräften, in dem sich aufgestaute Spannungen durch aufgezwungene Enthaltung in der Patientenbeziehung ausdrücken. Wir wissen, dass diese Gruppen von Spezialisten sehr aggressiv und geteilt sein können. Die Geschichte der Psychoanalyse ist durch die Frustration der Psychoanalytiker gekennzeichnet. Es ist möglich, dass unsere Lehrer, auf die wir uns beziehen, FREUD, JUNG, ADLER, BLEULER, BINSWANGER, nichts anderes sind als die Träger dieser Phänomene, die wir hier zu entlarven versuchen. Sicher sind die theoretischen, metapsychologischen, intellektuellen Bezugspunkte axiomatisch für unsere Differenzierungen. Doch inwieweit sind diese Verarbeitungen, diese Auseinandersetzungen, diese Leidenschaften, die sich auch häufig im brieflichen Austausch zeigen, nicht die Frucht des Grundsatzes der Abstinenz, durch den sowohl Analytiker als auch Analysanden frustriert und gestempelt wurden?

In diesem erweiterten, leeren, weissen oder als solchem behaupteten Raum wird der Patient die Projektion einer Vorstellung organisieren, welche sich ohne Zwang durch die Realität entfalten soll. In der Geschichte der Psychoanalyse wurde mit diesem neutralen Raum beabsichtigt, dass er für den Analytiker nur Spiegel sei, der Übertragungsbeziehungen wahrnimmt, zunächst als Hindernis für den Ablauf der Behandlung, dann jedoch bald als Instrument des Verständnisses und der Intervention des Psychoanalytikers.

Wir haben weder die Absicht noch die Möglichkeit, in diesem kurzen

Referat die vielfältigen Definitionen der Übertragung aufzuzählen, die im übrigen aus umfangreicher Literatur bekannt sind, doch wollen wir unseren Standpunkt in der Diskussion, die bei weitem noch nicht erschöpft ist, einfach und klar darlegen. Die Übertragung ist ein allgemeines Phänomen, welches in der Psychologie schon vor der Psychoanalyse definiert wurde. FREUD erwähnt sie zum ersten Mal im Jahre 1895. In der Folgezeit arbeitete er weiter an dieser Erkenntnis, und er veröffentlichte darauf den „Kurzen Abriss der Psychoanalyse". Die Übertragung ist im Rahmen des therapeutischen Prozesses das Ergebnis einer Dispositon des Patienten und wird durch eine gewisse Quantität freier Libido gebildet. In eben diesem Rahmen des therapeutischen Prozesses ist sie sowohl Widerstand, da sie das ‚Handeln' durch ‚Wiedererinnerung' ersetzt, als auch Mauer, an der der Wiederholungszwang im aktuellen Erleben zerbricht. Sie ist ‚Wiederholung' der infantilen Konflikte, versucht diese jedoch zu überholen und zu erschöpfen. Im Sinne des weitgefassten Begriffes der Übertragungstheorie, die wir PAULA HEIMANN, RACKER und der Pariser psychoanalytischen Schule verdanken, kann die Übertragung als der manifeste Ausdruck eines latenten Wunsches aufgefasst werden. Sie durchdringt die Gesamtheit des Materials des Patienten und bedingt, jenseits des sprachlichen Ausdruckes, Haltung und Verhalten. NUNBERG sagt: „Der Wiederholungszwang ist gegen die Vergangenheit gerichtet, die Übertragung gegen die Gegenwart (Realität) und in diesem Sinne gegen die Zukunft. Der Wiederholungszwang versucht zu fixieren, ‚die alte psychische Realität zu gefrieren', und wird dadurch eine regressive Kraft. Die Übertragung versucht, diese ‚gefrorenen' psychischen Formationen wiederzubeleben, sie ihrer Energie zu entladen und sie in einer neuen und gegenwärtigen Realität zu befriedigen. Sie wird somit eine progressive Kraft."

Ich denke, dass wir aus dieser Perspektive die Gesamtheit der Beziehung im psychoanalytischen Feld nicht nur auf das Phänomen der Übertragung reduzieren können. Die Situation als ganze ist weitgehend überdeterminiert und beweglich, und zwar als Ausdruck der therapeutischen Allianz — ein Begriff, der schwer zu erfassen ist, da er den ganzen psychoanalytischen Vertrag umfasst. Vertrauen, Toleranz gegenüber einem gewissen Grad von Frustration, Identifikation mit dem Ziel der Behandlung sind als Grundlage des therapeutischen Prozesses unerlässliche Dimensionen. Die Beziehung beinhaltet also eine globale Antwort auf die Person des Analytikers, eine Antwort, auf welcher der Patient seinen grundlegenden Vertrag abschliesst. Es bildet sich ein Kräftefeld, das schwierig zu erfassen ist. Dabei spielt das Geschlecht des Analytikers eine Rolle, die man nicht vergessen sollte. Dank seiner Einsicht stellt der Arzt durch seine Gegenübertragung, in dialektischer Form, eine Beziehung mit der globalen Person seines Patienten her. Diese Phänomene, welche GITELSON gut definiert hat, spielen sich vor der Übertragung ab und diese Vor-Übertragung, diese massive Beziehung, gestaltet den therapeutischen Verlauf. Diese Beziehung wird übrigens häufig dadurch bestimmt, was der Patient vom Analytiker weiss, bevor er eine Behandlung aufsucht. Der Therapeut seinerseits reagiert auf die Form des Gesuches und auf die Menge infraverbaler Zeichen, die er durch seine Fähigkeit, den Patienten auf einer tieferen Ebene als der der Sprache zu begreifen und zu ertragen, zu erfassen versteht. Diese Zeit vor der Behandlung, die man als diagnostische Zeit bezeichnet hat, verdiente eine systematischere Studie. Es handelt sich bei ihr um die Vor-Form der Beziehung, sie ist noch nicht Übertragung, enthält jedoch deren Geheimnisse.

Gleichzeitig bildet sich die Beziehung Analytiker – Analysand auf der Basis stark besetzter konfliktueller Kräfte, als Wiederauftauchen imagohafter, nicht-metabolisierter Identifikationen der Vergangenheit, wie LUQUET es formuliert hat. Es handelt sich hier um den Anfang der Übertragung im engen Sinne des Wortes, welche mit den neurotischen Symptomen und ihrer Ökonomie und Dynamik verwandt ist. Die Übertragung ersetzt die Symptome. Sie befriedigt die bis dahin in der Schwebe gelassene instinkthafte Befriedigung, welche eher verlangt, in der Beziehung befriedigt zu werden als durch die Symptome, denn die Beziehung hat gegenüber dem Symptom den Vorteil, dass sie die Hoffnung einer reellen Entladung der Entspannung und der Vollendung der Befriedigung anbietet. Aber gleichzeitig ist die Beziehung Widerstand gegen die gefährliche Wiedergeburt der internalisierten Objekte, die die verurteilten Wünsche potentiell mit enthalten. Die psychoanalytische Beziehung ist immer Bewegung, Anruf und Anfrage, manchmal sogar Versuch interaktioneller Manipulationen. Wir schliessen letztlich eine neue Form der Beziehung nicht aus, vor allem im Hinblick auf den Begriff der therapeutischen Allianz, die den Keim dieser neuen Beziehung darstellt. Wagen wir es, jenseits der Interpretation von einer verbessernden Beziehung zu sprechen, auf die Gefahr hin, zur Zielscheibe heftiger Kritik der Kollegen zu werden. Selbst wenn wir uns an die Definition der Übertragungsbeziehung im engsten Sinne des Wortes halten, sind wir uns alle einig, dass es sich niemals um eine wirkliche Beziehung des Kindes zu seinen signifikanten Objekten handelt, welches auch immer der qualitative und quantitative Aspekt sei. Es handelt sich immer um eine neue Struktur, um den Ausdruck aller dynamisch-strukturellen und ökonomischen Überlagerungen, welche im Laufe der Geschichte des Patienten bis zu deren Vollendung auf der Couch angehäuft worden sind.

Doch kommen wir auf jenen leeren Raum zurück, jene Zone ohne Zeichen, geschaffen durch die analytische Situation, den Raum, welchen der Patient als Raum-Leinwand mit seiner inneren Welt bevölkern wird. Dieser Raum ist die Stütze, die seinem Zweck dienen wird, das für alles nützliche Ding. MELTZER würde von einem ‚Brust-Arbeitszimmer', von einem Ort aller Befriedigung sprechen. Wir können hier kurz die Konzeptualisierung von FRANCIS PACHE erwähnen, der von einem Fetisch sprach, welcher die Wiederholung garantiert. Es war die Idee dieses Spiegel-Therapeuten, nichts von seiner Eigenheit zu zeigen, um desto besser ausschliesslich auf die Bedürfnisse seines Patienten antworten zu können. Dies ist jedoch die Vorstellung eines unbeweglichen, blutlosen Analytikers, der als Interpretationsmaschine, als Computer-Arzt, um nicht zu sagen als toter Arzt, arbeitet. Die Schaffung der analytischen Situation als ein blindes Feld, in dem der Psychoanalytiker der visuellen Wahrnehmung des Patienten entzogen ist, diesen jedoch leitet, diese Erfindung von SIGMUND FREUD hat sich als fruchtbarer Raum erwiesen. In paradoxer Weise transzendiert er die Abwesenheit in eine mysteriöse Anwesenheit, und zwar dies um so tiefer, als seine Hinweise nicht durch die Wahrnehmung seines Äusseren gestört werden. Als Kontrapunkt zur Abwesenheit des Analytikers muss man hier von seiner Gegenwart sprechen.

Der Analytiker antwortet dem Patienten durch seine existentielle Anwesenheit, und zwar in einer dialektischen Beziehung, welche gleichzeitig das kindliche Erleben in der für ihn signifikanten Objektbesetzung und die Gestaltung seiner Imagines wiederholt. Dieses komplexe Spiel von Projektion und Internalisierung, welches das innere Objekt durch die Gegenwart und die Realität des äusseren, signifikanten Objektes aufbaut, liegt zwischen den beiden Momenten von Lust und Unlust.

Wir haben es demgemäss mit zwei Etappen im Aufbau der therapeutischen Beziehung zu tun. Die erste Etappe, welche der therapeutischen Allianz entspricht, kann weitgehend als eine narzisstische Bewegung verstanden werden. Durch das aufmerksame Zuhören des Arztes erlebt der Patient eine autoerotische Verwirklichung, und er projiziert in der therapeutischen Allianz und in der Vor-Übertragung auf den Arzt das gute, internalisierte Objekt, welches der Anteil des geliebten Körpers und des Selbst darstellt. BELA GRUNBERGER hat auf diese Anfangsphase grosses Gewicht gelegt und sie häufig als die psychoanalytische ,lune de miel' beschrieben. Aber das Fehlen einer Antwort seitens der Analytiker, die Abstinenzregel, die Frustrationen, welche durch die Unmöglichkeit des Handelns verursacht werden, lösen rasch die potenziellen Konflikte durch das innere, schlechte Objekt aus. Die Idee der Möglichkeit eines Wiederbeginnes (M. BALINT), d.h. die Idee einer Wiedergeburt der in der Kindheit kaum begonnenen Erfahrungen, zerbricht bald an der Realität. Der Patient projiziert so gleichzeitig seine widersprüchlichen Tendenzen, welche topisch an das Ich (Verteidigung gegen die Triebe) und an das Es (Entladung des Triebes) gebunden sind, auf den Analytiker. Der Arzt hat im Konflikt die Stellung des Schiedsrichters, und zwar eines Schiedsrichters, der bald als voreingenommen bezeichnet wird. Nach NUNBERG führen die im Heilungswunsch enthaltenen Motivationen und die Befriedigung, welche der Patient zu Beginn der Behandlung erhalten hat (Freude zu sprechen, ohne sein Geheimnis zu verraten, narzisstische und intellektuelle Befriedigung, Geständnis und Bedürfnis zur Entladung), zur Übertragung, welche den Heilungswunsch ersetzt und sich in den Dienst der Analyse der Widerstände stellt.

Wir wissen, dass im Laufe der Behandlung die Wiederholung, und zwar als Sprache und Wiederholung des Gesagten, den Analytiker dazu führt, im Sinne der konstitutiven Imagines mobilisiert zu werden. Durch den Widerstand, welcher der Analytiker dieser Projektion entgegensetzt, wird der therapeutische Augenblick geformt. STRACHEY macht darauf aufmerksam, dass durch die Auseinandersetzung zwischen imaginärem und reellem Objekt, welche die Verbindung zwischen Vergangenheit und Gegenwart darstellt, der therapeutische Prozess seinen Dynamismus und seine Wirkungen entfaltet. Wir erinnern hier nach FLIES an den Ablauf des aktiven psychischen Metabolismus des Analytikers:

a) der Analytiker ist das Objekt eines Triebes des Patienten,
b) er identifiziert sich mit dem Patienten,
c) der Analytiker wird selbst das Objekt des Patienten (der Übertragungskonflikt des Patienten wird vorübergehend sein eigener intrapsychischer Konflikt)
d) nachdem er diesen ‚gekostet' hat, projiziert er den Trieb wiederum auf den Patienten und besitzt nun die innere Kenntnis seiner Beschaffenheit, was ihm ermöglicht, die gefühlsmässige Grundlage für seine Interpretation zu besitzen.

Wiederholen wir noch einmal, dass in dieser Phase des Wiederkauens der Introjektion der signifikativen Objekte der Vergangenheit das Zuhören eine gewisse Art von Teilnahme darstellt. Der Psychoanalytiker ist gleichzeitig Handelnder und Schauspieler, besonders wenn er sich durch die Interpretation offenbart. Der Therapeut kann sich der Bedingung, Subjekt zu sein, nicht entziehen. LEBOVICI macht mit Recht auf die Analogie mit dem Schauspieler aufmerksam, der den Text des Autors interpretiert, um ihn dem Publikum mitzuteilen.

In dieser Form wird es verständlich, dass der Mythos des Analytiker-Spiegels nicht nur eine Idealisierung darstellt, sondern geradezu ein therapeutischer Widersinn ist. Der Therapeut kann sich nicht damit zufriedengeben, die auf ihn projizierte Imago als Verstandenes und Erlebtes zurückzugeben. Er muss im Gegenteil antworten, und diese Entgegnung muss neu und verschieden sein. Dies ist umso schwieriger zu ertragen, als der Patient ein zerbrechliches Ich aufweist und unter massiven Distorsionen leidet. Vermutlich kann nur ein gesundes Subjekt spontan den Metabolismus der mehr oder weniger starken Pathologie der Introjektion/Projektion der früheren und späteren Objektbeziehungen korrigieren. Anders gesagt, durch die Wahrnehmung einer gewissen Realität des Analytikers zu Beginn der Behandlung stellt der Analysand durch Projektion den Arzt ausserhalb der Realität, er schafft und modelliert ihn nach dem Modell seiner Imago. Der

Arzt übernimmt sie, indem er sie sogar assimiliert, aber er muss darauf antworten, und zwar in einer neuen Realität, indem er sich in Wirklichkeit auf die therapeutische Allianz der ersten Phase der Behandlung beruft. ANNA FREUD und WINNICOTT haben daran erinnert, dass in der Geschichte des Individuums, vor allem in seiner frühen Geschichte, die strukturierenden Erfahrungen auf der Begegnung von Mutter und Kind aufbauen. Die Erfahrung des Zusammenklingens übersteigt natürlich das gegenseitige Zuhören und umfasst die harmonischen Resonanzen des Ichs und des Anderen. Es handelt sich nicht nur um das Mitschwingen zweier Unbewusster, sondern darüber hinaus um die Verbindung zweier Personen in ihrer Totalität. Das psychoanalytische Feld gestaltet sich als Analogon zu dieser frühen Erfahrung. SANDLER drückt es als erfahrendes Zusammenklingen aus, als Vollendung im Verständnis, als Einsicht in die Sexualisierung, welche es erlaubt, den Konflikt zu lösen und das beziehungsreiche Gewebe neuer libidinaler Valenzen zu schaffen. Jenseits persönlicher Erfahrungen verändert das Echo die Erfahrenheit des Menschen, und es reduziert sein Schuldgefühl. ANDRÉ GREEN hat den anderen als das Verkannte im Ich und als das, was Nicht-Ich ist, definiert. Die Entdeckung des Ich durch den anderen, den Psychoanalytiker, ist durch das Zusammenbrechen der Grenzen des Selbst bedrohend für die Individuation, die Einheit des Individuums, das vom anderen getrennt ist. Im Rahmen der Psychoanalyse neigt die durch das Verständnis bedingte Annäherung zur Verwischung der Grenzen der Individuen. Subjekt und Objekt verschmelzen. Hier müssen wir sowohl die mythischen Phantasien der Bisexualität wie die der Urszene zu verarbeiten versuchen. Diese Gefahr ist jedoch nur Illusion in dem Sinne, dass die Übereinstimmung eine Idealisation darstellt. Es ist unvermeidlich, und dies ohne Rücksicht auf die Einsicht des Therapeuten, dass die Begegnung als dialektischer Prozess eine gewisse Distanz durch die Missklänge der Trennung, der Abschneidung und der ‚Personation' erfährt. Im Rahmen der für die Ökonomie des Ich ertragbaren Grenzen erlaubt dieses missklingende Erlebnis dem Patienten, sich in seinen eigenen Grenzen zu definieren. Wenn wir uns auf die Ontogenese berufen, handelt es sich in Wirklichkeit um nichts anderes als um die Abwesenheit der Mutter als organisierende Kraft des Ich, des Säuglings. Jeder weiss, dass die Frustration strukturierend sein kann und Fortschritt und Entwicklung auslösen kann. Dieses Unlustgefühl muss jedoch jedesmal abgewogen werden, um das Kräftegleichgewicht nicht zu bedrohen. Wir wissen auch, dass die Wiederholung beim Duplikat der Abwesenheit der Mutter, hier in die Abwesenheit des Analytikers, welche zu lange dauert, eine desorganisierende Wirkung hat und den Analysanden wie das Kind in ein Chaos fallen lässt.

Wir haben also gezeigt, dass die Abwesenheit des Analytikers umso wirkungsvoller ist, als er gleichzeitig sein Verschwinden auf sich nehmen kann. Wir haben es zunächst grundlegend mit einem dialektischen Zuhören zu tun, Zuhören des Analytikers, auf welches die Schule LACANs viel Gewicht gelegt hat, aber auch — wie wir betonen wollen — ein ganz symmetrisches Zuhören des Patienten, Zuhören, welches in seiner Tiefe keineswegs zurücksteht gegenüber dem des Therapeuten. In diesem Feld wird nun ein Gewebe aus gegenseitigen Erfahrungen, Zusammenklang und Misstönen geschaffen, welches sich ebenso wirkungsvoll für den Prozess als gefährlich für die Mobilisierung der Gegenübertragungsangst auswirkt. THERESE BENEDECK sagt: „In seinem Bedürfnis nach der Identifikation mit dem Therapeuten gräbt der Patient seinen Weg in den vorbewussten Geisteszustand des Analytikers und entdeckt dabei häufig mit einer erstaunlichen Offensichtlichkeit Empathie, vorbewusste Kenntnisse der Persönlichkeit des Therapeuten, ja sogar seine Probleme." Der Analytiker fühlt die Herausforderung und ist über die aktiven Wünsche seines Patienten, die sich auf seine eigenen Motivationen richten, erschreckt. Er kann dadurch Stellvertreter eines anderen werden, d.h. Objekt der Übertragung. Es handelt sich um die Gegenübertragung, welche als die Übertragung auf den Patienten definiert wird. OLIVIER FLOURNOY hat richtig von einem Prozess im Gegensinn gesprochen. Der verborgene Raum, derjenige des interpretierenden Analytikers, gestaltet sich aus seiner Realität, aus seiner Funktion, aus seiner Liebe, aber auch aus der Gesamtheit seiner Person mit seinen Wünschen, seinen Verteidigungen, seinen Allergien, aus welchen der Patient entsprechend der Entwicklung der Beziehung schöpfen wird.

Im Felde der Psychoanalyse läuft die intersubjektive Beziehung in diachroner Weise ab, und zwar als Aufeinanderfolge von Zuhören und von sich folgenden, zusammenklingenden oder missklingenden Interpretationen, welche sowohl den Aufbau des Ichs in seiner Originalität sichern als auch das verfolgende Über-Ich auflösen. Wir müssen hier hervorheben, dass dieser komplexe Prozess an die Gegenhaltung des Analytikers gebunden ist. Diese ist natürlich die Frucht seiner eigenen Behandlung, der Erledigung seiner blinden und verblendenden Sektoren, die ihn verhindern, die Gesamtheit einer Gestalt, einer Form wahrzunehmen, welche niemals vollständig derjenigen seiner eigenen Geschichte gleicht. In diesem dyadischen System beinhaltet der konstante Bezug auf eine abstrakte Konstruktion, das heisst auf etwas Bekanntes, auf ein Modell, auf die Freudsche Metapsychologie, schwerwiegende Interferenzen, die sowohl blendend wie erleuchtend wirken können. Es ist das Verdienst von MICHEL NEYRAUT, dies gezeigt zu haben. In Wirklichkeit, und dies wird unsere Schlussfolgerung sein, liegen diese Gegebenheiten im Zentrum unserer Auseinandersetzungen, unserer gemeinsamen Überlegungen, unserer Kommunikationsschwierigkeiten. Die Gegenübertragung ist weitgehend durch das abstrakte Modell, auf das wir uns beziehen, besetzt. Neuropsychologisch ist es ganz offensichtlich, dass die Auswahl des Wahrgenommenen durch die sensiblen, peripheren Neuronen bedingt ist. Jedes Wahrnehmungssystem enthält eine Auslese und eine Organisation. Die Auswahl kann auf rein neuro-psychologischen Mechanismen, aber auch auf unbewussten, hochwertig besetzten Phänomenen beruhen. Und die Wissenschaftler wissen, dass es niemals eine Entdeckung ohne die zugrunde liegende Hypothese gibt. Jeder von uns versucht, sein Wahrnehmungserleben in bezug auf seine Patienten möglichst frei zu organisieren (als Ausdruck der frei flottierenden Aufmerksamkeit), damit wir unsererseits unseren assoziativen Fluss, welcher das Echo des Patienten ist, möglichst frei begründen können. Aber was wir auch immer wollen, es ist unvermeidlich, dass das Bekannte das Erlebte aussortiert und überdeckt. Und wenn DE M'UZAN seinerseits behauptet, dass der psychische Apparat des Analytikers buchstäblich derjenige des Analysanden wird, so behaupten wir unserseits, dass dieses Eindringen unvermeidlich eine Kommunikationsstörung hervorruft und als der Ausdruck unserer Begrenzung, unserer Restwiderstände verstanden werden muss. Wir können uns daher vollständig MICHEL NEYROUD anschliessen, wenn er sagt, dass der trockenste Purismus sich mit der reinsten Naivität verbinden muss, um zu glauben, dass durch die Interpretationen keine Anfrage durchschimmert. Wir stellen, wenigstens ist dies unsere Hoffnung, diese Anfrage ausserhalb des Affektes, müssen aber hinzufügen, dass es sich vermutlich um eine Idealisierung handelt. Dagegen liegt sie im Bereiche der Kenntnis, der epistemophilischen Bewegung, welche im wesentlichen die Gegenübertragung des Analytikers in seiner authentischsten und wirkungsvollsten Dimension enthält. Wir erreichen so, ein Bezeichnetes zu gliedern, um es einem aufgebauten Bezeichnenden zuzuschreiben. Vielleicht handelt es sich um ein „Délire à deux" (einen Wahn zu zweit), aber um einen vervollständigenden Wahn, da ja das Denken der Welt deren Beherrschung bedeutet. Dieser metapsychologische Aufbau, dieses kognitive Bezugssystem erlauben uns, die fundamentalen Bedürfnisse des Kindes im Patienten, sicherzustellen: die Kontinuität der Umgebung durch die Verbindung mit diesem fixen, kognitiven Horizont. Die Fiabilität erlaubt dem Patienten, unser interpretatives Verhalten vorherzusehen; Kontinuität und Fiabilität erlauben dem kreativen Trieb des Kindes, sich zu verwirklichen, wie WINNICOTT es gezeigt hat, und von diesem Punkt aus einen Entwicklungsprozess anzubahnen, welcher ihn zur Unabhängigkeit und zum Abenteuer führt. Dadurch kommen wir auf den Anfang unserer Ausführungen zurück: die therapeutische Beziehung in der Psychoanalyse ist beispielhaft für alle menschlichen Beziehungen. Diese Beziehung birgt in sich ein Öffnen, welches gebieterisch Kontrolle, Beherrschung, Auswahl erfordert, um nicht Eindringen, Verfolgung oder Wahn zu werden; die Metapsychologie gibt uns den operationellen Filter.

Erinnern wir uns an den Einfluss der metapsychologischen ‚Hexe' auf die Organisation der Gegenübertragung des Psychoanalytikers, an das hypothetische Skelett, auf klinischer Erfahrung begründet, aber in der Idee von SIGMUND FREUD nicht ohne eine gewisse Magie, da er ja von der ‚Hexe' spricht, dieselbe Magie, welche FREUD benützt hat, um die tiefsten treibenden Kräfte des Menschen zu entdecken. FREUD hat immer wieder auf diese Konstruktion als hypothetischen Entwurf hingewiesen, welcher im Blick auf die zukünftigen Entdeckungen überprüft werden muss. In prophetischer Weise sah er dies eher auf physiologischer und neurophysiologischer als auf psychologischer Ebene. Heute trennt uns vor allem die Metapsychologie, das Gegenübertragungselement, weil es Teil der Organisation unseres zusammenstimmenden Zuhörens ist. Dieses Zuhören oder dieses Einsichtsvermögen wird mehr oder weniger stark durch das internalisierte Modell unserer Studien, unseres Lesens sowie durch unsere didaktische Ausbildung, welche unsere innere Welt auf dem gleichen Modell aufgebaut hat, strukturiert. Diese doppelte Verwurzelung in unserer persönlichen Analyse und in unserer Belesenheit muss einen immer weiter klaffenden Bruch zwischen psychotherapeutischen Schulen hervorrufen, den wir heute der Weitherzigkeit unseres gegenseitigen neuen Anhörens gegenüberstellen müssen.

Adresse des Autors:
Prof. Dr. med. René Henny
14, avenue Mon-Repos
1005 Lausanne

Die therapeutische Beziehung unter dem Aspekt der Analytischen Psychologie C. G. Jungs

Von Adolf Guggenbühl

Wollen wir von der „*psychotherapeutischen Beziehung in Jungscher Sicht*" sprechen, so können wir dies nicht tun, ohne über Beziehungen im allgemeinen zu reflektieren. Die „psychotherapeutische Beziehung" ist lediglich ein Spezialfall zwischenmenschlicher Beziehungen. Diese ist grundsätzlich ein Geheimnis, etwas Unerklärbares. Weshalb ein Mensch auf einen anderen wirkt, wie eine menschliche Seele mit der anderen kommuniziert, ist eines der grossen Wunder des Lebens. Wenn wir dieses Wunder etwas näher beschauen, so sehen wir, dass wir das Phänomen zwar umschreiben und in Bildern etwas näher fassen können: es bleibt aber unerklärbar.

Ist es richtig, von *einer* Beziehung zwischen zwei Menschen zu sprechen? Der einzelne Mensch besteht aus ganz verschiedenen Schichten, Komponenten und Komplexen, und diese treten miteinander in Beziehung. Die menschliche Seele ist in Jungscher Sicht keine Einheit, sondern setzt sich aus zum Teil sehr unabhängigen Psychoiden zusammen, und alle Teile nehmen mit allen Teilen des Gegenübers Kontakt auf. Professor C. A. Meyer hat ein vereinfachendes Bild ausgearbeitet, um die Komplexität des Einwirkens eines Menschen auf den anderen etwas anzudeuten. Nehmen wir einmal an, der einzelne Mensch bestehe aus dem Bewusstsein und dem Unbewussten. Treffen zwei Menschen aufeinander, so treten sie bewusst in Kontakt. Mein Bewusstsein wendet sich an dasjenige des Mitmenschen und umgekehrt. Wir sprechen miteinander, tauschen Botschaften aus, versuchen einander zu überzeugen usw. Ich weiss, was ich tue, und mein Gegenüber weiss, was es tut. Der Kontakt der beiden Bewusstsein der in Beziehung Stehenden ist aber nur ein sehr kleiner, oft unwichtiger Teil des Phänomens der Beziehung. Ebenfalls in Kontakt treten nämlich die beiden Unbewussten der sich treffenden Menschen. Ein Unbewusstes wirkt direkt auf das Unbewusste des Partners und umgekehrt. Die Botschaften und Interaktionen, die zwischen den beiden Unbewussten hin- und hergehen, können sogar gegensätzlich zu dem sein, was sich auf der bewussten Ebene abspielt. Bewusst kann ich annehmen, ich hätte sehr freundliche Gefühle für mein Gegenüber und mich auch in diesem Sinne äussern. Es kann aber sein, dass im Unbewussten grosse Hostilität meinem Gegenüber besteht und ich dies auch kund tue, ohne es selber zu merken, und auch ohne dass mein Gegenüber dies bewusst merkt. Im Bewusstsein verhalten wir uns als Freunde, unsere beiden Unbewussten aber führen miteinander Krieg. Wir Jungschen Psychologen glauben sogar, aus unseren Erfahrungen schliessen zu können, dass diese unbewusste Kontaktnahme nicht nur durch Sinneseindrücke, also physisch, geschieht, sondern dass das Unbewusste direkt mit dem Unbewussten des Partners in Verbindung treten kann. Homosexuelle können einander ihre Homosexualität unbewusst kund tun, wenn sie sich auch bewusst sehr anstrengen, dies zu vermeiden, und wenn das körperliche Verhalten tatsächlich nichts dergleichen schliessen lässt. Unterdrückte Depressionen können auf die Familienmitglieder wirken, auch wenn der Betreffende sich dieser Depression überhaupt nicht bewusst ist.

Die Beziehung kann auch über das Kreuz geschehen, das heisst, es kann das Bewusstsein des einen Partners mit dem Unbewussten des andern Partners – und umgekehrt – in Beziehung treten. Stimmungen und Gefühle können z. B. von einem Partner sehr bewusst bei seinem Gegenüber abgelesen werden, ohne dass dieser sich dieser Stimmungen, Gefühle und Gedanken selber bewusst ist. Zum Teil beruht ja die sorgfältige psychiatrische Exploration auf dieser Möglichkeit. Ein Partner kann eventuell im Moment die Inhalte des Unbewussten von seinem Gegenüber besser lesen als dieser selber. Umgekehrt kann das Bewusstsein des einen Partners direkt auf das Unbewusste wirken. Wir alle kennen ja das Schlagwort von den „geheimen Verführern". Der geschickte Werbefachmann versucht bewusst, das Unbewusste des Publikums oder seines Partners zu manipulieren.

Wir haben also bei zwei Partnern z. B. eine Beziehung zwischen dem Bewusstsein und dem Bewusstsein, oder zwischen dem Unbewussten und dem Unbewussten, oder zwischen dem Unbewussten und dem Bewussten, und dazu erst noch innerhalb des einen Partners zwischen dem Unbewussten und dem Bewussten und umgekehrt.

Wie gesagt: Dieses Schema ist eine Vereinfachung der Beziehung zwischen zwei Menschen, zeigt aber in seiner Einfachheit, wie unzulässig es ist, von *einer* Beziehung zu sprechen.

Nehmen wir unseren Partner eigentlich je wirklich wahr? Ist unser Gegenüber wirklich der, welcher wir glauben, dass er sei?

Auch in der Jungschen Psychologie unterscheiden wir in unserer psychologischen Umgangssprache zwischen sogenannter echter Beziehung und Übertragung. In einer „echten Beziehung" – so sagen wir – nimmt der Mensch, so wie er ist, mit dem Mitmenschen, so wie er ebenfalls ist, Beziehung auf. In einer Projektionssituation oder einer Übertragung wird auf den Mitmenschen ein Bild geworfen, etwas projiziert, das mit dem Mitmenschen nichts oder nur sehr wenig zu tun hat. Die scharfe Unterscheidung von Projektion, resp. Übertragung, und Beziehung ist aber nur theoretisch möglich. Wer unser Gegenüber wirklich ist, wissen wir nie, auch in den besten Beziehungen nicht. Wir machen uns Vorstellungen vom anderen, wir haben Bilder von ihm, wir phantasieren über ihn; aber dies sind immer *unsere* Bilder, *unsere* Phantasien und *unsere* Vorstellungen vom Gegenüber: diese sind nie völlig identisch mit dem, was unser Partner wirklich ist. So wie KANT annimmt, dass man „das Ding an sich" nie erkennen könne, sondern es immer nur durch unsere Kategorien erschaut, so gibt es nie ein „objektives" Bild vom Mitmenschen, sondern nur ein von uns gemachtes Portrait, welches durch unsere Psyche geprägt ist.

In dem Sinn erkennt auch der psychologische und psychiatrische Fachmann, wenn er noch so viele sorgfältige klinische Untersuchungen macht und mit Batterien von psychologischen Tests arbeitet, sein Gegenüber, sein Untersuchungsobjekt nur sehr beschränkt. Auch Testresultate sind nur objektivierte Symptome, die uns erlauben, Vermutungen anzustellen und Phantasien über den Exploranden zu entwickeln.

Auch völlig „reine" Projektionen oder Übertragungen werden sehr selten anzutreffen sein. Irgend etwas im Mitmenschen muss diese zum Mindesten anregen.

Wie dem auch sei: Alle Seelenteile, alle Komplexe, Psychoiden, alle Phantasien, Projektionen, Gefühle, Emotionen, ob bewusst, unbewusst oder vorbewusst, alle wirken in der zwischenmenschlichen Beziehung. Besonders aber wirken diejenigen psychischen Dynamismen – seien sie nun bewusst oder unbewusst, werden sie verbalisiert oder nicht, durch körperliche Gesten gestaltet oder nicht –, welche um den Partner kreisen.

Was heisst das konkret? Ich mache mit einem Freund zusammen eine Reise. So wie ich ihn kenne, neigt er etwas zu Untüchtigkeit und Unzuverlässigkeit. Allerdings ist er weniger untüchtig und unzuverlässig als ich mir vorstelle. Meine Phantasien und Bilder von ihm als Untüchtigem und Unzuverlässigem beeinflussen nun meinen Freund in dem Sinne, dass er sich noch untüchtiger und unzuverlässiger auf dieser Reise verhält, als er wirklich ist. Vielleicht auch umgekehrt: Er reagiert auf meine Untüchtigkeitsphantasien mit vermehrten Anstrengungen, sich tüchtig zu zeigen.

In einer Beziehung sind immer beide oder alle Partner *schöpferisch* tätig. Was jeder über den andern phantasiert, was jeder für Bilder über seinen Partner in sich trägt, beeinflusst diesen wieder und schafft sozusagen jeden Tag von Neuem dessen Wesen. Bekannt ist z.B. folgendes: Wenn ein Lehrer von seinem Schüler Versagen erwartet, so ist die Gefahr gross, dass dieser Schüler versagt, auch dann, wenn ihm dies nicht einmal unbedingt entsprechen würde. Ein Chef, dessen Phantasie über seine Mitarbeiter es hauptsächlich ist, dass alles Versager seien und niemand etwas wirklich selbständig erledigen könne, muss es oft erleben, dass diese Phantasien seine Mitarbeiter beeinflussen und am Schluss tatsächlich alle nie etwas selbständig erledigen können. Ein Direktor, der von allen Mitarbeitern und Angestellten als tüchtig und dynamisch phantasiert wird – basierend auf Erlebnissen mit ihm, aber auch basierend auf projektiven Elementen –, wird sehr oft tüchtiger arbeiten, als wenn seine Mitarbeiter den Unfähigen in ihm sehen oder ihn als Unfähigen phantasieren.

Es wird oft beobachtet, wie Kinder die bewussten oder *unbewussten*

Phantasien der Eltern — gleichgültig, ob diese verbalisiert oder sonstwie ausgedrückt wurden — ausleben. In der Kindererziehung spielen die bewussten oder unbewussten Gefühle, Vorstellungen oder Bilder sogar *die* entscheidende Rolle, eine grössere Rolle als alle erzieherischen Vorsätze und Lehren. Es sind diese, durch welche, an welchen und gegen welche sich die Kinder zu dynamischen Menschen entwickeln. Es ist vielleicht eine der Tragödien der Heimkinder, dass auch die wohlmeinendsten und freundlichsten Betreuer selten intensive Phantasien um solche Kinder haben. Keine Pflegeperson sieht in dem kleinen Hansli bereits den zukünftigen Bundesrat — oder den antisozialen Fixer — so wie es vielleicht eine Mutter tut. Wird die seelische Entwicklung eines Menschen nicht dauernd durch die Gefühle, Phantasien, Vorstellungen und Bilder seiner Umgebung beeinflusst und stimuliert, so tritt eine seelische Verkümmerung ein.

Eine Beziehung ist also eine enorm komplizierte Begegnung zweier Menschen, die sich selber und einander dauernd schaffen, beeinflussen, verändern usw. Alle unsere Bilder, Vorstellungen, Phantasien, Gefühle usw., ob sie nun mehr subjektiv bestimmt sind, oder mehr dem Wesen des Partners entsprechen, wirken auf die Seele unseres Partners, gestalten die Beziehung.

Archetypen sind eine der grundlegenden Hypothesen der Jungschen Psychologie und spielen auch im Verständnis des Phänomens der Beziehung eine entscheidende Rolle.

Eine der banalsten und trockensten Definitionen ist vielleicht folgende: *„Archetypen sind angeborene Verhaltensweisen".* Sie beziehen sich auf seit hunderttausenden von Jahren immer wiederkehrende klassische Erlebnissituationen des Menschen:

z.B. Familienkonstellationen wie Vater/Tochter, Vater/Sohn, Mutter/Tochter, Mutter/Sohn, Bruder/Schwester, Schwester/Schwester, Bruder/Bruder, Mann/Frau usw.

oder ausserfamiliäre Konstellationen wie Geliebter/Geliebte, Freund/Freund, Lehrmeister/Schüler, Prophet/Gläubiger, und — last not least — Mensch/Gott (Teufel), und weiter auf individuelle Erlebnismöglichkeiten wie Kind, der Mann, der Greis (Mädchen, Frau, Greisin), homo faber, homo ludens usw. usw.

Unser individuelles Verhalten wird archetypisch geprägt und bestimmt. Symbolisiert und zum Bewusstsein gebracht werden Archetypen durch Symbole, die in Mythologien, Religionen, Träumen, Märchen, Kunstwerken, Werbung usw. auftauchen.

Es ist mir nicht möglich, in wenigen Sätzen die Differenziertheit und Tiefgründigkeit der Archetypenlehre darzustellen.

Die meisten menschlichen Beziehungen stehen unter irgend*einer* oder *mehreren* archetypischen Konstellationen. Praktisch keine Beziehung ist nur individuell. Der Rahmen oder die Grundlage unseres Verhaltens zum

Mitmenschen ist durch den jeweils konstellierten oder evozierten Archetypus gekennzeichnet. Eine Beziehung zwischen zwei Männern kann also z.B. vom Archetyp ,,Vater/Sohn" geprägt sein, oder vom Archetyp ,,Bruder", ,,Freund- und Kriegsgenossen", ,,Lehrmeister/Schüler" usw. Das Lebensalter, die Position und der Charakter der sich Beziehenden spielt eine gewisse Rolle bei der Konstellation des Archetypus; die äusseren Gegebenheiten sind aber in der Konstellation nicht unbedingt zwingend. Ein 12jähriger Knabe erlebt in der Regel seinen leiblichen Vater als Vater. Er kann aber auch andere Männer als Vater erleben. Er kann sogar einen Kameraden als Vater erleben. Der Archetypus ,,Vater/Sohn" kann sich im Leben des Mannes in der Beziehung zu jedem andern Mann immer wieder konstellieren. Wir beobachten sogar das Phänomen, dass ein älterer Mann in einem jüngeren Mann den Vater erlebt. Es kann vorkommen, dass eine Frau in einer anderen Frau das Männliche konstelliert. Die Beziehungsarchetypen haben sich beim Menschen zum Teil von der Physiologie befreit.

Oft dominiert in der Beziehung zweier Menschen ein Archetyp, während andere Archetypen im Hintergrund bleiben und einen kleinen Einfluss haben. Eine Beziehung zweier Männer mag durch den Archetypus ,,Bruder" charakterisiert sein. Gleichzeitig spielt aber vielleicht noch ,,Vater/Sohn" eine gewisse Rolle. In derselben Beziehung kann sich vielleicht noch der Archetypus ,,Prophet/Anhänger" bemerkbar machen.

Diese archetypischen Konstellationen beeinflussen das Verhalten der Partner ganz entscheidend. Ihre Bilder, ihre Phantasien, ihre Gefühle, ihre Träume usw. werden davon zum Teil geprägt und gestaltet.

Obwohl ich hier von der allgemeinen und nicht von der psychotherapeutischen Beziehung spreche, muss ich hier kurz Projektion und Übertragung vom Analytischen her beleuchten. Es wird in der Allgemeinbeziehung genau so viel projiziert und übertragen wie in einer psychotherapeutischen Beziehung. Sogenannte Übertragungen, ja sogar ,,Übertragungsneurosen" sind nicht nur in der Analyse anzutreffen.

Unter Übertragung versteht man oft folgendes: Herr X überträgt auf Herrn Y das Bild des Vaters; dass er dies tut, hat aber nur sehr wenig zu tun mit Herrn Y. Vom Archetypischen her kann eine solche Übertragung auch folgendermassen erschaut werden, nämlich: Zwischen Herrn X und Herrn Y konstelliert sich das archetypische Verhältnis ,,Sohn/Vater". In X wird das Erlebnis des Verhältnisses eines Sohnes zum Vater erweckt. Es kann aber nur deshalb erweckt werden, wenn gleichzeitig in irgendeiner Ecke der Psyche des Y tatsächlich das Archetypisch-Väterliche angeregt wird.

Nun wollen wir uns der *psychotherapeutischen Beziehung* zuwenden. Diese ist, wie gesagt, nur ein Spezialfall der Beziehung im allgemeinen. Alles, was in allgemeinen Beziehungen gilt, gilt auch für die psychotherapeutische Beziehung. Was kennzeichnet diesen Spezialfall? Was ist sein Spezifisches? Vor allem das, dass diese Beziehung durch den Archetypus „Arzt/ Kranker" geprägt wird. Der Leidende wendet sich mit seinem Kummer, seinen Sorgen, seinen Konflikten, seinen neurotischen Symptomen an den Helfer, den Arzt, und erwartet von diesem Erleichterung in seinem Leiden. Der Psychotherapeut erklärt sich bereit, nach bestem Wissen und Gewissen diese Beziehung unter dem Stern des Arzt/Patient zu gestalten und zu nutzen. Sämtliche archetypischen Konstellationen, die in dieser psychotherapeutischen Beziehung auftauchen, werden sozusagen sofort in den Dienst des Heilens gestellt. Das Leiden des Patienten muss erleichtert werden; alle Phänomene der Beziehung werden dazu verwertet.

Das Verhältnis Heiler/Kranker ist ein archetypisches. Kranke und Verletzte gibt es seit es Menschen gibt, und wir dürfen annehmen, dass seit Urzeiten die Situation erlebt wurde, dass dem Kranken und Verletzten sich jemand annahm.

Krankheit/Heilung und Kranker/Heiler ist eine archetypische, klassische, menschliche Situation. Wir können hier nicht allzu detailliert auf diesen für uns entscheidenden Archetypus eingehen: Der Heiler wird z.B. in der Gestalt des göttlichen Äskulap symbolisiert (um ein uns bekanntes Symbol zu nennen). Der Archetyp des Heilers und Priesters standen einander sehr nahe; ich erinnere an den Medizinmann, der beides lebt, den Priester und den Heiler.

Hier ist es am Platze, kurz auf ein entscheidendes Strukturmerkmal der Beziehungsarchetypen einzugehen, das für die psychotherapeutische Beziehung eine sehr grosse Rolle spielt. Diese Archetypen sind zweipolig. Anfänglich wirkt in dem einen Menschen nur der eine Pol; entwickelt sich aber ein Mensch einigermassen zufriedenstellend, so werden bald beide Pole aktiviert. Zum Beispiel: Nehmen wir an, es gebe einen „Mutter/Tochter" Archetypus. Es wäre dies eine angeborene Verhaltensweise zwischen Mutter und Tochter. Bei der Begegnung eines kleinen Mädchens mit seiner Mutter wird von diesem Archetyp erst einmal der töchterliche Pol in dem Mädchen aktiviert, der Mütterliche andererseits in der Mutter. Mit den Jahren beginnt aber die Tochter immer mehr sich hie und da auch mütterlich gegenüber ihrer Mutter zu fühlen. Umgekehrt wird die Mutter gelegentlich auch sich von der Tochter führen lassen und sie als mütterlich erleben. Geschieht dies nicht, so bleibt die Tochter ewig töchterlich und kindlich und die Mutter glaubt bis 80, dass sie die Tochter mütterlich betreuen müsse. Eine Beziehung läuft dann sozusagen rund, wenn die Polarität der Beziehungsarchetypen nicht vollständig zwischen zwei Partnern aufgeteilt wird. Eine Mann/ Frau Beziehung beginnt zu erstarren, wenn der Mann nur noch das Männliche und die Frau nur das Weibliche repräsentiert. In einer fruchtbaren Beziehung wird hie und da auch das Männliche der Frau auf das Weibliche des Mannes wirken und umgekehrt.

Von einem englischen Richter des 18. Jahrhunderts wird folgendes erzählt: Als er einen von ihm verurteilten Mörder zum Galgen schreiten sah, sagte er: „Here, but for the grace of God, goes I". (Hier, es sei denn durch Gottes Gnade, gehe ich.) Dieser Richter hatte also „den Mörder in sich".

Genau so verhält es sich mit dem „Heiler/Kranker" Archetyp. Es darf nicht zu einer Fixierung der archetypischen Verhaltensweisen kommen. Der Patient darf nicht nur Patient sein, der Arzt nicht nur Arzt. Was dies für den Patienten heisst, ist leicht einzusehen: In ihm sollen die heilenden Kräfte erweckt werden, der Arzt im Patienten wird in einer guten Behandlung stimuliert und hilft ihm gesunden. Ohne sogenannten Gesundheitswillen – dies wäre also der Arzt im Patienten – kann eine Heilung nie erreicht werden.

Als historische Parallele dazu möchte ich die Heilverfahren der Äskulappriester im alten Griechenland erwähnen. Es war nicht die Aufgabe dieser Priester, direkt zu heilen; sie verhalfen dem Patienten, in den Träumen während des Tempelschlafes dem Äskulap zu begegnen. *Dieser* bewirkte dann die Heilung. Sie konstellierten also sozusagen den Äskulap in der Psyche des Hilfesuchenden.

In einer Beziehung sollen in beiden Partnern beide Pole aktiviert werden. Aber was heisst das nun in bezug auf den Heiler, z.B. den Arzt? In ihm soll vom Archetypen „Heiler/Kranker" sich auch der Kranke konstellieren, damit im Patienten sich im Spiegelbild dann der Heiler konstelliert. Aber was soll das genau heissen? Es geht nicht etwa darum, dass sich der Psychotherapeut auf sentimentale Art und Weise mit dem Patienten identifiziert. Es geht darum, dass er das Bild, das Erlebnis der Krankheit und des Leidens auch in sich trägt. In dem Sinne ist der Heiler jemand, bei dem der Archetypus des Heiler/Kranken, also auch Krankheit, nicht etwas Fernes, sondern etwas innerlich sehr Nahes ist. Eben in dem Sinne: Psychiater spinnen doch alle. Dies ist keine Beschimpfung, sondern eine Anerkennung, dass dem Heiler seelischer Krankheiten das seelisch Krank-sein persönlich in ihm selber sehr nahe liegt. Er weiss und erlebt, dass auch er, but for the grace of God, ein seelisch Kranker sein könnte.

Oft wird allerdings im Verhältnis „Psychotherapeut/Kranker" zwar der „Heiler/Kranker" Archetyp erweckt, aber die Pole einseitig verteilt. Der Psychotherapeut fühlt sich nur als Gesunder, Wissender, Überlegener, und der Patient als Kranker, Unfähiger und Hilfloser. Dies führt nicht zu einer heilenden Belebung der Beziehung, sondern zu einer ungesunden Fixierung. Der Psychotherapeut bleibt überlegen und gesund, der Kranke bleibt krank.

Ganz konkret heisst dies, dass es deshalb von grösster Wichtigkeit ist für den Psychotherapeuten seiner eigenen Psychopathologie selber bewusst zu sein und sich auch nicht zu scheuen, diese dem Patienten gegenüber zuzugeben. Beginnt er die Stunde chronisch zu spät, so soll er sich dem Patienten gegenüber nicht mit der Überlastung durch die Praxis rechtfertigen, sondern zugeben, dass sein Verhältnis zur Zeit neurotisch gestört ist. Sind ihm Äusserungen des Patienten über die Höhe des Honorares ausgesprochen peinlich, so soll er dazu stehen, dass er an einem Geldkomplex leidet. Es geht allerdings nicht um ein hemmungsloses Aufdecken der eigenen Psychopathologie gegenüber dem Patienten. Es geht vielmehr um die grundsätzliche Anerkennung des eigenen Krankseins gegenüber dem Hilfesuchenden. Es ist deshalb kein Zufall, dass in der griechischen Mythologie von den verwundeten Heilern gesprochen wird. Nur der verwundete Heiler kann in dem Kranken den Heiler aktivieren.

Der Archetypus „Heiler/Kranker" muss in jeder Therapie dominieren. Andere archetypische Beziehungsmöglichkeiten sollen in den Hintergrund treten. Zu Recht herrscht deshalb in der Medizin der Brauch, dass der Arzt nicht seine Angehörigen behandelt; ja sogar Freunde zu behandeln, kann heikel sein. Es spielen da eben ganz andere Archetypen die Hauptrolle, die das heilende Wirken in den Hintergrund drängen können.

Das Alpha und das Omega der psychotherapeutischen Beziehung, insofern sie eine spezielle Beziehung darstellt, ist die Konstellation des Archetypus „Heiler/Kranker". Dieser Archetyp ist die ordnende und wirkende Kraft im Hintergrund des psychotherapeutischen Prozesses, wie eben alle unsere Beziehungen nur auf dem ihnen entsprechenden archetypischen Hintergrund „erfolgreich" verlaufen.

Wie kann nun aber in einer psychotherapeutischen Beziehung diese Konstellation des Arzt/Kranken gefördert werden? Sicher spielt in dieser Beziehung die bewusste Absicht der in Beziehung Tretenden eine grosse Rolle. Der Neurotiker kommt zum Psychotherapeuten mit dem bewussten Willen, sich helfen zu lassen – wie er sich vorstellt, dass dies geschieht, ist allerdings sehr verschieden und oft sehr eigenartig. Der Psychotherapeut erklärt sich bereit, dies zu tun; seine ganze willentliche Anstrengung konzentriert sich auf diese Aufgabe.

Ebenfalls eine grosse Rolle spielt in der Konstellation das Rituelle. Rituale konstellieren einen archetypischen Mythos; in diesem Falle den „Heiler-Kranker-Mythos". Der Patient kommt zu einer bestimmten Zeit und bleibt eine ganz bestimmte Zeit. Er setzt sich dem Psychotherapeuten gegenüber oder legt sich auf die Couch. Der Psychotherapeut arbeitet nach einer gewissen Methodik, nach gewissen Regeln. Er lässt sich regelmässig bezahlen, er verlangt, dass der Patient Träume aufschreibt, dass er nicht ausagiert usw. Die Rituale sind bei den verschiedenen Psychotherapeuten und den verschiedenen Schulen sehr verschieden. Die Wichtigkeit des Rituellen in der psychotherapeutischen Arbeit wird von vielen Therapeuten allerdings nur intuitiv erkannt.

Es ist vielleicht nicht besonders wichtig, nach welcher Methode wir psychotherapeutisch arbeiten; viel wichtiger ist, dass wir eine bestimmte Methode haben, an der wir rituell festhalten.

Aber die bewusste Absicht, die Beziehung in dem Archetypen des Arzt/

Patienten zu gestalten und die Ausarbeitung eines sorgfältigen Rituals genügen allein noch nicht, damit die Seelen des Therapeuten und Patienten vom Archetypus Heiler/Kranker erfasst werden. Auch in den tiefsten, zum Teil unbewussten Schichten der Seele müssen der Arzt und der Patient auf genuine Art und Weise das Erlebnis des Arzt/Kranken sich herbeiwünschen oder herbeisehnen. Wir Therapeuten sind gewohnt, der hintergründigen Motivation der Heilung bei den Patienten oft kritisch gegenüber zu stehen. Eine gewisse genuine Sehnsucht nach Heilung wird verlangt und auch oft gefunden; der Leidensdruck ist auf alle Fälle oft so gross, dass die Patienten bereit sind, Zeit und Geld zu opfern.

Wie steht es aber mit der Motivation des Psychotherapeuten? Ist seine Motivation zu heilen auch wirklich derart eindeutig, dass er den Archetypen des Heilers/Kranken konstellieren kann? Dies ist eine heikle Frage. Wir haben aber doch Hinweise dafür, dass diejenigen Psychotherapeuten, die bereit sind oder bereit waren, harte und langjährige Initiationsrituale über sich ergehen zu lassen, wie z. B. medizinische oder psychologische Ausbildung, hunderte von Stunden von Lehranalyse und Kontrollanalyse, zusätzliche Fachvorlesungen, Zahlung von Mitgliederbeiträgen an Fachgesellschaften usw., dies zum Teil wirklich deshalb tun oder taten, weil sie genuin motiviert sind. Oder: Diese Rituale helfen, den archetypischen Heiler zu konstellieren.

Der Sinn einer sorgfältigen Ausbildung ist sicher nicht nur die Wissensvermittlung und die Kenntnis der eigenen Psychopathologie. Verschiedene Psychotherapeuten werden ja an den verschiedenen Schulen ganz verschieden ausgebildet. Durch einen sorgfältigen Ausbildungsgang, durch die Zugehörigkeit zu gewissen exklusiven Gesellschaften usw., beweist der Analytiker sich und dem Patienten, dass es ihm mit dem Archetyp des Heilers ernst ist, dass er sich — wir hoffen — konstellieren kann.

Hier liegt vielleicht der Grund, weshalb die verschiedenen psychotherapeutischen Schulen ungefähr gleich grosse Erfolge haben. Das Wissen um die Psyche bleibt immer fragmentarisch. Wir können unsere Seele nur mit Bildern erfassen. Diese können aber ganz verschiedener Art sein. Bilder von Freudianern sind anders als diejenigen von Adlerianern, von Jungianern, von Behaviouristen usw. Gemeinsam ist aber allen, dass sie auf seriöse Art und Weise sich um die Psyche bemühen, sich ihr Wissen um diese zu erweitern versuchen. Ein sorgfältiges Wissen um die Psychopathologie und die Psychologie — insofern diese auch vom Gründer der betreffenden Schule mit Ernst und Ergriffenheit ausgearbeitet wurde — konstelliert sehr stark und eindeutig in der Beziehung zum Patienten den Archetyp des ,,Heiler/Kranken".

Im folgenden ein Beispiel für eine psychotherapeutische Beziehung, also für eine Beziehung, die unter denselben Gesetzen wie alle Beziehungen steht, nur dass sie eben nicht z.B. vom Archetypus „Vater/Sohn", „Geliebter/Geliebte" usw. dominiert wird, sondern vom „Heiler/Kranken".

Der Patient ist ein junger Mann, der einige zwangsneurotische Symptome, sowie Schwierigkeiten mit dem weiblichen Geschlecht hat. Er erlebte seinen Vater als ausgesprochen „kastrierend", was sich aber nur im Geistigen auswirkte. Sein sexuelles Leben war vom Physiologischen her gesehen völlig normal. Er war fähig, sexuellen Verkehr mit Mädchen zu haben und genoss dies auch.

Aus einigen Träumen des Patienten glaubte der Analytiker zu sehen, dass der Patient sich von sexueller Impotenz bedroht fühle. Diese Interpretation der Träume stimmte nach dem Analytiker auch mit dem Erlebnis des Bildes des kastrierten Vaters überein. Während der Besprechung der Träume fragte der Analytiker den Patienten, ob er schon Impotenzerlebnisse gehabt habe und deutete ihm sogar an, dass Impotenz vielleicht einmal für ihn ein Problem werden könne. Eine sorgfältige Besprechung der gesamten analytischen Situation mit dem Kontrollanalytiker liess aber folgende Vermutung aufkommen: Die Interpretation der Träume durch den Analytiker erwies sich als nicht sehr sorgfältig, sondern eher als ein Hineinprojizieren einer Phantasie des Therapeuten in die Träume. Der Therapeut erinnerte sich, dass ihm schon einige Male in seinen Phantasien der Patient impotent erschien; er interpretierte die aktuellen Träume des Patienten entsprechend dieser Phantasien, die er allerdings im Moment völlig vergessen hatte. Bei der Besprechung der analytischen Situation erschien es ihm allerdings selber merkwürdig, dass er gerade in diesem Fall von Impotenzvorstellungen in bezug auf den Patienten geleitet wurde. Mit anderen Patienten war ihm das eigentlich noch nie passiert. Man kann sich hier fragen, ob der Analytiker sich nicht von der Psyche des Patienten leiten und manipulieren liess. Dieser erwartete in einem etwas älteren Mann einen kastrierten Vater zu erleben. Diese Erwartung konstellierte in dem Analytiker die Phantasien der Impotenz des Patienten, und er interpretierte dann entsprechend die Träume und teilte seine Interpretation dem Patienten mit. Diese Interpretation ist allerdings nicht unbedingt als Kunstfehler anzusehen. Sie bewirkte schlussendlich, dass die Art der Beziehung — man könnte hier auch von Übertragung und Gegenübertragung sprechen — zur Reflexion gebracht wurde. Hätten die Impotenzphantasien des Analytikers nicht zu einer Fehlinterpretation der Träume geführt, so hätten sie zwar den Patienten weiter beeinflusst oder in seinem „kastrierenden" Vaterkomplex fixiert. So aber wurde es offensichtlich, dass der Patient nicht nur den „kastrierenden" Vater projizierte, sondern dieser tatsächlich ein kastrierender Vater wurde.

Vieles, was sich hier abspielte, hätte sich auch in einer gewöhnlichen Beziehung abspielen können. Sogar Interpretationen von Träumen werden ja heute hie und da unter Freunden gemacht. Das Spezifische an dem Geschehen ist aber, dass der Analytiker ganz eindeutig bewusst und unbewusst den Willen und die Sehnsucht hatte, alles, was geschieht, zur Heilung des Patienten zu benutzen. Das Auftauchen der archetypischen Beziehung Vater/Sohn, und hier im Spezialfall des kastrierenden Vaters, wurde so gut wie möglich zur Heilung verwendet und zur Förderung der Weiterentwicklung des Patienten.

Es ist aber nicht vor allem der Inhalt der Gespräche, welche der Arzt mit dem Patienten hatte, welcher heilend wirken konnte, sondern das Erlebnis einer Beziehung, in welcher nach bestem Wissen und Gewissen versucht wird, auch im Patienten den Heiler zu konstellieren. Der Arzt versuchte, seine Kenntnisse und alles, was ihm selber zur Verfügung stand, der Heilung des Patienten zunutze zu machen. Dies und nicht seine Erklärungen konstellierten auch in dem Patienten den Archetyp des Heilers und halfen ihm, sich weiter zu entwickeln.

Es wird nun verständlich, weshalb der jungianische Analytiker eigentlich nicht bestrebt ist, für den Patienten eine weisse Wand darzustellen, auf welche man frei projizieren kann. Die Jungschen Psychologen nehmen an, dass solches Bemühen vergeblich wäre. Alles, was während der Stunde in uns vorgeht, wirkt irgendwie auf den Patienten, auch wenn wir hinter ihm sitzen und fast nichts sagen. Wir wirken auf den Patienten und der Patient wirkt auf uns. Wir übertragen, er überträgt. Es gibt nicht eine Übertragung, die dann mit einer Gegenübertragung beantwortet wird. Gleichzeitig wird vom Analytiker und Patienten die Beziehung aufgenommen, gleichzeitig wird phantasiert, projiziert, übertragen usw. All dies geschieht, wenn zwei Leute sich zusammensetzen um irgend etwas zu tun; all dies geschieht, wenn ein Analytiker und ein Patient zusammenkommen. Was gesprochen wird, ist nicht einmal besonders wichtig, die entscheidenden Geschehnisse spielen sich hinter den Kulissen des gesprochenen Wortes ab; die Psyche des Patienten und des Analytikers reagieren aufeinander. Wichtig ist nicht, dass der Analytiker sich möglichst wenig persönlich zeigt, um Platz für Projektionen zu machen; wichtig ist, dass er versucht, alles, was geschieht, zur Heilung und zur Linderung der Not des Patienten zu gebrauchen.

Ich muss hier betonen, dass selbstverständlich der Archetyp „Heiler/Kranker" nur der führende, nicht aber der einzige Archetypus ist, der die psychotherapeutische Beziehung kennzeichnet. Eine grosse Rolle spielt z. B. auch der Archetyp „Lehrer/Schüler". Jede Psychotherapie hat auch etwas Didaktisches. Dem Patienten wird immer auch ein gewisses psychologisches Wissen übermittelt. Auch der Archetypus „Prophet/Schüler" ist in vielen Psychotherapien konstelliert – leider oft sogar etwas zu sehr.

In einer Psychotherapie werden sozusagen unter der Aegide Heiler/Kranker sehr viele verschiedene archetypische Beziehungen konstelliert und erlebt. Die meisten Archetypen der Familie werden im Laufe der Therapie einmal erlebt, aber eben, kaum je nur als Übertragung oder eventuell „Gegenübertragung", sondern als „Auftauchen" in der Seele der beiden Partner, des Therapeuten und des Patienten. Sie werden dann beim Auftauchen von beiden bearbeitet, von allzu pathologischen Schlacken befreit und gereinigt.

Ich habe die Situation vom Jungschen Standpunkt aus sehr vereinfacht. Ich sprach vom Arzt und vom Patienten, von Heilung und von Krankheit. Es geht den Jungschen Psychotherapeuten aber in der Psychotherapie nicht nur um Heilung. Es geht ihnen auch um die sogenannte Individuation. Unter Individuation versteht JUNG die eigenständige, sinnvolle Entwicklung der einzelnen Psyche. Individuation hat durchaus transzendentalen Charakter. Es geht dabei um das Finden der eigenen Seele; in christlicher Sprache ausgedrückt: Es geht dabei um die Findung des göttlichen Funkens in uns selber. Es geht um Konfrontation mit Tod und Teufel, mit Gott und der Welt, mit dem Bösen und dem Guten, mit dem Schönen und dem Hässlichen, mit den Freuden und Leiden des Lebens.

Das Verhältnis von geistiger Gesundheit und Individuation oder von Individuation und seelischer Krankheit ist nicht völlig eindeutig. Der seelisch Kranke kann durchaus individuieren, wie andererseits der seelisch Gesunde nicht unbedingt in der Individuation besonders „fortgeschritten" sein muss. Individuieren und seelisch gesunden sind nicht unbedingt dasselbe. Oder um sich wiederum in christlicher Sprache auszudrücken: Der schwere Zwangsneurotiker ist vielleicht in gewissen Fällen Gott genau so nah oder näher als der stramme, gesunde, angepasste Mensch.

Im späten Alter interessierte sich JUNG immer mehr für Individuation und immer weniger für die Heilung von seelischen Krankheiten.

Obwohl Individuation und Gesundung nicht dasselbe sind, kann nur selten das eine ohne das andere gefördert werden. Wenn ich mich mit neurotischen Schwierigkeiten konfrontiere, konfrontiere ich mich auch mit Individuation. Die Heilung von Neurosen führt uns auch immer wieder auf die Sinnfrage des Lebens.

Es mag Jungsche Psychotherapeuten geben, die sich kaum mehr für Psychopathologie interessieren. Ihnen geht es fast nur noch um Individuation oder zum mindesten um das in den Dienst der Individuation Stellen des Leidens und der seelischen Krankheit. Die Frage: Wie fördert final die Neurose, das psychosomatische Leiden, die sexuellen Perversionen, die Psychosen usw. die Individuation?, wird zum Hauptanliegen. Anderen Jungschen Psychologen bleibt das Leiden ein Hauptanliegen, das Ringen mit all den seelischen Kräften, die das Leben der Patienten immer wieder erschweren, ja oft zur Hölle werden lassen.

Wie dem auch immer sei: Jeder auf dem Hintergrund des Archetyps Heiler/Kranker arbeitende Psychotherapeut kommt immer wieder in Kontakt mit dem Phänomen der Individuation. Es kann deshalb kaum je unterbleiben, dass nicht auch der Archetypus des *Priester/Gläubigen* und des *Propheten und seines Anhängers* konstelliert wird. Dies ist einer der gefährlichsten

Archetypen in der Psychotherapie, in der psychotherapeutischen Beziehung. Bei allen Schulen ist es immer wieder so, dass der Psychotherapeut zum Prophet zu werden droht. Wie er aber auch nicht zum Nur-Heiler werden sollte, sondern zum *verwundeten* Arzt, um so den Heiler im Patienten zu konstellieren, so wäre es zu wünschen, dass er sich nicht mit der Rolle des Priesters gegenüber dem Gläubigen zu identifizieren beginnt, sondern nur dahin wirkt, dass er den Priester im Patienten konstelliert, d. h., dass er dessen religiöse oder philosophische Entwicklung anregt.

JUNG hat nie eine systematische Psychopathologie entwickelt. Das Problem der Beziehung hat ihn aber sehr beschäftigt. Eines seiner tiefsten und schwersten Bücher ist das Mysterium conjunctionis, also das Geheimnis der Verbindung. Er sieht dieses Geheimnis in einem viel grösseren Zusammenhang als nur demjenigen der Beziehung zwischen Menschen. Es geht letztlich um das Geheimnis der Beziehung zwischen den Gegensätzen in uns, um uns und unter uns.

Wie ich am Anfang gesagt habe, ist das, was sich zwischen zwei Menschen abspielt, immer wieder ein Wunder. Es ist ein letztlich unerklärliches, wunderbares Geschehnis, dass der Kontakt zweier Menschen unter richtigen Auspizien arrangiert, durch richtige Rituale begleitet, zu einer Linderung geistiger und seelischer Not führen kann und die Individuation anregt. Alle Bilder, mit welchen wir versuchen, dieses Mysterium zu ergründen, sind nur Annäherungen an das Phänomen, Versuche, es bildlich darzustellen. Sicher ist nur, dass dieses Phänomen tatsächlich existiert. Jede Beziehung kann zerstören, kann fördern und kann heilen. Wir müssen dankbar sein, wenn es uns hie und da gelingt, das Letztere zu konstellieren und zu erreichen.

Adresse des Autors:

Dr. med. A. Guggenbühl-Craig
Untere Zäune 1
8001 Zürich

Die therapeutische Beziehung in der Sicht von Melanie Klein*

Von Marcelle Spira

Es ist schwierig zu zeigen, in welchem Masse der Beitrag der Kleinschen Schule sich an tiefem Verständnis für die therapeutische Situation als reich erwiesen hat, ohne vorher in Erinnerung zu rufen, zu welchen therapeutischen Konzepten die Autorin gekommen ist, indem sie nach und nach aus ihrer Praxis Folgerungen gezogen hat, und zwar vorwiegend aus der Behandlung sehr junger Kinder. Ganz offensichtlich ist es, dass Melanie Klein keine Theoretikerin ist. Sie handhabt die Begriffsbildung schlecht, und ich kann mich nur ihrer Weigerung im allgemeinen entsinnen, je eine theoretische Diskussion zu beginnen, wenn sie sich nicht auf einen konkreten Fall stützen konnte.

Welches sind aber diese neuen Grundlagen, die Melanie Klein, von Freud ausgehend, dem Verständnis der therapeutischen Beziehung zugefügt hat?

In allererster Linie stellt sie die Hypothese auf, dass das „Geburtstrauma" das angenommene pränatale Gleichgewicht zwischen den Lebenstrieben und den Todestrieben stört. Diese Störung wäre die ursprüngliche, erste Angstquelle. Melanie Klein ist der Ansicht, dass das Neugeborene gegen diese Angst mit einem Ich reagiert (so rudimentär es noch sei), dessen Anfangsfunktion es ist, den Einbruch dieser Angst zu verhindern.

Melanie Klein hat indes sehr bald die Triebtheorie aufgegeben, um das Erleben des Säuglings in das Zentrum ihrer Betrachtungen zu rücken, so unter anderem das Erleben des Säuglings, der weint, das von ihr als ein Zustand des Leidens interpretiert wird, der durch die Angst verursacht wird. Von hier aus hat sie keinerlei Schwierigkeiten zu folgern, dass das, was weh tut, was Leiden und Weinen verursacht, als feindliche, gefährliche Kräfte empfunden wird, welche in der Kleinschen analytischen Sprache als Verfolgungsängste übersetzt werden.

Diese Angst wird der Säugling mittels erster Abwehrmechanismen zu dominieren versuchen, die nach Melanie Klein eine Spaltung und die Projektion mit dem Ziel zur Folge haben, die „guten" Teilobjekte von den „schlechten" Teilobjekten zu trennen. Diese Aufspaltung wird übrigens dank der Projektion des einen oder anderen Teilobjektes zum Schutz des werdenden Ich vor internen oder externen Verfolgern dienen.

Die Introjektion der „guten" Teilobjekte wird es durch Identifikation

* Aus dem Französischen übersetzt von Frau Monica Goetschel, Zürich.

erlauben, das Ich zu strukturieren, während die Introjektion der „schlechten" Teilobjekte die Grundlage des Über-Ich-Kernes darstellen wird. Angewandt entsprechend den Notwendigkeiten und Möglichkeiten des Kleinkindes wird diese von Projektionsmechanismen begleitete Spaltung während der psychischen Entwicklung eine sehr grosse Wichtigkeit haben, denn auf eben diesen immer komplexer werdenden Mechanismen werden sich während der Entwicklung, die gleichzeitig die Ausdrucks- und die Abwehrmechanismen umfasst, die zukünftigen spezifischen Charakteristika jedes Individuums heranbilden. So wird beispielsweise der Mechanismus der Introjektionshemmung als Fundament des Kernes des zerbrechlichen Ich erkannt werden, das unter depressiver Angst leidet, währenddem ein in starkem Ausmass angewandter Projektionsmechanismus uns eröffnen wird, dass ein Patient ernsthafte paranoide Ängste nur sehr schwer in Schranken halten kann, d. h. sich durch ein strenges und intolerantes Über-Ich erdrückt fühlt.

Mit diesen paar Worten habe ich versucht, den Weg nachzuzeichnen, den MELANIE KLEIN gegangen ist, und der sich schon im Jahre 1928 in ihrem Artikel „Frühstadien des Ödipus-Konfliktes" ankündigte, und der weitgehend in ihrem Buch „The Psycho-Analysis of Children", 1932 (Die Psychoanalyse des Kindes), erschienen im Jahre 1934, angewandt wurde. Die definitive Form dieser Konzepte wird in einem Artikel, der 1962 erschienen ist, herausgebracht, dessen Titel „Notes on Some Schizoid Mechanisms", 1946 (Bemerkungen über einige schizoide Mechanismen) lautet. In diesem Artikel erklärt die Autorin ausdrücklich die jetzt sehr bekannten Konzepte der schizoparanoiden sowie depressiven Positionen. Man wird aber feststellen, dass MELANIE KLEIN mehr als zwanzig Jahre gebraucht hat, um sie auszuarbeiten. Sie werden, vom theoretischen Standpunkt aus gesehen, ein grosser Beitrag sein und in gewissem Masse die bisher angewandte Interpretationstechnik ändern. Es ist offensichtlich, dass die depressive Position nicht mit dem depressiven Symptom verwechselt werden darf.

Demzufolge wird MELANIE KLEIN folgenden Gedanken entwickeln: Ist die Missgunst die Grundlage der schizoparanoiden Position, ist es die Grosszügigkeit, die die Quelle der depressiven Position darstellt.

Nach und nach kommen wir zu dem, was der Kleinschen Theorie ihre Originalität vermittelt. Tatsächlich umfasst dieses wichtige Konzept der Positionen bei MELANIE KLEIN *auf dynamische Weise das Ganze der Tendenzen und der Abwehr im Verhältnis zum Phantasie-Objekt* in sich; in erster Linie mit einem Teilobjekt, das schizoparanoide Position genannt werden wird, dann mit dem Gesamtobjekt, wir werden später sehen, dass diese Beziehung mit dem Gesamtobjekt, die wir depressive Position nennen, nicht eine Verarbeitung der schizoparanoiden Position ist, sondern eigene Qualitäten in sich birgt.

Dieser von MELANIE KLEIN ausgedrückten Theorie der Positionen möchte ich, bevor ich diesen Überblick aus der Vogelperspektive beendige, das ganze Gewicht beifügen, das sie mehr und mehr dem Missgunstgefühl beimessen wird, welches sie für den wesentlichen Ausdruck zerstörerischer Gefühle hält. Nach MELANIE KLEIN hindert die Missgunst die depressive Position zu einer stabilen Basis zu gelangen, denn, wie sie sagt, ist es nicht der Verlust des Objektes, der als grösste Angst auftritt, sondern die Schuld im Verhältnis zum Gefühl der Unfähigkeit, das – zwar auf ambivalente Weise geliebte – Objekt wieder herzustellen, zu konservieren und zu schützen, das jedoch in einer als gut gewerteten Entwicklung relativiert wird.

Wie wir jetzt feststellen werden, ist diese theoretische Art, die interne psychische Realität aufzufassen, wichtig in bezug auf die Art der Interpretation, die der Analytiker in seiner Übertragungsbeziehung zum Patienten äussern wird.

Demzufolge sind es die schizoparanoiden und depressiven Positionen, die die Basis der entsprechenden Ängste, der spezifischen Ängste in ihrem ebenso symptomatischen, charakterlichen, psychotischen oder neurotischen Ausdruck darstellen. Damit möchte ich sagen, dass – gemäss der Abwehrart, die der Patient verwendet – der Analytiker imstande sein sollte, die Art der bekämpften Angst zu erkennen und festzustellen, auf welchem vorherrschenden Niveau der Triebentwicklung sie vorwiegend erfolgt. Die Verminderung der Angst, welche der adäquaten Deutung, die in der Übertragung ausgedrückt wird, folgen sollte, würde es, zumindest im Idealfall, gestatten, die im Spiele stehenden Abwehrmechanismen im Hier und Jetzt verfügbar werden zu lassen.

Aber offensichtlich hindern uns die klinischen Gegebenheiten und unsere tägliche Praxis daran, es zu vergessen, dass die Verhältnisse nie so einfach sind, wie sie geschildert wurden. Wir finden selten eine reine Angst der Mischung, da, wie MELANIE KLEIN sagte, sie kein Wesen sich vorstellen könnte, das in einem Moment oder in einem anderen nicht die depressive Position erreicht hätte (d.h. die Beziehung mit dem totalen Objekt), und sie nicht in der Folge etwa durch Regression verlieren könnte. Für sie hätte ein Individuum, das niemals eine depressive Position erreicht hätte, niemals die erste Phase des ganz kleinen Säuglings durchschritten, und es hätte in keinem Fall eine Wandlung irgendwelcher Art vollziehen können. Tatsächlich ist es niemals der Fall, und selbst bei einem schwersten Psychotiker hat ein gewisser Reifungsprozess stattgefunden, der als nichts anderes betrachtet werden darf, als der Besitz des Korrelates seines psychischen Erlebens, so unbewusst es ihm auch sei. Dieser Punkt scheint mir wichtig, denn er lässt keine Zweifel aufkommen, dass die Interpretationen, die auf Ängsten der schizoparanoiden Position basieren, nicht dieselben sein werden, wie diejenigen, die der depressiven Position entsprechen. Die Angst der Aufsplitterung (die Angst, verrückt zu werden) kann zu einer rigiden und zwangshaften Kontrolle verpflichten. Zum Beispiel: Der Patient projiziert seine unbewusste Feindseligkeit auf den Analytiker, und um nun zu versuchen, die Gefahr, die diese feindselige Gesinnung ausströmt, zu beherrschen, wird er mit allen Mitteln versuchen, den um diese Gefahr mitwissenden Analytiker zu kontrollieren. Die Deutung der allmächtigen Kontrolle oder der allmächtigen feindseligen Tendenzen wird verschieden sein, je nach dem Erleben in der Gegenübertragung des Analytikers. Der Analytiker wird z. B. dem Patienten, seine Notwendigkeit zu kontrollieren, die sich aus der Furcht heraus, vernichtet zu werden, versteht, mit Rücksicht auf die Fähigkeiten, die er dem Analytiker beimisst, deuten. Oder er wird seine Furcht, gute Seiten seiner selbst zu gebrauchen, aus der Befürchtung heraus, dass dieselben als wenig wertvoll betrachtet werden könnten, interpretieren. Die erste Form wird hauptsächlich die paranoide Angst betreffen, während die zweite Form sich speziell auf seine depressive Angst beziehen wird.

Es ist jedoch auch wahr, wie wir es weiter oben erwähnt haben, dass es selten ist, dass eine Art der Angst auftritt, ohne dass sie vermischt wäre mit oder begleitet wäre von einer anderen Art von Angst, was vom technischen Standpunkt aus gesehen uns dazu bewegen wird, die bewusst ausgedrückte Angst in Betracht zu ziehen und die darunterliegende unbewusste Angst zu interpretieren. Mit anderen Worten wird MELANIE KLEIN sagen: Wenn die positive Übertragung ausgedrückt wird, wird sich die Deutung auf die unbewusste negative Übertragung beziehen und umgekehrt, oder es wird auf die Ambivalenz der Übertragungsgefühle hingewiesen werden.

Um meinen Gedankengang zu erörtern, werde ich nun das Beispiel eines Patienten geben:

> Die Rückkehr von kurzen Ferien fand am vorhergehenden Tag, einem Montag, statt. Der Patient erschien nicht zur Analysenstunde. Am Dienstag kommt er mit äusserst verschlossenem Gesicht an. Er legt sich auf den Divan nieder und schweigt während zehn Minuten. Während dieses Schweigens empfinde ich ein Gefühl des Unbehagens und grosser Spannung. Ich zweifle nicht daran, dass ein explosiver Zustand dem Platzen nahe ist. Tatsächlich kommt die Attacke. Der Patient frägt mich abrupt, in sehr trockenem und misstrauischem Ton: „Wann kann man Sie anrufen; Sie sind nie da", und er fügt in fragendem Ton hinzu: „Ich glaube, mich zu erinnern, dass dies früh morgens oder aber spät abends der Fall ist." Ich antworte nicht, weil ich nur in globaler Weise weiss, worauf sich diese direkte und ungelegene Frage bezieht; d.h. offensichtlich auf meine Abwesenheit, aber was enthält diese Abwesenheit für ihn, wie wurde sie erlebt? Ich weiss es nicht. Nach einem weiteren langen Schweigen – beinahe einer Viertelstunde – sagt der Patient noch immer in herausforderndem Ton: „Wenn ich gestern nicht gekommen bin, so ist es, weil ich keine Lust dazu verspürt habe", und nach einigen Augenblicken fügt er bei: „Herr X. hat mich gefragt, wann man Ihnen telefonieren kann, er wartet auf ihre Nachrichten seit ich weiss nicht wie langer Zeit ..." (in der Vorstellung des Patienten soll Herr X. ihn in dem Moment vertreten, in dem er die Analyse verlassen wird). Die Frage ist also eine Provokation mir gegenüber, die wie folgt übersetzt werden kann: „Ich habe bereits aufgegeben, auf Sie zu warten; ich weiss, dass Sie nicht antworten, dass es hoffnungslos ist, aber da ist dieser naive X., der noch glaubt, von Ihnen etwas erwarten zu können."

Es ist sicher, dass dieses Provokationsmaterial im Vordergrund steht und in dieser Analyse nichts weiter als eine Wiederholung dessen ist, was sich seit der ersten Sitzung gezeigt hat. Es handelt sich um eine abwehrende Provokationshaltung, um dem Bewusstsein des zugrundeliegenden Leidens in bezug auf das Gefühl, weder geschätzt noch geliebt zu werden, auszuweichen. Wenn ich beispielsweise die Interpretation in folgendem Sinne gemacht hätte: „Sie versuchen, meine Zurückweisung zu provozieren, indem Sie mir sagen, Sie hätten keine Lust, mit mir hier zu sein, währenddem Herr X. den Augenblick, mich zu treffen, kaum erwarten kann", so wäre nicht nur meine Deutung schulderregend, sondern des weiteren wäre ich in die Abwehr meines Patienten eingetreten, indem ich ihm gegenüber so gehandelt hätte, wie er es mir gegenüber getan hätte, d.h. indem ich ihn meinerseits provoziert hätte, was, wie mir scheint, nur als Herausforderung auf die Herausforderung, deren Objekt ich war, hätte erlebt werden können.

Ich werde also bei meiner Interpretation versuchen, mich auf einem anderen Niveau zu bewegen, einem tiefer gelegenen, gemäss dem Kriterium eines Materiales, das dem Bewusstsein entfernter ist, und ich werde meinem Patienten sagen: „Hinter Ihren Angriffen und Ihrer schlechten Laune sagen Sie mir, wie sehr Ihnen meine Abwesenheit lang erschien, und wie schlecht Sie sich fühlen in Ihren Gefühlen mir gegenüber, zugleich erfüllt von Zorn, von Leiden und von Traurigkeit." Meine Interpretation findet in diesem Augenblick kein Echo, und die Sitzung endet im Schweigen. Am folgenden Tag werde ich einen Teil des Erlebten des Patienten während der Ferien erfahren. Er hat mit seiner Verlobten gebrochen, der er vorwirft, ihm nicht genügend Aufmerksamkeit zu schenken, nicht für ihn da zu sein, wenn er dies wünscht, nicht auf ihn zu warten, dem, was ihr Vater sagt, zuviel Wichtigkeit beizumessen, und dann fügt er bei: „Jedesmal, wenn ich beschäftigt bin, nimmt sie die Gelegenheit wahr, um mit Freunden und Freundinnen auszugehen." Die gesamte Eifersucht der ödipalen Situation kommt an die Oberfläche, die Rivalität, die Kastrationsangst in Form des Verlustes der Allmacht und der Domination des Objektes, wie auch die Angst vor dem — auf die Verlobte projizierten — Verlassenwerden, die in der Übertragungssituation durch mein eigenes Verlassen verdeutlicht wird.

Ich werde hier die analytische Beziehung, wie sie gemäss der Kleinschen Theorie verstanden wird, wieder aufnehmen, die sich von derjenigen FREUDS wirklich unterscheidet. Für MELANIE KLEIN ist es seit der Zeit der Entwöhnung die Drittperson, die hier eine Rolle zu spielen beginnt, mit Rücksicht auf die durch die Mutter in dem Sinne erlebte Frustration, dass sie durch Projektion von feindseligen Gefühlen des Säuglings ein teils gefährliches Wesen wird, von dem sich das Kind entfernen wird, um Schutz bei einer Drittperson (die Vater heissen wird) zu suchen, damit es sich gegen das erste Angstobjekt, die Mutter, schützen kann. Auf diese Weise wird der Säugling versuchen, die guten Seiten des internalisierten Objektes zu retten, indem es sich durch Projektion von den schlechten Seiten entfernt.

Diese Drittperson wird gleichzeitig und nach und nach dem Objekt „Mutter" ähnlich und unähnlich sein (auch sie befriedigt und frustriert). Sie wird es dem Kinde in diesem Sinne im Verlaufe erfolgreichen Verarbeitens ermöglichen, die Gefühle allmählich zu erreichen, die zu einer besseren Strukturierung der depressiven Position führen müssen. Beide Eltern werden Objekte von ambivalenten Gefühlen, dies im Speziellen in bezug auf die Urszene, mit all dem, was der Beitrag des Realitätsgefühls darstellt. Mit anderen Worten: Die Kenntnis des Ich und des Nicht-Ich, mit den Ängsten, die diese Verarbeitung der Nicht-Vereinigung mit dem primären Objekt in sich schliesst.

In diesem Punkt ist der Unterschied zwischen der theoretischen Sicht FREUDS und jener von MELANIE KLEIN bedeutend, denn wie es die Autorin des bereits zitierten Artikels „Frühstadien des Ödipuskonfliktes" gezeigt hat, wirken diese ersten ödipalen Tendenzen, auch wenn sie im vorgeschlechtlichen Stadium nicht vordergründig in Erscheinung treten. MELANIE KLEIN denkt, dass der von FREUD beschriebene Ödipus-Komplex den Höhepunkt des Ödipus-Komplexes darstellt, aber sie sieht ihn in Vorbereitung seit der allerfrühesten Kindheit, d.h. seit der Zeit nach der Entwöhnung. Diese Begriffbildung von MELANIE KLEIN schliesst einen weiteren wichtigen Unterschied in sich: Denjenigen der Bildung des Über-Ich.

Dies hier ist nicht der Ort zur Weiterentwicklung des Vergleichs zwischen der Freudschen und der Kleinschen Theorie. Wenn ich die vergleichenden Aspekte dennoch erwähne, so geschieht es mit dem Ziel, die Formulierung zu betonen, die der Deutung durch den Analytiker zu geben ist, der – gleichgültig welches das präödipale Material ist, das der Patient ausdrückt – die Strenge des Über-Ich in bezug auf die Schuldgefühle (depressive Angst) und in bezug auf die Verfolgung (paranoide Angst) berücksichtigen wird. Und ich werde hier an das erinnern, was ich bereits weiter oben erwähnt habe: Für MELANIE KLEIN ist nicht das Gefühl der Verlassenheit der Kern der Krankheit, sondern die Angst, die durch unbewusste Schuldgefühle bedingt ist, und die durch auf das Objekt gerichtete Attacken hervorgerufen wird, die die Ursache der Schwierigkeiten des Kranken in seiner internen Welt wie auch in seiner Beziehung zur externen Welt darstellen.

In dieser Perspektive und im Rückblick auf das von meinem Patienten gebrachte Material würde ich sagen: Einerseits drückt er sich durch Agieren aus, indem er sein Gefühl der Verlassenheit projiziert (er ist es, der verlässt), um zu vermeiden, dass er sich verlassen fühlt (er bricht mit seiner Verlobten), um sich gegen seine durch meine Abwesenheit verursachte depressive Angst zu wehren, und andererseits macht er eine introjizierende Identifizierung mit mir; er spielt die Rolle, die er mir in seiner Phantasie zuschreibt, d.h. die mütterliche, verfolgende Seite seiner selbst, die nach aussen ablehnt, den Teil des Ich-Subjektes, die vom Objekt „Mutter" als schlecht angesehen wird. Mit anderen Worten: Wenn ich fortgegangen bin (wenn er mit seiner Verlobten gebrochen hat), so ist es, weil der Patient, selbst teilweise die Verlobte geworden, nicht „gut" genug für mich ist. Das ist der Grund, weshalb es sein Wunsch gewesen wäre, die Eigenschaften der Drittperson zu erreichen, die Identifizierung mit dem idealisierten Vater. So stellt er sich in seiner Phantasie vor, dass er alle Macht gehabt hätte, dass er allwissend gewesen wäre, dass er mich hätte zurückhalten können, dass er durch mein Verlassen nicht gedemütigt worden wäre, dass er weder wegen Rivalität noch wegen Eifersucht gelitten hätte. Es ist das Wiederauflodern des Unterdrückten (Eifersucht, Rivalität, Kastrationsangst), das die introjizierende Identifikation mit dem idealen Vater hat scheitern lassen. Rivalität und Eifersucht sind indes durch die im Grunde schlecht definierte Mischung zwischen dem Objekt Mutter und dem Objekt Vater überdeterminiert. Dies veranlasst den Patienten zu sagen: „Jedes Mal, wenn ich beschäftigt bin, profitiert meine Verlobte, um mit Freunden und Freundinnen auszugehen." Das Geschlecht ist unwichtig. Was die Angst kennzeichnet, ist der Verlust an Macht über das Objekt, erlebt als der verfolgte Verfolger, mit dem der Patient in seiner Suche nach Kontrolle zum Teil eine projektive Identifikation macht. In einer der Sitzungen vorher sagte der Patient: „Manchmal überlege ich mir, ob ich ihr telefonieren soll, aber schliesslich ist es an ihr, dies zu tun. Wenn sie sich wirklich für mich interessiert, werde ich dies schliesslich erfahren." Das Material der vorhergehenden Sitzung wird heute unter der folgenden Form wieder aufgenommen: Gestern sagte mir der Patient, dass Herr X. nicht wusste, wie er mich telefonisch erreichen kann, aber ist es heute nach allem nicht an mir, ihn anzurufen; ist es nicht er, der schon lange auf meine Nachrichten wartet?

Die depressive und paranoide Angst tritt mit aller in bezug auf das Objekt ausgedrückten Ambivalenz auf. Diesen Augenblick werde ich auswählen, um zu interpretieren: „Weder Sie noch ich wissen mehr, wer hier der oder die Verlobte ist, wer angreift und wer verlässt, wer und warum wir uns gegenseitig zurückstossen."

Doch habe ich weiter oben hervorgehoben, dass MELANIE KLEIN nicht die Verlassenheit als Angstsituation in sich betrachtete, sondern die Schuldgefühle, verursacht durch aggressive Phantasien des Subjektes gegen das Objekt, die verantwortlich für das Verlassenwerden wären, zusätzlich zu den depressiven Gefühlen, nicht fähig zu sein, das so geliebte Objekt zu halten und zu schützen.

Es ist sicher, dass der Patient sich mir gegenüber schuldig fühlt. Er hat bis jetzt in bezug auf mich viel Feindseligkeit gezeigt: „Was ich tue, nützt nichts, auf jeden Fall wird er nie daraus heraus kommen, er würde sicher eine andere Behandlungsmethode brauchen, vielleicht würden Medikamente helfen, und was ich ihm sagen kann, berührt ihn nicht, hat keinen Einfluss auf ihn, was ich ihm sage, ist weder das, was er denkt, noch das, was er erlebt." Diese Angriffe auf mich als Analytiker zeigen tatsächlich die Eifersucht gegenüber dem Vater auf, der ich durch Projektion in der Übertragung geworden bin. Aber in Wirklichkeit — wie ich es dem Patienten in meiner Deutung zeige — bin ich auch die beneidete Mutter, d.h. ihr Ersatz, die Verlobte, die mit Freunden und Freundinnen ausgeht, die geschlechtliche Beziehungen einzugehen fähig ist, indes der Patient auf einem anderen, regressiveren Niveau seinen Neid auf meine kreative Fähigkeit ausdrückt. Diese Fähigkeit wird er versuchen zu zerstören, indem er meine Interpretationen angreifen und sagen wird, sie nützten nichts, sie änderten gar nichts, sie hätten keinen Einfluss auf ihn. Ich bin so auf ein Minimum herabgesetzt. Eine Interpretation, die ich in einer Form oder der anderen im Laufe dieser Behandlung schon unzählige Male gemacht habe, z.B.: „Dieser Bauch, der sie geschaffen hat (Teilobjekt), scheint Ihnen in seinem Mysterium so ausserordentlich, dass Ihnen nur meine Position als Frau wertvoll und interessant zu leben scheint. (Das Mysterium ist ein Hinweis auf die Vorwürfe, die der Patient mir in einem Traum macht, weil ich ihm nicht das Rezept für eine feine Speise gebe, die ich daran bin, ganz heimlich fertig zu stellen.) Der Patient lässt mich zugleich das erleben, was er selbst empfindet, seine Unfähigkeit, zu kreieren, wobei er versucht, mich unfähig zu machen, etwas mit ihm zu kreieren, als auch lässt er mich seine homosexuellen Tendenzen erkennen, die auf seinem Wunsch basieren, den Vater mit femininen Qualitäten zu erobern, die einer sehr grossen Idealisierung der Mutter assimiliert sind.

Hier und gemäss dem Gegenübertragungsgefühl werde ich die Wahl haben zwischen der Interpretation des umgekehrten Ödipuskomplexes und des Wunsches nach meiner idealisierten, kreativen femininen Seite. Dies zieht eine sehr differenzierte Intervention nach sich. In der ersten Situation sind drei Persönlichkeiten im Spiel, in der zweiten Situation treten nur zwei Persönlichkeiten auf. Und hier ist es der Neid, von dem MELANIE KLEIN spricht — und die Erfahrung beweist dies —, der vorwiegend auf der Destruktion dessen basiert, was der Patient in seiner Phantasie gerne sein möchte, und was, gemäss ihm, dem Misserfolg geweiht ist. Wenn diese feminine Eigenschaft für ihn nicht erreichbar ist, so darf niemand sich daran erfreuen. Weder mein Mann (Urszene), noch die Freunde, die, nach der Phantasie des Patienten, mich während der Ferien umgeben, noch meine anderen Patienten, oder, anders ausgedrückt, noch die Kameraden und Kameradinnen, Brüder und Schwestern, die ich nicht mehr werde erzeugen können.

MELANIE KLEIN hat sehr auf diesem Gefühl des Neides beharrt, das für sie die Grundlage der schizoparanoiden Situation ist. In ihrem Buch „Envy and Gratitude" (Neid und Dankbarkeit) (London, Tavistock, New York, Basic Books), erschienen 1957, zeigt sie, wie die Dankbarkeit verarbeiteter Ausdruck der depressiven Position ist, wie ich dies zu Beginn meiner Ausführungen gesagt habe. Die Dankbarkeit verwandelt die Struktur des Ich in seiner Beschaffenheit und vermindert die Intensität des Neids, der dem Menschen in mehr oder weniger grossem Masse innewohnt. Diese Modifikation baut auf einem Gefühl der Hoffnung auf, das sich einerseits auf das unbewusste und fortschreitende Wissen stützt, dass die inneren und äusseren Objekte weniger negativ sind als sie in ihren gespaltenen Aspekten in Erscheinung treten. Dieses grössere Vertrauen in die Objekte mittels Identifikation hilft, das Ich in seiner Fähigkeit zu stärken, positive und konstruktive Gefühle zu bergen. So wird nach und nach das Gefühl der Grosszügigkeit dazu dienen, das Individuum von Schuld zu befreien und die der psychischen Entwicklung inhärenten Ängste zu vermindern.

Und tatsächlich wird es nicht viel früher in der Behandlung des erwähnten Patienten sein, dass ich interpretieren können werde. Am Abend vor einem langen Wochenende sagte er mir: „Ich bin froh für Sie, dass dieses Wochenende kommt. Seit einigen Tagen finde ich, dass Sie schlecht aussehen." Sein Verlangen, mich wiederherzustellen, indem er mich in seine guten Gefühle für mich einbezieht, kommt damit zum Ausdruck.

Ich zweifle nicht, dass dieser sehr kurze Überblick über die Kleinsche Technik nur sehr partiell befriedigen konnte. Die Diskussion um meine Ausführungen wird dazu dienen, mich zu einem „totaleren Objekt" werden zu lassen.

Literatur

MELANIE KLEIN:

1928. Frühstadien des Ödipuskonfliktes. Int. Ztschr. f. Psa. 14.
Early Stages of the Oedipus Conflict, Int. J. Psycho-Anal. 9.
Les stades précoces du conflit oedipien, Paris, Payot, Ch. VIII, p. 229, Essais de psychanalyse.
1932. The Psycho-Analysis of Children, London, Hogarth, 1932, New York, Grove Press, 1960.
Die Psychoanalyse des Kindes, Wien, Int. Psychoanal. Verlag, 1934.
La Psychanalyse des Enfants, Paris, Presses Univ. de France, 1959.
1946. Notes on Some Schizoid Mechanisms, Int. J. Psycho-Anal. 26.
Bemerkungen über einige schizoide Mechanismen, in: KLEIN, MELANIE, Das Seelenleben des Kleinkindes und andere Beiträge zur Psychoanalyse, Klett, Stuttgart, 1962.
Notes sur Quelques Mécanismes Schizoides. Paris, Presses Universitaires de France, Ch. VIII, p. 274, Développements de la Psychanalyse, 1966.
1957. Envy and Gratitude, London, Tavistock: New York, Basic Books.

Adresse der Autorin:

Dr. Marcelle Spira
5, Rd-Point de Plainpalais
1200 Genève

Die therapeutische Beziehung unter dem Aspekt der Adlerschen Individualpsychologie

Von Victor Louis

Das nicht-reflexive Zeitwort „beziehen" hat die Bedeutung von „etwas bekommen"; dieser Sinn schwingt auch im Worte „Beziehung", hier jedoch in Gegenseitigkeit, mit. Es würde daher eine groteske Simplifizierung bedeuten, das gestellte Thema als Frage: „Übertragung, ja oder nein?" aufzufassen und das ursprüngliche Freudsche Übertragungskonzept in die Terminologie einer andern tiefenpsychologischen Schule zu übersetzen, damit auch eine Umdeutung vorzunehmen, die der Breite des Begriffes „Beziehung" nicht gerecht würde.

Wo immer zwei oder mehr Menschen einander begegnen, dass das Sein oder Handeln des oder der einen die Stellungnahme des oder der andern herausfordert, mit andern Worten, dort, wo der eine den andern etwas angeht, kann man von Beziehung sprechen. Dieses „Angehen" kann ganz wörtlich als ein „Gang auf den andern Menschen zu" verstanden werden. Es schliesst ein ungeheuer breites Spektrum von Einwirkungen, Anliegen, Herausforderungen, affektiven und praktischen Wünschen, Aggressionen, Ängsten usw. in sich, kurz: alles, was den Menschen als soziales Wesen ausmacht und wozu er schon durch den Satz von Auslösemechanismen artspezifisch geprägt ist. Wir müssen hinzufügen, dass es keineswegs seine Artgenossen allein sind, zu denen er dauernd in Beziehung steht oder tritt, sondern alles, was seine Sinne bestenfalls erfasst und seine Emotionen in Bewegung setzt. Das emotionale Moment gehört zur Beziehung, unabdingbar!

Über diese Sicht vom Menschen, welchem dauernd etwas widerfährt, was ihn zu immer neuen Stellungnahmen herausfordert, hat Hegel gesagt, der Mensch könne nur in Vergleichen denken und so Erkenntnisse gewinnen; das Nichts sei deswegen für ihn nicht vorstellbar, weil es sich mit „nichts" vergleichen liesse.

Die Breite des Begriffes „Beziehung" und auch deren Unausweichlichkeit für den Menschen einmal vorausgesetzt, bleibt in der Folge zu untersuchen, welches die Charakteristiken der Begegnung zwischen Patient und Therapeut sein könnten, als einem eng umrissenen Spezialfall der Beziehungsbildung auf ein bestimmtes Ziel hin.

Ich sagte, dass sich dort Beziehungen bilden, wo die Sinne des Menschen „bestenfalls" etwas erfassen, und zwar so, dass die Emotionen in Bewegung kommen. Dieses „bestenfalls" ist von einer nicht zu unterschätzenden Bedeutung. Nämlich das, was der Psychotherapiepatient gewöhnlich wahrnimmt, ist meistens recht weit vom „besten Fall" entfernt. Dieses altbekannte Phänomen mag sich etwa in der Klage des Patienten ausdrücken: „Ich verstehe nicht, warum ich dieses oder jenes tue, – Ich verstehe mich selber nicht mehr!"

Das, was der Patient an sich selber nicht versteht, das worin er sich selber fremd vorkommt, lässt uns erahnen, womit er nicht konfrontiert werden möchte. Nicht nur die Gründe seines Handelns sind ihm nicht bewusst, sondern, wie ADLER festgestellt hat, auch deren Ziel. Die resultierende Gerade zwischen den unbewussten Ursachen und dem gleichermassen unbewussten Ziel seines Handelns ist nach ADLER die Leitlinie seines Lebensstils. Diese Linie für uns Therapeuten zu erkennen, deren Richtung, wenn auch schematisch, zu erfassen, würde der Aufgabe der Lösung einer Gleichung mit zwei Unbekannten gleichkommen. Hier helfen uns aber gerade jene Aussparungen des durch den Patienten Wahrgenommenen, jene privatlogische Auswahl, die der Betreffende dort getroffen hat, wo er mit Dingen, Vorgängen und Menschen in Beziehung trat.

Einmal eine imaginäre Linie zwischen unbewussten Ursachen und dem gleichfalls unbewussten Ziel vorausgesetzt, ist es begreiflich, dass ein Mensch sich vor allem für jene Mittel interessieren muss, welche ihm bei der Verfolgung seiner Ziele dienlich sein könnten. Dieses Interesse ist ebenfalls als eine unbewusste, jedoch affektiv deutlich getönte Bewegung zu verstehen. Seine Beziehungen, die er seit der frühen Kindheit erwarb, und die Erfahrungen, die er machte, hatten den Sinn, ihm zum Erreichen seines Zieles zu verhelfen, ja, sie waren es sogar, welche in einem frühen Zeitpunkt seines Lebens ihm ein bestimmtes persönliches Ziel setzten. Von da an wurde das Meiste, was der Betreffende erfuhr, zunächst dahin gesichtet, ob die zu machende Lernerfahrung sich als Mittel bei der Verfolgung des Zieles einsetzen liess; je dienlicher sie als Mittel war, desto lebhafter wurde sie als Acquisition begrüsst und mit desto grösserer Kraft wurde an ihr festgehalten. Die übrigen Erfahrungen, die zu Beziehungen hätten führen können, wurden umso eher vernachlässigt, als sie im Sinne des Lebensstiles unbrauchbar erschienen. Diesen Teil des Werdegangs einer Neurose nannte ADLER die *tendenziöse Apperzeption,* womit er sagen wollte, dass nur jenes beziehungsbildend perzipiert wird, was dem persönlichen Lebensstil dient.

Was aber ist das, was die tendenziöse Apperzeption entstehen lässt, sie in eine bestimmte Richtung drängt und darüber wacht, welche Perzeptionen als beziehungsbildend gelten gelassen werden dürfen und welche anderen nicht?

Die erste Beziehung im Leben eines Menschen ist in den meisten Fällen diejenige zu seinen Eltern, wobei der markantere Teil stärker beziehungsbildend wirkt als der weniger markante. Spätestens seit den Arbeiten von RENÉ SPITZ wissen wir, dass es nicht die bluteigene Mutter zu sein braucht. Über die grosse Bedeutung der Brutpflegeinstinkte haben uns die Ethologen belehrt, sie sind auch beim Menschen in der human abgewandelten

Form wirksam. Die frühe Phase des Vorbewusstsein soll hier übergangen werden. Von einer Beziehung können wir im Zusammenhang mit unserem Thema nur von jenem Zeitpunkt an sprechen, in welchem dem Kind der Unterschied von „vertraut" (= bekannt) einerseits und „fremd" andererseits bewusst geworden ist, also vom Zeitpunkt des sogenannten „Fremdens" an, etwa im 8. Lebensmonat.

Hier beginnt für das Kind eine mehr oder weniger bewusste Problematik, das Leben zu bestehen, und zwar nicht nur die biologischen Funktionen, sondern vor allem die Orientierung in der Kultur- und Zivilisationswelt, sowie deren Bewältigung. Viele Jahrtausende hat die Menschheit für die Errichtung dieser Welt gebraucht, einige wenige Jahre hat das Kind, um sich darin einzurichten. Kultur und Zivilisation enthalten notgedrungen Konventionen – eine spezifisch humane Einrichtung, in der übrigen belebten Welt mit diesen Inhalten nicht erkennbar.

Zwar spricht man vom Tanz der Bienen zur Information der Artgenossen über die Richtung, in welcher die Futterquelle zu suchen ist, und von mancherlei informativem Verhalten anderer Arten, aber das sind arteigene Prägungen aus dem genetischen Verhaltenssatz.

Die menschlichen Konventionen dagegen sind rationell gesteuerte Vereinbarungen über ein gemeinsam zu verfolgendes Ziel und über die Mittel, die dabei eingesetzt werden sollen und dürfen. Eine Eigenheit der menschlichen Konventionen besteht darin, dass ihre Sinnhaftigkeit nicht unmittelbar erfahren werden kann. Es ist z. B. nicht unmittelbar zu verstehen, warum die Rechte und nicht die Linke zum Gruss gereicht werden soll, warum man seinen Teller leer essen muss, wenn man gesättigt ist, wann das Herumtoben, Schreien, Auf-den-Möbeln-kriechen erlaubt und wann es verboten ist und viele derlei Dinge mehr. Da dies alles nicht Gegenstand unmittelbarer Erfahrung im Sinne des heissen Feuers, des nassen Wassers, der harten und weichen Gegenstände sein kann, muss beim Erlernen der Konventionen eine Kraft von aussen auf das Kind einwirken: es ist die Autorität der Erzieher, welche die konventionellen Belange vermittelt, und sie damit zum Gegenstand des *mittelbaren* Lernens macht, zu einem solchen, dessen Vermittler der Erzieher ist. Seine Vermittlung operiert mit dem grossen Arsenal von Kunstgriffen, welche von der sanften Persuasion und Erklärungsversuchen, welche gewöhnlich mangels direkter Anschauung scheitern, bis zur terrorisierenden Dressur reichen, wobei nicht selten die Beziehung zwischen Erwachsenem und Kind als Lernverstärkung eingesetzt wird „... sonst hat dich die Mutter nicht lieb! ..." KÜNKEL hat diese Art der Erziehung mittels Dressur meisterhaft dargestellt, so dass ich mich hier begnüge, auf diesen Autor hinzuweisen.

Dressur im weitesten Sinne des Wortes wäre der moralisierende, stets wertende Erziehungsstil unter Einsatz der emotionalen Elemente, welche zwischen Erwachsenem und Kind bestehen könnten, sowie Anwendung von

Belohnung und Strafe. Durch so geartete Einwirkungen erschafft der erwachsene Erzieher die ersten Antagonismen zwischen sich und dem Kind, welch letzteres viel eher seinen biologischen Impulsen als den Konventionen nachleben möchte. Der Erwachsene nimmt die dressierende Haltung allerdings mit den besten Absichten ein, denn es ist ihm daran gelegen, dass das Kind sich so rasch wie möglich in der Welt der Konventionen auskenne – und freilich, in der Zivilisations- und Kulturwelt ist es nicht ratsam, das Kind ausschliesslich den eigenen unmittelbaren Erfahrungen zu überlassen. Die verbrannte Hand des Kindes, das die elektrische Kochplatte, welche in erhitztem Zustand genau gleich wie im kalten aussieht, berührt hat, der Sturz aus dem Fenster eines hohen Stockwerkes, das Überfahrenwerden beim Spiel auf der Strasse und vieles mehr, sind die Bedrohungen, die kaum anders als mittels Dressur abgewendet werden können. So wünschenswert es wäre, auf Dressur zu verzichten, so unmöglich erweist es sich in unserm Hier und Jetzt. Dressur bedeutet aber eine Störung in der Beziehung zwischen dressierendem Erwachsenen und dem Kind, es bedeutet eine erste oppositionelle Stellungnahme des letzteren gegen einen andern Menschen. Daran müssen wir uns erinnern, wenn wir irgend eine Art von zwischenmenschlichen Beziehungen zum Gegenstand unserer Betrachtungen machen.

Doch zuvor noch eine Bemerkung: Konventionen, auf welche der Erzieher das Kind dressiert, haben nicht die Autorität unumstösslicher Tatsachen; um Konventionen lässt sich feilschen, um mittelbare Erfahrungen nicht! Das Feuer hört nicht auf, heiss zu sein, wenn man es darum bittet, die Mutter aber, oder sonst ein Erzieher, kann sich in bezug auf die von ihm verhängten Dressursanktionen erweichen lassen. Im Umgang mit dem auf Konventionen hin erziehenden Erwachsenen ist es ratsam, eine Reihe von Verhaltensweisen sich anzueignen, durch welche der sonst so mächtige Erzieher zugunsten des Kindes umgestimmt werden könnte. Man muss also tendenziös auf dieses Ziel hin arbeiten, das üben, worauf der erziehende Erwachsene am besten anspricht; alles übrige ist zunächst von sekundärer Bedeutung. Die tendenziöse Apperzeption – und nach deren Entstehung fragten wir ja weiter oben – wird also bestimmt durch die Auswahl der Mittel, auf die der erziehende Erwachsene am besten anspricht. Die Beziehung zu diesem Erwachsenen ist also für eine gewisse Strecke der kindlichen Erziehung massgebend, sie determiniert die Aneignung der Mittel, die das Kind zum Bestehen des Lebens an der Seite dieses bestimmten Erwachsenen benötigt, sie bestimmt den Stil von Beziehungsbildungen auf mehr oder weniger lange Sicht, und dieser Erwachsene wird dadurch zur Beziehungsperson des Kindes.

In der Literatur wird der Ausdruck ,,Beziehungsperson" mit verschiedenen Wertungen verwendet, sowohl positiven wie auch negativen. Die ausschliesslich negative Bewertung wäre, so denke ich, falsch; denn man könnte sich durchaus eine erste kindliche Beziehung zu einem Erwachsenen denken, welche durch ein Minimum an Dressur und somit an kindlicher Opposition charakterisiert wäre, in der also die positive Zuwendung bei weitem überwiegt und so die unvermeidlichen Dressuren übertönt, so dass letztere keinen Anlass zum Anlegen eines Arsenals von Kampfmitteln bilden. Nur eben, ein solcherart erzogenes Kind hat wenig Chance, einmal unser Patient zu werden!

Es wäre wohl ebenfalls falsch zu behaupten, eine oppositionelle Haltung könne nur auf dem Boden einer dressierenden Erziehung entstehen. Die Geschwistereifersucht, die verwöhnende, verweichlichende Erziehungshaltung, eine überbetonte Geschlechtsrolle, frustrierende oder verhärtende soziale Situationen können ganz ähnliche Auswirkungen in bezug auf das Entstehen einer tendenziösen Apperzeption haben. Alle diese Faktoren und möglicherweise deren mehr, führen ebenso zu einer Störung der Beziehungsbildung.

Je intensiver sie bei der Charakterbildung wirksam waren, je grösser also die mitmenschliche Entmutigung, desto schwächer wurde die Fähigkeit, Variationen von Beziehungen ins Auge zu fassen, ein desto ängstlicheres Festhalten an der einmal acquirierten tendenziösen Apperzeption bildete sich heraus. So entsteht beim Neurotiker ein starres Beziehungsmodell. Ein solches Beziehungsmodell, das mangels mitmenschlichen Variationsmutes zunächst kaum als wandelbar erscheint, ist ein Prokrustesbett, in das der Neurotiker jeden Menschen zu zwängen sucht, mit dem eine Beziehung unvermeidbar ist.

Mit diesem Prokrustesbett kommt der Patient schliesslich auch in unsere Therapie; er kann nichts anderes, denn er hat nichts anderes erfahren.

Wenn FREUD die Übertragung als eine solche von libidinösen Inhalten aus der Eltern-Kind-Beziehung auf den Therapeuten definiert, so können wir dieser Formulierung bis auf das Wort „libidinös" zustimmen. Vom individualpsychologischen Standpunkt würden wir statt „libidinös" eher „kämpferisch" sagen, wobei der Ausdruck Kampf für uns seinen Sinn auch dann behält, wenn er mit passiven Mitteln geführt wird, etwa als Forderung nach vermehrter Hilfe, nach Verwöhnung, nach Lösung von Lebensaufgaben durch Drittpersonen usw. Wir verstehen also unter Übertragung eine starre und deshalb unter Umständen inadäquate Form der Beziehung. Somit ist sie für uns ein neurotisches Symptom, das in der Psychotherapie den Stellenwert irgend eines andern Symptomes hat und daher nicht Gegenstand der Förderung und des Ausbaues, sondern nur ein solcher des analytischen Durcharbeitens sein kann. Das Ziel ist also Erweiterung der ursprünglich eingeengten Beziehungsfähigkeit und Befreiung im mitmenschlichen Feld.

Die individualpsychologische Therapietechnik ist bekanntlich eine solche der Dialogik. Dieser Ausdruck, der zugegebenermassen recht vieldeutig ist, und über dessen Begrenzung auch sehr sattelfeste Individualpsychologen untereinander gelegentlich Dispute führen, schliesst zum mindesten den Begriff des gegenseitigen Verstehens in sich. Verstehen ist aber keineswegs nur eine intellektuelle Funktion, ,,Ce n'est qu'avec le coeur que l'on voit bien les choses, l'essentiel est invisible pour les yeux", sagt SAINT-EXUPÉRY. Verstehen beginnt mit dem Fragen. GADAMER: ,,Man macht keine Erfahrung ohne die Aktivität des Fragens"[1]. Das finalistische Konzept ADLERS schliesst die Aktivität des Fragens mit ein und zwar in Richtung auf persönliche Wertverwirklichung[2]. Es bedarf aber der Unterscheidung zwischen dem intellektuellen Werturteil und der emotionalen Wertschätzung (in positiver und negativer Hinsicht). Sehr oft enthält unser Denken nur eine Rationalisierung des Fühlens (im Sinne des Abwehrmechanismus)[3]. ERIKSON spricht von ,,verleugneter Emotionalität"[4].

So versteht die Individualpsychologie das Fragen in der Psychotherapie als Ausdruck der Anteilnahme und daher als einen, vom Emotionalen her, beziehungsbildenden Faktor.

Zunächst allerdings ist das Gefälle dieser Beziehung ein einseitiges. Der Therapeut fragt, um zu verstehen, der Patient antwortet, um verstanden zu werden, und zwar, um in seinen privatlogischen Zielen und mit seiner privatlogischen Terminologie verstanden und bestätigt zu werden. Die Situation ist also noch eine monologische, das Verstehen ist nicht gegenseitig.

BRANDL sagt: ,,Hier scheint es von Bedeutung, im Zusammenhang mit der von E. RINGEL festgestellten Zunahme von Mutterneurosen das Fehlen und Verbotensein der Fragen zu beleuchten. Fraglosigkeit nennt H. ZOPFL einen Trend des gegenwärtigen Zeitalters: Je vollkommener das System, desto weniger ist Platz für Fragen. (− Wir möchten eher korrigierend einflechten: je komplizierter das System, desto weniger Mut zum Fragen − der Verf.) Es handelt sich um eine völlig andere Erscheinung als jene, die durch Tabuierung einen Sachverhalt unberührbar und unaussprechlich machte. Das moderne Frageverbot betrifft die fehlende personale Anteilnahme ... Die Bildung von Intimität bleibt damit ausgeschlossen."[5]

Die Frage steht also am Beginn einer dialogischen Beziehung. Sie setzt das persönliche Verstehen an die Stelle des professionellen, expertenhaften Verständnisses. Eine erste Wertbestätigung des Menschen, der an seinem Wert sehr zweifelt, erfolgt durch die Frage.

Der nächste Schritt geht von der Frage zum Gespräch. Es ist der erste Schritt zur Gegenseitigkeit, vom zweiseitigen Monolog zum Dialog, vom zuvor einseitigen Verstehen und von dessen Gefälle zum Abbau in kleinen Schritten, zur Einigung auf ein gemeinsames Ziel. Es gehört zum techni-

---

[1] H. G. GADAMER: Wahrheit und Methode; I. C. B. Mohr, Tübingen 1965, S. 168, 344.
[2] CH. BÜHLER und M. ALLEN: Einführung in die humanistische Psychologie. E. Klett, Stuttgart 1974, S. 55 ff.
[3] G. BRANDL: Ztschr. für Individualpsychologie, Reinhardt, München, 2/1976, S. 112.
[4] E. H. ERIKSON: Identität und Lebenszyclus. Suhrkamp, Frankfurt 1970, S. 93.
[5] G. BRANDL: Ztschr. für IP 1976/2, S. 113/114, Reinhardt, München.

schen Aufbau eines Gespräches, dass das Wort des Einen etwas offen lässt, woran der Andere anknüpfen kann, im Sinne der Ergänzungsbedürftigkeit. Nach DREIKURS: Der Beitrag des einen Partners allein würde noch keinen Sinn ergeben, erst die Vereinigung des beidseitig Einfliessenden umgreift als werdende Ganzheit den Raum der Beziehung[6].

Hier stumpft sich die oft hitzig geführte Diskussion über ,,directiveness" und ,,non-directiveness" bis zur Belanglosigkeit ab. Im Gespräch präsentiert sich jeder Partner so wie er sich im Hier-und-Jetzt empfindet. Wenn der Therapeut den Mut hat, ohne Maske und Fassade aufzutreten – und den sollte er nach gelungener Lehranalyse aufbringen –, dann sollte die Schwierigkeit, sich als mitmenschlicher Gesprächspartner zu präsentieren, auf seiner Seite nicht unüberwindlich sein. So bietet er dem Patienten die Möglichkeit einer ganz anderen Beziehung als alle zuvor von diesem erfahrenen: eine akzeptierende Haltung, freundlich und bestimmt. Der Patient erhält so die Möglichkeit, sein starres Beziehungsmodell zu revidieren, sein Prokrustesbett nach und nach auszuweiten. Seine Fähigkeit, die Gelegenheit als Aufforderung anzunehmen, darf freilich zunächst nicht überschätzt werden. Er schirmt sich durch Angst vor dem Unbekannten und dem Ungeübten erweiterter Beziehungsmöglichkeiten ab, kurz, er macht Widerstände, wozu er ja das Recht hat. Auch diese Widerstände können nicht anders, als mit Verstehen zur Kenntnis genommen werden. Er wird noch ein Weilchen lang seine Maske tragen und sich hinter seiner Fassade verbergen, sie ist seine Beziehungsbarrikade! Er hat ja in den Aufbau seiner tendenziösen Apperzeption nicht wenig Energien investiert und scheut sich begreiflicherweise vor deren Abschreiben à fond perdu. In diesem Augenblick kann der vielleicht sehr direkte Hinweis des Therapeuten nützen, dass bisherige Erfahrungen keineswegs über Bord zu werfen seien, sondern dass sie sehr wohl den Ausgangspunkt für weiteres Lernen und Erfahren und damit zur grösseren Freiheit bilden können. Das wäre eine anagogische Ermutigung, die der Patient dann dankbar annehmen wird, wenn er sich durch die bereits angebahnte Beziehung zum Therapeuten nicht mehr allein weiss.

In dem, im übrigen so ausgezeichneten, Therapiemodell von ROGERS, – ausgezeichnet darum, weil darin ein ungeheuer grosser Respekt vor der Patientenpersönlichkeit zum Ausdruck kommt, und auch weil mit grösster Subtilität stets die emotionale Situation des Patienten angesprochen und mit der Mitemotion des Therapeuten beantwortet wird – in diesem Modell gibt es einen schwachen Punkt: den völlig dem Patienten überlassenen Übergang von der Äusserung der negativen Gefühle (allerdings nach deren Akzeptierung und Klärung durch den Therapeuten) zu positiven Gefühlen. Auch die durch ROGERS beigebrachten Fallbeispiele vermögen die Schwierigkeit des Nachvollzuges in diesem Punkt nicht zu beseitigen. Wie, bei-

---

[6] R. DREIKURS: Soziale Gleichwertigkeit. E. Klett 1972.

spielsweise, geht es im Falle eines Psychosomatikers vor sich, der von Anfang an voll guter Gefühle sein kann, die ihm allesamt nichts nützen? Ohne die Dialogik zu Hilfe nehmen, wird dieser Übergang, so meine ich, in vielen Fällen kaum gelingen.

Vom Therapeuten aus gesehen bringt ein jeder Patient ein neues Beziehungsproblem. Seine Aufgabe besteht darin, die Grenzen der Beziehungsfähigkeit seines Gegenübers zu erkennen. Er lasse sich in der ersten Zeit der psychotherapeutischen Begegnung, in der alles wie am Schnürchen zu laufen scheint, alle Deutungen mit Begeisterung angenommen werden, die Quellen des durchzuarbeitenden Materials reichlich fliessen, nicht täuschen. Diese „psychotherapeutischen Flitterwochen" (WIESENHÜTTER) ereignen sich vor allem bei Patienten mit etwas passivem Charakter, die unter stärkerem Leidensdruck stehen und im Psychotherapeuten den deus ex machina sehen möchten, der durch Zauberschlag alle Knoten entwirrt. Eine allzu begeisterte Akzeptierung des psychotherapeutischen Geschehens erlaubt immerhin zu erkennen, dass der Patient gerne konformiert, gern die Verantwortung auf einen andern Menschen abschiebt, dass er sich zwar wie ein guter Schüler benimmt, sich jedoch die mitmenschliche Gleichwertigkeit nicht ganz zutraut und sich daher gerne unterordnet. Die Grenzen seiner Beziehungsfähigkeit sind in diesem Moment noch nicht klar sichtbar. Der Psychotherapeut beginnt sie erst dann zu erkennen, wenn sich die ersten Widerstände einstellen. An diesen erkennt er erst die Starrheit oder die Elastizität des Beziehungsmodells. Er erfährt dann, welche Verteidigungskräfte sein Patient einsetzt, um das durch die tendenziöse Apperzeption geschützte Beziehungsmodell zu sichern und schliesst daraus auf die Angst vor Neuem in seinem Gegenüber, auf dessen Angst vor der Objektrolle.

Widerstände können ganz unvermittelt und in einer recht aggressiven Form ausbrechen und so den in der Stimmung des anfänglichen Honigmondes befangenen Psychotherapeuten überrumpeln. Der Impuls, sich zur Wehr setzen zu müssen, kann sich unversehens seiner bemächtigen. Damit würde er aber die Rolle der Beziehungsperson auf sich nehmen, und den Kampf des Patienten gegen diese fortsetzen helfen. Damit würde der Patient in seinem Lebensstil bestärkt werden, statt einer Korrektur seiner Lebensirrtümer würde deren Bestätigung erfolgen. Er würde weiterkämpfen, wie der Tragödienheld, der dem fünften Akt zustrebt, in welchem die Guten belohnt und die Bösen bestraft werden, und in welchem die Beziehungsperson im Staube ihr Unrecht bekennen müsste[7]. Der Dressurstil, den der Patient im Beginn seiner Erziehung und ersten Beziehungsbildung erfahren hat — Belohnung und Strafe —, würde seine Gültigkeit in verstärktem Masse beibehalten.

Der Augenblick des ersten Ausbruches von Widerständen ist also ein neu-

[7] A. ADLER: Praxis und Theorie der Individualpsychologie. Bergmann, München 1930.

ralgischer Punkt in sehr vielen psychotherapeutischen Beziehungen. Die psychotherapeutisch nützliche Haltung des Arztes müsste in diesem Augenblick darin bestehen, den Widerstand als das zu sehen, was er wirklich ist, als eine Verteidigung der bisherigen Energieinvestitionen beim Aufbau des Lebensstiles von Kind auf. Diese legitime Verteidigung ist also zu akzeptieren eingedenk der Tatsache, dass ein Mensch, der Schwierigkeiten macht, auch Schwierigkeiten hat, und dass diejenigen, die sich in der Psychotherapie einstellen, nie so gross sein können wie diejenigen, die der Patient sich selber bereitet.

Auch den Widerständen muss also seitens des Psychotherapeuten mit emotionaler Anteilnahme begegnet werden. Es ist dann jedesmal ein Erlebnis festzustellen, wie rasch die gegen den Therapeuten gerichteten Aggressionen zusammenbrechen, wenn man statt Gegnerschaft die partnerschaftliche Tuchfühlung den Patienten erleben lässt, in der Rolle des Mitstreiters, der ebenso daran interessiert ist, mit den Beziehungsschwierigkeiten des Patienten fertig zu werden. Die Promptheit oder Langwierigkeit, mit welcher der Patient erlebt, dass der Psychotherapeut nicht wie die Beziehungsperson Kampfgegner, sondern ein zur Seite stehender Verbündeter mit Blickrichtung auf die gemeinsame Problematik ist, ergibt ein Mass für die Beziehungsfähigkeit zwischen beiden. Ist dies auch für den Patienten zu einem Erlebnis geworden, dann wird der point of no return für ihn bald erreicht sein, das frühere Beziehungsmodell wird nach und nach für ihn unbrauchbar werden.

Dies dürfte der markante Wendepunkt in der Beziehungsbildung sein: Von der Kampfbeziehung zu derjenigen des Partners und des Verbündeten. Bündnisse können unter sehr verschiedenen Voraussetzungen und mit sehr verschiedenen Zielen geschlossen werden. Das psychotherapeutische Ziel ist eines davon. Um mit einem Menschen ein gemeinsames Ziel zu erreichen, ist der beidseitige Konsens zu diesem Ziel unabdingbar. In manchen Fällen ist aber das therapeutische Ziel von Patient und Therapeut im Beginn der Arbeit verschieden, so etwa im Falle des Psychosomatikers, der sich, dem Therapeuten und der Welt beweisen will, dass er körperlich schwer krank sei, während der Therapeut das Ziel hat, den Nachweis zu führen, dass sein Patient nicht an einer körperlichen Krankheit, sondern an psychischen Ursachen leidet. Das Ziel ist in einem solchen Fall nicht das gleiche. Soll man vor dieser Tatsache resignieren? Keineswegs! Hier heisst es, zunächst das Fernziel offen zu lassen und versuchen sich auf ein Nahziel zu einigen, welches mit kleinsten Schrittchen erreicht werden kann und über welches ein Konsens erzielt werden kann. Das würde z.B. bedeuten, dass für 24 oder 48 Stunden der Patient den Versuch macht, ohne Alarmrufe an die Umwelt auszukommen. Für diese Zeit bleibt die Beziehung zwischen Patient und Therapeut diesem einen kleinen Nahziel unterstellt, und die Aneinanderreihung der Nahziele ergibt dann die Richtung auf das Fernziel[8].

[8] R. DREIKURS: Vortrag in Zürich 25.5.1966, Verlag SGIP, Zürich.

Der Psychotherapeut soll es nicht unterlassen, seinen Patienten auf die Unendlichkeit von Beziehungsmöglichkeiten hinzuweisen, und auch auf ihren Wandel im Verlaufe einer bestimmten Zusammenarbeit. Die therapeutische Beziehung ist eine unter sehr vielen, und vor allem eine, die sich ständig wandelt. Sie ist nicht *die* entscheidende Form, an die, einmal erlernt, der Patient sich künftig zu halten habe. Man ersetze also nicht ein Prokrustesbett durch ein anderes! In der Wirklichkeit ausserhalb der psychotherapeutischen Praxis wird ja der Patient nicht mit einer durchaus wohlwollenden Akzeptierung rechnen können und es ist nicht ratsam, in ihm die psychotherapeutische Verstehensinnigkeit zur Erwartungshaltung der übrigen Welt gegenüber werden zu lassen. Ist aber einmal die Starrheit des ursprünglichen Beziehungsmodells geschmolzen, und ist, eben durch die Dialogik, die emotionale Neugier für das Anders- und doch Miteinandersein lebendig geworden, dann schwindet die Gefahr der Anklammerung an Rezepte.

„Der Mensch erreicht sein Entwicklungsziel nicht kraft biologischen oder gesellschaftlichen Programmiertseins, er muss es vielmehr durch eine ... Reihe von Alternativen suchen und finden"[9].

Hier ist der Ort, auf ein für die Individualpsychologie äusserst wichtiges Anliegen zu sprechen zu kommen, das nach ADLER, gleich vom Beginn einer Psychotherapie an deren Stil prägen und zugleich ein Ziel setzen soll: *die Verantwortung.* Während die Freudsche Psychoanalyse, besonders im Beginn, und dann durch einige Freudianer als eine Form der Entschuldigung und als Freibrief gegen die Eigenverantwortung, infolge der Auffassung vom kausalen Determiniertsein, missverstanden worden ist, hat ADLER stets den Grundsatz der Verantwortlichkeit betont. Sein Ausspruch: „der Neurotiker kann zwar nichts dafür, er kann aber etwas dagegen, und er ist der einzige, der etwas dagegen kann", ist inzwischen zum geflügelten Wort geworden. MARTIN BUBER sagt: „Echte Verantwortung gibt es nur, wo es wirkliches Antworten gibt"[10].

Der Patient wird also zum Antworten und Verantworten ermutigt, bis es ihm gelingt, selber Fragen zu stellen, die nicht seine eigene Person, sondern die ausserhalb dieser liegenden mitmenschlichen Belange betreffen. ROGERS weist darauf hin, dass das Interesse für die Person des Therapeuten seitens des Patienten, und seine in dieser Richtung gestellten Fragen, einen Hinweis auf das nun bald mögliche Therapieende bedeuten[11].

Die Technik der dialogischen Ermutigung soll hier nicht im einzelnen behandelt werden, da dies den Rahmen der gestellten Aufgabe sprengen würde. Nur soviel sei gesagt, dass niemals das äussere Beispiel ermutigend

---

[9] W. J. REVERS: Frustrierte Jugend II, S. 17. O. Müller, Salzburg 1975.
[10] M. BUBER: Werke I, S. 189. Kösel & Schneider, München/Heidelberg 1962.
[11] C. R. ROGERS: Die nicht direktive Beratung. Kindler, München 1972.

wirken kann – es wäre vielmehr entmutigend – sondern nur das Beispiel, das der Patient sich selber gibt. Das setzt einerseits die biographischen Kenntnisse seitens des Therapeuten von seinem Patienten voraus, andererseits das intuitive Verstehen von dessen Möglichkeiten, kleinste Schritte in mitmenschlicher Richtung zu tun. Die ermutigende Haltung des Therapeuten ist eine wichtige Säule der Beziehung zwischen ihm und seinem Patienten, denn das Erkennen der biographischen Möglichkeiten und das Vertrauen, dass der Patient auch darüber hinaus gehen könnte, stellt einen Grad des emotionalen Vertrauens und Verstehens dar, dem sich der Patient nicht mehr entziehen kann. Seine dialogische Antwort bleibt herausgefordert. Hierzu ein Zitat von ADLER: „Der Vollzug der Änderung im Wesen des Patienten kann einzig nur sein eigenes Werk sein. Ich fand es am günstigsten, dabei ostentativ die Hände in den Schoss zu legen in der festen Überzeugung, dass er, sobald er seine Leitlinie erkannt hat, nichts von mir erfahren würde, was er als Leidtragender nicht besser wüsste."[12] Gerade dieses Zitat spricht die ganze Würde in der Beziehung zwischen Therapeut und Patient in einer kaum zu übertreffenden Art aus. Der Respekt des Therapeuten vor dem menschlichen Sosein seines Patienten ist das Wesen des Gespräches. Das wissenschaftliche Streben nach Objektivität ist hier verlassen, was gilt, ist die Subjektivität der Gemeinschaft von Patient und Therapeut. Es wird zum Ausdruck gebracht, dass Subjekt- und Objektrollen dauernd wechseln. Es geht in der Forderung nach Partnerschaft und Gleichwertigkeit um nichts anderes als um die Annahme, dass hier zwei Fachleute ein Gespräch führen: Der Therapeut als Fachmann für allgemeine Lebensfragen, der Patient als Fachmann seines eigenen Lebens – freilich ein irregeleiteter Fachmann, aber in der Praxis Fachmann trotzdem. These und Antithese sind in gleicher Weise respektabel und nur so haben sie eine Chance, sich zur Synthese zu vereinigen[13].

Die Beziehung zwischen Patient und Therapeut kann nicht Selbstzweck sein, sonst bliebe sie als Sonderfall im Musealen stecken. Sie ist ein Mittel, das dem Patienten dazu verhelfen soll, Verantwortung besser zu tragen und zu ertragen und sie soll ihn für weitere Bindungen und Verbundenheiten freier machen. Sie muss daher von Anfang an so gelegt sein, dass ihre Richtung vom Partikularen zum Universell-Humanen weist, so erst die Selbstverwirklichung ermöglichend.

---

[12] A. ADLER: Praxis und Theorie der Individualpsychologie, 1930, S. 32. Bergmann, München.
[13] V. LOUIS: Praxis der Psychotherapie XI, Das individualpsychologische, therapeutische Gespräch, S. 224. I. F. Lehmann, München 1966.

Literatur

ADLER, A.: Praxis und Theorie der Individualpsychologie. Bergmann, München 1930.
BRANDL, G.: Vom Vorverständnis zum Verstehen, Ztschr. für Individualpsychologie, 2/1976, Reinhardt, München.
BUBER, M.: Werke I. Kösel und Schneider, München 1962.
BÜHLER, CH. und ALLEN, M.: Einführung in die humanistische Psychologie. E. Klett, Stuttgart 1974.
DREIKURS, R.: Soziale Gleichwertigkeit. E. Klett, Stuttgart 1972.
— Lebensstil, Lebensplan, Nah- und Fernziele. Vortrag in Zürich, 25.5.1966, SGIP-Verlag, Zürich.
ERIKSON, E. H.: Identität und Lebenszyclus. Suhrkamp, Frankfurt 1970.
GADAMER, H. G. Wahrheit und Methode. I. C. B. Mohr, Tübingen 1965.
LOUIS, V.: Einführung in die Individualpsychologie 2. Haupt, Bern 1975.
— Das individualpsychologische therapeutische Gespräch, Praxis der Psychotherapie XI. I. F. Lehmann, München 1966.
REVERS, W. J.: Frustrierte Jugend II. O. Müller, Salzburg 1975.
ROGERS, C. R.: Die nicht-direktive Beratung. Kindler, München 1972.

Adresse des Autors:

Dr. med. V. Louis
Selnaustrasse 15
8002 Zürich

Die Gestaltung der therapeutischen Beziehung nach dem Aspekt der Schicksalsanalyse von Szondi

Von Therese Wagner-Simon

Bevor ich mich meinem Thema zuwende, möchte ich den Begriff der therapeutischen Beziehung aus der Distanz herausrücken, die eine scheinbar objektive Betrachtung unseres Themas verleiht – oder wozu sie verleitet. Fraglos reden wir hier vom Allerpersönlichsten, von dem was uns selber ganz intim betrifft, – im Grunde von den Motiven, die uns diesen Beruf ergreifen liessen. Denn die Träger sozialer und therapeutischer Berufe „streben auch für sich selbst einen wichtigen emotionellen Gewinn an", obwohl „jeder meint, dass er dieses Wissen um seine emotionelle Bedürftigkeit geheimhalten müsse", – wie Horst E. Richter in seinem neuen Buch „Flüchten oder Standhalten" ausführt[1]. Die mit einer differenzierten statistischen Methodik geführten Untersuchungen von Richters Mitarbeiter Beckmann haben erwiesen, dass „Therapeuten, Ärzte, Berater, Pflegekräfte, Erzieher usw. ... *aus inneren Gründen ihre Klienten genauso für sich selbst (benötigen), wie sie umgekehrt von diesen beansprucht werden"*[2]. Auch sie sind mit persönlichen Kontaktwünschen an der Zusammenarbeit beteiligt, die für die Betreuer bzw. Psychotherapeuten hinsichtlich der eigenen „Isolationskonflikte" zu einer spezifischen „Eigentherapie" wird. Denn, wie Richter weiter ausführt, „es gibt Probleme, die der Therapeut bislang für seine Person nicht viel besser bewältigt hat als sein Patient ... In diesem Sinne kann man die Bemerkung Freuds verstehen, dass der Analytiker in seinen Therapien in gewissem Masse seine Lehranalyse fortzusetzen Gelegenheit habe. Das heisst nichts anderes als: *Der Therapeut bezieht aus der Therapie auch regelrechte therapeutische Hilfe für sich selbst.*"

Die therapeutische Beziehung lässt sich also weder als Konzeption dieser oder jener Richtung, noch als Resultat therapeutischer Kunst und Technik völlig begreifen, sondern wird darüber hinaus von den meistens unbewusst gehaltenen Erwartungen des Therapeuten, die dieser auf die Beziehung mit seinem Patienten richtet, zu einem *wechselseitigen Verhältnis,* in dem sich unter Umständen die Rollen des Gebenden und Nehmenden vertauschen. Sie wäre hiernach eine unserer Zeit vorbehaltene Spielart der zwischenmenschlichen Beziehung, in welcher *beide* Beteiligte vordringliche Bedürfnisse „stillen", vergleichbar daher dem Vorgang des Stillens, in dem nicht

---

[1] Richter, H.E.: Flüchten oder Standhalten, Rowohlt 1976, S. 142.
[2] S. 146ff.

nur das Kind befriedigt, sondern auch der Mutter durch die Abnahme der Milch Erleichterung verschafft wird, ganz abgesehen vom emotionalen Aspekt der Mutter-Kind-,,Dualunion" (SZONDI).

Von den verschiedenen Konzeptionen der therapeutischen ,,Dualunion" liessen sich demnach Rückschlüsse auf die persönliche Psychologie des Begründers der jeweiligen Richtung, wie seines Vertreters ziehen. Die therapeutische Beziehung wird, zugegeben oder nicht, entsprechend seinem persönlichen ordo amoris gestaltet; das Sprechen darüber hat immer zugleich *Bekenntnischarakter.*

Was nun SZONDIS Ausführungen zu diesem Thema betrifft, so hat er den Bekenntnischarakter nie verleugnet, — es wäre ihm, im Hinblick auf seinen besonderen ethischen impetus, wohl auch schwer gefallen!

Bleiben wir jedoch bei dem persönlichen ordo amoris, da sein Verständnis gerade durch SZONDIS Konzeption bereichert wird. Denn nach SZONDIS ,,Gentheorie der Objektwahl" wird der Mensch in seiner Wahl des Liebesobjektes, des Freundes oder des Berufspartners zu ,,genverwandten" Individuen getrieben[3]. Bereits im Jahre 1937 warf er in seiner Schrift ,,Analysis of Marriages"[4], mit dem Untertitel ,,Versuch einer Theorie der Liebeswahl", zum ersten Mal die Frage auf, welche Rolle die latent-rezessiven Gene im Leben des Menschen spielen. Dieser Gedanke steht im Zentrum aller folgenden Werke.

SZONDI versteht unter ,,Verwandtschaft" ... das gleiche Phänomen, auf das GOETHE in seinen ,,Wahlverwandtschaften" verweist: ,,*Diejenigen Naturen, die sich beim Zusammentreffen einander schnell ergreifen und wechselseitig bestimmen, nennen wir verwandt*"[5]. Dieser klassischen Bestimmung zwischenmenschlicher Beziehungen hat die Schicksalspsychologie die grundsätzliche Annahme hinzugefügt, dass diese ,,Wahlverwandten" im Grunde ,,gen"-verwandte Individuen seien[6]. Das zentrale Liebespaar in GOETHES ,,Wahlverwandtschaften", Eduard und Ottilie, sind eine erstaunliche dichterische Bestätigung für SZONDIS These: beide leiden an Migräne und erweisen sich somit als Angehörige des sogenannten ,,paroxysmalen" Erbkreises, für dessen Vertreter es bezeichnend ist, dass sich bestimmte Bedürfnisse aufstauen, bis es zu einem ,,Paroxysmus", einer anfallsartigen Entladung, kommt, die mit Gefässkrämpfen wie bei der Migräne verbunden sein kann. Wenn man die ,,Wahlverwandtschaften" aufmerksam liest, so entdeckt man bei dem schicksalhaften Liebespaar noch andere charakteristische Wesenszüge der Menschen des paroxysmalen Erbkreises. Eduard und Ottilie können nicht anders als in einer geradezu magischen Anziehung ein-

---

[3] SZONDI, L.: Schicksalsanalyse, Benno Schwabe, Basel, 3. Auflage, 1965.
[4] SZONDI, L.: Analysis of Marriages, Acta psychologica III, The Hague, Martinus Nijhoff 1937. Editor: Géza Révész.
[5] GOETHES sämtliche Werke. Leipzig, Bd. XVI, S. 27.
[6] SZONDI, L.: Ichanalyse. Huber, Bern/Stuttgart/Wien 1956, S. 172 f.

ander verfallen, so dass, „hätte man eins von beiden am letzten Ende der Wohnung festgehalten, das andere hätte sich nach und nach von selbst, ohne Vorsatz zu ihm hinbewegt. Das Leben war ihnen ein Rätsel, dessen Auflösung sie nur miteinander fanden" (GOETHE). Nach SZONDI liegt dieses Rätsel in der *Genverwandtschaft.* „*Das unbewusste Suchen und Finden, also die unbewusste Wahl bestimmter — und keiner anderen — Objekte, ist die Folge einer familiären Projektion spezifischer Ahnenbilder"* ... d.h. einer „Hinausverlegung derjenigen ‚Ahnenbilder' in die Aussenwelt, die im familiären Unbewussten von Generation zu Generation derselben Familie aufbewahrt werden" (SZONDI)[7].

Entsprechend dieser Auffassung ist auch „*die analytische Übertragung* ... eine seelische Situation, in der die familiären Projektionen öfter, als man es zu ahnen wagte, mit am Werke sind. Die Chance einer günstig und rasch verlaufenden Analyse ist unseren Erfahrungen nach um so grösser, je grösser die ‚genotropische' Beziehung, also die Genverwandtschaft zwischen dem Analysierten und dem Analysator ist. Darum ist die Anschauung so manchen Analytikers unrichtig, dass er ‚keine Menukarte' sei, die der Analysand vorerst ‚gustiert' und aufgrund der Sympathie oder Antipathie dann wählt oder ablehnt. Wir sind der Überzeugung, dass viele tiefenpsychologische Behandlungen daran scheitern, dass die Partner der ‚analytischen Dualunion' einander *genfremd* sind."

Wie aus diesen Formulierungen hervorgeht, erstrebt SZONDI eine Synthese zwischen den getrennten Forschungsrichtungen der Erbpsychiatrie und der Tiefenpsychologie. Die Schicksalsanalyse, wie SZONDI seine an FREUD anschliessende Richtung nannte, will das Problem des individuellen menschlichen Schicksals einer wissenschaftlichen Lösung näherbringen[8]. SZONDI übernimmt zwar die vier Arten der Triebschicksale der Freudschen Psychoanalyse: die Verkehrung eines Triebes von der Aktivität zur Passivität, die Wendung gegen die eigene Person, die Verdrängung und die Sublimierung, aber darüber hinaus erweitert er die persönliche Analyse zu einer Analyse des Schicksals, in welchem er die verschiedenen Komponenten unterscheidet: das Erb-, Trieb- und Affektschicksal, das soziale, das mentale, das Ichschicksal und ein geistiges Schicksal[9]. Indem er in diesen Komponenten „die Gesamtheit aller Existenzmöglichkeiten der Person" erkennt, beabsichtigt seine schicksalsanalytische Therapie, den Menschen vom Zwangsschicksal des Erbes, der Triebnatur und der sozialen sowie mental-ideologischen Faktoren zum Freiheitsschicksal, das durch das Ich und den Geist bestimmt ist, zu führen. Sein „triebdiagnostischer Test" er-

---

[7] SZONDI, L.: Ichanalyse. Huber, Bern/Stuttgart/Wien 1956, S. 172 ff.

[8] ELLENBERGER, H.: Das menschliche Schicksal als wissensch. Problem, Psyche, 4. Jg. H. 10, 1951.

[9] SZONDI, L.: Freiheit und Zwang im Schicksal des Einzelnen, S. 22. Buchclub Ex Libris Zürich. Huber, Bern/Stuttgart/Wien 1968.

gänzt die familiengeschichtlichen Untersuchungen, indem auf experimentellem Wege Aufschluss darüber gewonnen wird, welche genischen Triebbedürfnisse dem Prüfling innewohnen.

Die Erhellung des „familiären Unbewussten", das Szondi von Freuds persönlichem und Jungs kollektivem Unbewussten abhebt, bedeutet für die Beziehung zwischen Patient und Therapeut, bzw. zwischen Analysand und Analytiker, unter Umständen eine beträchtliche narzisstische Kränkung, weshalb auch die Verdrängungstendenz hinsichtlich kranker Ahnen grösser ist als hinsichtlich archetypischer Inhalte. Es geht Szondi aber um ein Ernstnehmen des ganzen Bodens, aus dem der Mensch stammt, wobei die familiäre Erblichkeit, als ein ständig im Unbewussten wirkender Inhalt, sofern sie günstig ist, bisher wohl allzu selbstverständlich hingenommen, – sofern sie aber Sozial-Negatives oder Krankes enthält, verdrängt wurde. Hinsichtlich dieser Inhalte scheinen allerdings die zeitgenössischen Tendenzen einen ähnlichen Verdrängungsdruck auszuüben wie zur Zeit Freuds auf die sexuellen Inhalte. Szondis Forschungen über „Erbkreise und Berufskreise", die gerade in latent kranken Individuen die hohe Eignung zur arbeitstherapeutischen, „operotropistischen", Bewältigung erwiesen, sind noch nicht in das breitere Bewusstsein gedrungen.

Operotropismus nennt Szondi eben diese Erscheinung, dass jemand sich einen Beruf wählt, in dessen Rahmen er berufsmässig mit Menschen verkehren kann, die manifest an der Krankheit leiden, deren Konduktor der Wählende selber ist[10]. (Die Verallgemeinerung dieser Beobachtung bedeutet allerdings eine beträchtliche Einschränkung der Freiheit aus geistiger Entscheidung.) Dadurch, dass „krank" und „gesund" zugleich *von früher her* verstanden wird, spielt sich die Auseinandersetzung zwischen dem Patienten und dem Therapeuten nicht nur zwischen Zweien ab, sondern die ganze Verwandtschaft wird einbezogen, wobei auch der Therapeut mit seiner eigenen Erblichkeit vertraut sein muss. Dementsprechend beschäftigt sich eine schicksalsanalytische Lehranalyse wesentlich auch mit der Erblichkeit des Kandidaten, mit dem Ziel ihrer Bewusstmachung und des freien Umgangs mit den ererbten Möglichkeiten.

Ob Szondis Gentheorie der Objektwahl wissenschaftlich anfechtbar ist oder nicht, zweifellos ist sie eine – durch ein erstaunlich grosses empirisches Material gestützte, fruchtbare *Arbeitshypothese*, ein *Bezugssystem*, in dem auch Inhalte des kollektiven Unbewussten mitschwingen. Wie selbstverständlich für Jung im kollektiven Unbewussten die Ahnenwelt mitenthalten ist, zeigt u.a. seine Formulierung: „Der Geist besteht aus der Summe der Vorfahren-Geister[11]." In diesen Zusammenhang gehört auch die in der chinesischen Philosophie überlieferte Beziehung zur Ahnenwelt.

---

[10] Szondi, L.: Schicksalsanalyse, Benno Schwabe, Basel, 2. Aufl. 1948, S. 313.
[11] Jung, C.G.: Energetik der Seele. Rascher, Zürich 1928.

Wenn aber ein chinesisches Sprichwort sagt: „Der Mensch vermag wohl Krankheit zu heilen, aber nicht das Schicksal", so erkennen wir in Szondis schicksalsanalytischer Therapie einen Entwurf, der eben dieses unternimmt: das Schicksal zu beeinflussen.

Das eigene Erbe zu integrieren, heisst im Sinn der Schicksalspsychologie: über einen breiten Fächer von Möglichkeiten zu verfügen, die — was die therapeutische Situation betrifft — zunächst noch wie in einem Knoten in der Hand des Therapeuten zusammenlaufen, bis der Patient allmählich Strang um Strang dieses Knotens in die eigene Hand bekommt.

Szondis Anweisung, in den therapeutischen Sitzungen „den Stammbaum links, den Test rechts" auf dem Tisch zu haben, wirkt sich zweifellos auch auf die *Übertragung* aus, die durch das Eindringen in die ganze Verwandtschaft einen gewissermassen „verwandtschaftlichen" Zug bekommt. Und über die Figuren aus der Lebensgeschichte des Patienten hinaus, also über die Elternfiguren hinaus, wird der Therapeut gegebenenfalls zum Träger einer Ahnenfigur, die der Patient auf ihn projiziert. Zunächst zwar lernt er, eigene Wesenszüge in den anderen Figuren seiner Familie zu erkennen, die bis zu den Urgrosseltern und deren Geschwistern, samt deren Nachkommen, aufgenommen wird. Diese Wiederherstellung der eigenen Familiengeschichte stellt die persönliche Problematik des Patienten gleich zu Beginn in einen grösseren Zusammenhang, in dem er sich, abgesehen von der erwähnten narzisstischen Kränkung, in einem schicksalhaften Ganzen versteht, das die eigenen Schwierigkeiten in vielerlei Variationen spiegelt.

So können diese Nachforschungen das „Arbeitsbündnis" fördern; der Patient wird zum Mitforschenden, ja, in gewissem Sinn Mit-Dichtenden. Szondi, dessen Krankengeschichten sich, ähnlich denjenigen Freuds, wie Novellen lesen, erfasst das individuelle Schicksal seiner Patienten wie ein Epos oder einen Roman. Entsprechend Goethes Ausspruch, auch der einfachste Mensch könne in einer Hinsicht zum Dichter werden: indem er seine eigene Lebensgeschichte schriebe, versteht es Szondi, im Patienten den Sinn für dieses Stück Dichtung in seinem Schicksal zu wecken, so dass er an der Hand des Therapeuten eintritt in dieses zusammenhängende Ganze, — „am Seil des Tiefseetauchers" lernt, den familiären Hintergrund auszuloten. Diese besondere Form der Selbstbegegnung spiegelt sich in vier Zeilen eines Gedichtes von Richard Beer-Hofmann[12]:

Ufer nur sind wir und tief in uns rinnt
Blut von Gewesnen- zu Kommenden rollts,
Blut unserer Väter, voll Unruh und Stolz.
In uns sind alle ...

Im Durcharbeiten dieser Bezüge lernt der Patient, vom „Zwang des Er-

---

[12] Schlaflied für Mirjam.

bes" zur Freiheit seines eigenen, unter den mitgegebenen Existenzmöglichkeiten ergriffenen Schicksals zu gelangen. Im Hinblick auf den Einwand, „die Exploration, d.h. Fragen, Befragungen, im besonderen Testuntersuchungen, verfälschen die Übertragung" wie er von PARIN[13] formuliert wurde, verweist SZONDI[14] auf die entgegengesetzte Auffassung von MARIA PFISTER-AMMENDE[15], die zur Indikation einer Analyse die Untersuchung psychiatrisch-medizinischer Tradition befürwortet. Wie in den zeitgenössischen gegensätzlichen Standpunkten von PARIN und Frau PFISTER-AMMENDE, so spalteten sich die Analytiker seit den Abhandlungen von FERENCZI über seine „aktive Technik" in Anhänger der passiven oder aktiven Therapie. SZONDIS Stellungnahme beruft sich auf die letzte Revision der psychoanalytischen Lehre, die der 81jährige FREUD im Jahre 1937 in seiner Arbeit „Die endliche und die unendliche Analyse[16] durchgeführt hat. In dieser Arbeit gab FREUD zu, dass die Psychoanalyse nur bei den traumatischen Neurosen meisterlich funktioniert, während bei Fällen mit einer konstitutionellen Triebstärke und Ichveränderung sich die Dauer der Behandlung ins Unabschliessbare verlängert. Dies sind dann die unendlichen Analysen.

SZONDI stellt fest, dass die heutigen Psychoanalytiker, abgesehen von der Gruppe um H. HARTMANN (und heute auch KOHUT), die Thesen der letzten Revision FREUDS nicht angenommen haben, sondern die hereditären Trieb- und Ich-Veränderungen weiter so behandeln, als ob sie traumatischer Herkunft wären. Demgegenüber hat die „Schicksalsanalytische Therapie"[17] „die Konsequenzen der Freudschen Revision gezogen. Sie beschränkte die Anwendung der vorwiegend passiven Therapie auf die traumatischen Neurosen; für die hereditären Trieb- und Ich-Störungen hingegen schlug sie einen aktiven, indirekten Heilweg ein. Die schicksalsanalytische Therapie ist somit ein sowohl passives wie aktives Heilverfahren," — wobei im allgemeinen die passive psychoanalytische Phase der aktiven schicksalsanalytischen vorausgeht. In dieser aktiven Phase geht es u.a. um das Erlebenlassen der kranken Ahnen, die gegebenenfalls durch die sogenannte *„Psychoschock-Methode"* evoziert werden. D.h. wenn die Möglichkeiten der passiven Technik sich erschöpft haben und es zu sogenannten „Lochbildungen" in der Analyse gekommen ist, wiederholt der Analytiker ein bestimmtes Reizwort so lange und eventuell so lautstark, bis der Patient den Wider-

---

[13] PARIN, P.: Die Indikation zur Analyse. Psyche, Jg. XII, H.6 1958, S.370.
[14] SZONDI, L.: Ursprung u. Hintergrund der Krise in den analyt. Psychotherapien. Beiheft zur schw. Zs. f. Psychologie u. ihre Anwendungen. Szondiana VI 1966, Huber, Bern/Stuttgart/Wien.
[15] PFISTER-AMMENDE, M.: Die Indikation zur Analyse. Psyche Jg. VI, H 1, 1952.
[16] FREUD, S.: Die endliche und die unendliche Analyse. Imago Publ. Co. Ltd. London, Ges. W., Bd. XVI, S. 64.
[17] SZONDI, L.: Schicksalsanalytische Therapie. Ein Lehrbuch der passiven und aktiven analytischen Psychotherapie. Huber, Bern/Stuttgart/Wien 1963, S. 267 ff.

stand aufgibt. Szondi beruft sich bei der Anwendung dieser Methode sowohl auf Freud, der ebenfalls in den Patienten drang, sich zu erinnern, wie auf Ferenczis „Reiztherapie", bei welcher besondere Gebote, Verbote oder Aufforderungen dem Assoziationsverlauf die Richtung geben[18].

Abschliessend möchte ich zur Psychoschockmethode bemerken, dass sie heute wohl weniger erstaunt bzw. schockiert wie noch vor zwanzig Jahren, als Szondi erstmals davon sprach. Denn seine damalige Erfahrung, dass die übliche Assoziationstechnik nicht immer ausreicht, wird heute von Vertretern neuerer Richtungen geteilt und führte zu neuen Formen der aktiven Technik, etwa in der Gestalttherapie und Transaktionsanalyse.

Hingegen dürfte ein Bedenken gegenüber der schicksalsanalytischen Therapie nicht übergangen werden: dass dem Ahnenfeld zu viel Gewicht gegeben wird, bevor noch die persönliche Lebensgeschichte genügend ausgeschöpft ist. Hier zeigt sich eine Analogie zum Umgang mit den Archetypen in der Jungschen Analyse.

Es sollte jedoch noch eine weitere Modifikation der analytischen Therapie durch Szondi dargestellt werden: die *partizipative Therapie,* die er bei hereditären Ich- und Triebkranken, wie auch bei Depressiven, Suizidalen oder durch einen aktuellen Objektverlust Erschütterten anwendet. Diese vom Deuten zunächst oder vorübergehend absehende Form der Therapie wird zu einem *partnerschaftlichen Teilhaben* am Erleben des Patienten, verwandt der Haltung, die Maeder in seinen Schriften, insbesondere in „Der Psychotherapeut als Partner", dargestellt hat. Interessanterweise finden sich in Szondis Werken wenig Hinweise auf die praktische Gestaltung dieser Therapieform, die aber alle, die durch seine Schule und seine Kontrolle gingen, erfuhren. Vor allem in seinem Lehrbuch „Schicksalsanalytische Therapie"[19] diskutiert Szondi die „Technischen Regeln" der Freudschen Psychoanalyse und ihre Modifizierung bei der erwähnten Art von Patienten, wobei er vorausschickt, dass „niemals die Technik, sondern die besondere zwischenmenschliche Beziehung zwischen den Kranken und dem Therapeuten heilt". Diese Beziehung setzt „Humanität und Entsa-

---

[18] Ferenczi, S.: Literaturangaben, Zs.f.Psychol.S.51f.
- Zur Frage der Beeinflussung des Patienten in der Psychoanalyse. Int.Zs.f.Psychoanalyse Bd.V, 1919.
- Zur psychoanalytischen Technik. Int.Zs.für Psa. Bd.V, 1919.
- Weiterer Ausbau der „aktiven Technik" in der Psychoanalyse Int.Zs.f.Psa.BD.VII, 1921.
- Über forcierte Phantasien (Aktivität in der Assoziationstechnik). Int.Zs.f.Psa. Bd.X, 1924.
- Bausteine zur Psychoanalyse. I Bd. Theorie. II Bd. Praxis. Int.Psa. Verlag Leipzig, Wien, Zürich, 1927.
- Weiterer Ausbau der aktiven Technik in der Psychoanalyse. Bausteine ... Bd.II, S.83–84.

[19] S.120ff.

gungsfähigkeit" beim Analytiker voraus, der FREUDS Prinzip der „Stundenmiete" bei hereditären Ich- und Triebkranken in dieser Strenge und Härte nicht durchführen könne. Ihnen gegenüber müsse man sich ähnlich verhalten wie FREUD gegenüber organischen Affektionen: „das Ausfallen von mehreren Stunden, ja sogar längere Unterbrechungen menschlich tolerieren", anstatt den Patienten auf der „Vertragsbeziehung" zu behaften. Diese „ist zwar eine existentielle Frage für den Therapeuten, insbesondere bei Anfängern, dennoch schadet sie dem Patienten oft mehr als der Existenz des Arztes". Eine ähnlich tolerierende Haltung nimmt SZONDI hinsichtlich der Dauer einer Sitzung ein, die bei ich-gestörten Patienten mit 1½ bis 2 Stunden, zwei- bis dreimal wöchentlich, angemessen sei.

Entsprechendes forderte auch FREUD bei bestimmten Kranken, „weil sie den grössten Teil einer Stunde verbrauchen, um aufzutauen, überhaupt mitteilsam zu werden"[20].

Das Verhalten einiger Psychoanalytiker, die nach Ablauf der 50 Minuten dem Patienten nicht einmal erlauben, den letzten Satz zu beenden, bezeichnet SZONDI als *unmenschlich*. Wer nach einem Taxameter arbeiten und verdienen wolle, solle Taxichauffeur werden und nicht Analytiker!

In diesem Geist modifiziert SZONDI noch weitere Einzelheiten der analytischen Technik; denn „eine Schicksalsanalyse muss immer durch die humane zwischenmenschliche Beziehung und niemals durch eine Zwangsjacke von Regeln getragen werden". Diese Weiterentwicklung von der Übertragung zur Beziehung bedeutet, dass sich auch die Übertragung weniger libidinös, sondern ichhaft gestaltet.

Im jahrzehntelangen inneren Gespräch mit einer Richtung, in der ich mich zwar heute als Aussenseiterin empfinde, kann es nicht ausbleiben, dass es zu einem Weiterdenken oder auch Transformieren von SZONDIS Anstössen kommt. Und so möchte ich noch auf einige Aspekte der partizipativen Therapie hinweisen, die sich mir aus dem praktischen Tun und dem Nachdenken darüber ergeben haben:

Seit FREUD gehört zum Wesentlichen der analytischen Methode das In-Frage-Stellen der Mitteilungen des Patienten. Dieses „konstruktive Fragen" (BENEDETTI), ohne das keine Psychotherapie denkbar ist, liesse sich wohl ergänzen durch die *„partizipative Frage"*, wie ich es nennen möchte[21]. Für diese „partizipative Frage gibt es ein Modell, das in unser aller unbewusstem Menschheitswissen aufbewahrt ist: *Die Frage des Parsifal: „Was fehlt Dir?" Die Frage, die ihm den Zugang zum Gral erschliesst, zugleich aber auch die Frage, ohne welche der kranke Amfortas nicht gesund werden kann!* Denn mit dieser Frage erfährt der Kranke das Teilhaben, und damit die mit-

[20] FREUD, S.: Zur Einleitung der Behandlung. Intern. Zs. f. Psa. Bd. I, 1913.
[21] WAGNER-SIMON, TH.: Zur Theorie und Praxis der schicksalsanalytischen Psychagogik. Szondiana VI 1966, op. cit. S. 84 ff.

menschliche Solidarität des Fragenden. Es ist zu billig, wenn jene, die sich im rein rationalen „approach" zum Kranken verengt haben, diese nachgehende, ihn öffnende Frage als abgegriffene Floskel abtun, wie ich es kürzlich in einer Unterweisung an junge Ärzte hörte. Es handelte sich um die Technik des psychotherapeutischen Gesprächs der ersten und zweiten Stunde. Ich fürchte, nach dieser Unterweisung wird sich keiner der Anwesenden mehr trauen, die zweite Stunde, selbst mit einem akut depressiven und suizidalen Patienten, denn um einen solchen ging es, mit dieser Frage zu eröffnen! (Wohlgemerkt: es handelte sich nicht um die Einleitung einer Analyse lege artis, sondern um eine Gesprächspsychotherapie, wobei die zweite Sitzung drei bis vier Wochen nach der ersten stattfand.)

Wenn diese uralte Frage der Menschheit „Was fehlt Dir?" bzw. „Wie geht es Ihnen?" für uns zur abgegriffenen Floskel geworden ist, so sind wir selber zu befragen, woher das kam, und aufgerufen, sie wieder in uns lebendig werden zu lassen. Im Nachdenken über diese alte „Mitleidsfrage" scheint es an der Zeit, die Abwertung des Mitleids zu revidieren, das allzuoft in die Nähe des Sentimentalen oder auch des „moralischen Masochismus" gerückt wird, anstatt es im vorhin angedeuteten Sinn als sym-pathein zu verstehen — und insofern gehört es zu den *empathischen* Voraussetzungen jeder Psychotherapie. Wenn es im „Parsifal" heisst: „Durch Mitleid wissend", so ist damit das Intuitive des Mitleids, der Schlüssel zum Zugang zum andern, ausgesprochen. Und es dürfte kein Zufall sein, wenn DOSTOJEWSKJI, dessen ganzes Werk von diesem Mitleids-Wissen zeugt, in „Schuld und Sühne" dem Trinker Marmeladow die Worte in den Mund legt: „Man müsste doch einen Menschen finden, der Mitleid mit einem hat!" Dieses Dostojewskjische Mitleid wurde wohl deshalb von psychoanalytischer Seite so oft mit „moralischem Masochismus" verwechselt, weil weder FREUD[22] noch seine Schülerin JOLAN NEUFELD[23], die die „tonangebenden" Arbeiten über DOSTOJEWSKIJ schrieben, vom Glaubensleben östlich-orthodoxer Tradition Kenntnis hatten, ohne welche aber DOSTOJEWSKJIs religiöse und moralische Haltung nicht zu verstehen ist.

Wie der bedeutende russische Dichter und Philosoph WIATSCHESLAW IWANOW[24] in seiner Schrift „Die russische Idee" dargestellt hat, ist „der Grundzug des russischen Volkscharakters das Pathos der Selbstentäusserung, die mit dem Hang zum Hinabsteigen verbunden ist. ... Das wahre Hinabsteigen ist für den Menschen zunächst ein dankbares Sichniederbeugen vor aller ihm untertanen Kreatur ..., freiwillige Unterwerfung des Höheren un-

---

[22] FREUD, S.: Dostojewskij und die Vatertötung, Int. Psychoanalyt. Verlag, Wien 1930. (Zuerst erschienen 1928, Ges. Schr. Bd. XII, S. 11ff.)

[23] NEUFELD, JOLAN: Dostojewskij, Skizze zu seiner Psychoanalyse, Int. Psychoanalyt. Verlag, Leipzig/Wien/Zürich 1923.

[24] IWANOW, W.: Die russische Idee. In „Philosophie und Geschichte". Mohr, Tübingen 1930.

ter das Niedere ..." Aber IWANOW erkennt auch die Gefahr in der „eigentümlichen Stellung des russischen Volkes zur Sünde und zum Verbrechen, die DOSTOJEWSKIJ so scharf betont", und die sich bis zu einer besonderen Verehrung der Sünder steigern kann, was FREUD an DOSTOJEWSKIJ kritisierte[25], ohne das typisch Russische darin zu erkennen. Da SZONDI in seiner schicksalsanalytischen Konzeption von DOSTOJEWSKIJ ausging[26] und auch seine Auffassung der therapeutischen Beziehung, insbesondere der partizipativen Therapie, durch diesen Hintergrund geprägt ist, dürfte es gerechtfertigt sein, den Quellen nachzuspüren. Die Grundkonzeption schlägt sich ja in vielen praktischen Einzelheiten nieder, die die therapeutische Beziehung konstituieren.

Beispielsweise werden von einer Grundhaltung der mitmenschlichen Solidarität die Mittel der „entlarvenden Psychologie" selbstverständlich nicht verschmäht, aber sie werden auch hinsichtlich der *Herrschaftsansprüche des Therapeuten* angewandt. Denn um deren Befriedigung handelt es sich oft, wenn unter dem Vorwand, „die Laboratoriumsbedingungen" zu erfüllen, diese verabsolutiert und generalisiert werden, auf Kosten der Höflichkeit und der guten Manieren – von der Herzlichkeit ganz zu schweigen. In einer Zeit, da der Glaube an technische Vervollkommnung auf allen Gebieten auch in der Technisierung der therapeutischen Beziehung deren optimale Gestalt verstehen liess, verblassten ältere Vorbilder heilender Gestalten, an die es vielleicht gut tut zu erinnern. So – wiederum bei DOSTOJEWSKIJ – der Staretz Sossima, der sich vor Dimitri Karamasow, dem schrankenlosen Triebmenschen, dem potentiellen Vatermörder, bis zur Erde verneigt, d.h. sich vor dem Leiden verneigt, in welches er – durch sein „wissendes Mitleid" – Dimitri verstrickt sieht. Oder es sei an das Kapitel „Die gläubigen Weiber" erinnert, in dem der Staretz Sossima durch seine besondere Weise des Umgangs mit Not, Schuld und Trauer um Verlorenes sich als ein grosser Heiler erweist. Indem man auch solche Vorbilder er-innert, d.h. sie verinnerlicht, „introjiziert", würde die therapeutische Beziehung in eine andere Dimension gerückt, und die technischen Gesichtspunkte, deren Berechtigung nicht bestritten ist, würden *in einem unablässigen Selbstgespräch des Therapeuten mit diesen Vorbildern konfrontiert.*

Diese Gedanken sind grundsätzlich nicht neu. Ich erinnere nur an ALPHONSE MAEDER und seine Werke, z.B. „Der Psychotherapeut als Partner"[27]. SZONDI hat sich hinsichtlich seiner analytischen Methode ja nicht nur in der Nachfolge FREUDS verstanden, dessen Entwurf er mit einer erweiterten psychiatrischen Erblehre ergänzte, sondern er fand seinen Standort in der

---

[25] FREUD, S.: Dostojewskij und die Vatertötung. Op. cit.
[26] SZONDI, L.: Schicksalsanalytische Therapie, Huber, Bern/Stuttgart/Wien 1963.
– Kain. Gestalten des Bösen. Huber, Bern/Stuttgart/Wien 1969.
[27] MAEDER, A.: Der Psychotherapeut als Partner. Kindler Taschenbücher No. 2050. S. 9f.

Auseinandersetzung mit allen tiefenpsychologischen Richtungen, vor allem mit JUNG und MAEDER. SZONDI und MAEDER waren in dessen höheren Jahren befreundet und trafen sich regelmässig zum Austausch ihrer Gedanken, wovon u.a. MAEDERS letztes Buch zeugt, die 1963 erschienenen „Studien über Kurzpsychotherapie", „Meinem Freund LEOPOLD SZONDI gewidmet". In der Einleitung zu seiner 1957 erschienenen Schrift „Der Psychotherapeut als Partner" stellt MAEDER fest:

„Man hat sich schon viel und fruchtbar mit der Psychologie des Neurotikers beschäftigt, aber noch zu wenig mit derjenigen des Therapeuten. Die Entdeckung der Gegenübertragung war nur ein erster Schritt in dieser Richtung ... Alle diese auftauchenden Fragen hängen mit dem Problem der „zwischenmenschlichen Beziehung" zusammen. Wenn man anfängt, mit der Gegenseitigkeit im Verhältnis der beiden Gesprächspartner zueinander ernst zu machen, muss der Therapeut die Sicherung aufgeben, die ihm die Übertragungslehre verliehen hat. Es heisst jetzt nicht mehr: Es gilt dem Vater oder der Mutter des Patienten, sondern es geht ihn auch selbst an −. S. FERENCZI hat schon vor langer Zeit einen Anfang damit gemacht: Er sah den Analytiker als das Instrument der Behandlung. Da kein Mensch fehlerlos ist, glaubt er, auch der Analytiker solle seine Fehler und Irrtümer offen zugeben, wenn sie in der Analyse zum Vorschein kämen.

Verleugnet der Analytiker sie ausdrücklich oder schweigend, dann wiederholt eben auch der Analytiker die autoritative Haltung der Eltern, die von der Voraussetzung aus handelten, sie seien immer im Recht."

Wie anders tönt es hier als in einem jüngst erfahrenen Beispiel, wo ein junger Therapeut seinem Kontrollanalytiker berichtet, ein Patient habe sich beschwert, dass er mit Verspätung zur vereinbarten Stunde gekommen sei. Der Kontrollanalytiker sagte daraufhin, er hätte dem Patienten antworten sollen: „Sie können froh sein, dass ich überhaupt gekommen bin!" In dieser narzisstisch-selbstüberschätzenden Haltung „wiederholt der Analytiker nicht nur die autoritative Haltung der Eltern[28], sondern der Patient wird überdies in seine infantilen Allmachtsphantasien hinsichtlich der Eltern, von denen er „auf Gnade und Ungnade" abhing, zurückgestossen. Der gegenüber FREUD seinerzeit unberechtigte Vorwurf STEKELS[29], die Analyse infantilisiere den Patienten, dürfte hier zu Recht erhoben werden[30]. Man könnte hinzufügen, dass eine „Behandlung", die den Patienten zuerst affektiv derart einfriert, dann allerdings die Regression auf der Couch nötig hat.

MAEDER konnte mit seiner Methode, an die SZONDI sich in seinen aktiveren Therapien anlehnt, auf unbezweifelte Heilerfolge ohne ein solches Kalt-Heiss-Verfahren zurückblicken. Ich erinnere nur an seine beiden erstaunlichen Heilungen zweier Zwangsneurosen[31]. Während MAEDER − wie JUNG −

---

[28] MAEDER, A.: Opus cit.
[29] STEKEL, W.: Die Psychologie der Zwangskrankheit. Ber. ü. V. allg. ärztl. Kongr. f. Psychoth. Baden-Baden 1930, Hirzel, Leipzig 1930.
[30] GUATTARI, F. et DELEUZE, G.: L'Anti-Oedipo. Tom. A. de Capitalisme et Schizophrénie. Editions de Minuit. Collection Critique. Paris 1973.
[31] MAEDER, A.: Wege zur seelischen Heilung. Rascher, Zürich 1945.
− Fall Arnold.
− Studien über Kurzpsychotherapie, Klett, Stuttgart 1963, S. 21ff.

mit dem Hinweis auf den Archetypus des Heilbringers das „Überpersönliche in der Übertragung" betont und von daher die unbewusst hybriden Tendenzen des Therapeuten in Schranken zu halten beabsichtigt, beriefen wir uns – im Weiterdenken von SZONDIs Anstössen – auf die Modelle des Parsifal oder des Staretz Sossima, nicht nur, weil sie möglicherweise den Archetypus des Heilbringers evozieren, sondern weil sie den *zum Wesen des Menschen gehörenden Bedürfnissen nach Mitmenschlichkeit gerecht werden* (SCHELER, JASPERS, BINSWANGER, DÜRCKHEIM).

Von diesen grundlegenden Bedürfnissen her wären viele praktische Einzelheiten zu prüfen, etwa das Schweigen des Analytikers, das er dem als Widerstand gedeuteten Schweigen des Patienten entgegensetzt, auch wenn es sich um einen Depressiven oder akut Suizidalen handelt. Aber gerade einen solchen kann das Schweigen in eine unerträgliche Isolation treiben, die mit der Isolation von menschlicher Fühlung auf der Intensivstation vergleichbar ist. Die Intensivstation hat selbstverständlich solange Berechtigung, als dort das leibliche Sterben verhindert wird, – aber paradoxerweise sterben dort auch Kranke unter den Apparaten infolge der seelischen Isolation, oder sie sterben gequälter und oft auch früher[32]. Den im Schweigen auf der Couch liegengelassenen Depressiven und Suizidalen möchte ich in der Tat dem an den Apparaten hängenden Sterbenden vergleichen! Denn der sich als Apparat „verstehende" Analytiker reagiert nicht auf die Signale der Verzweiflung.

Ich verweise in diesem Zusammenhang nochmals auf HORST EBERHARD RICHTERs neuestes Werk „Flüchten oder Standhalten", in dem er den Auswirkungen der Isolation nachgegangen ist. Er bezeichnet die Furcht vor Isolation in unserer Epoche als ein ubiquitäres Phänomen. Seine Untersuchungen, gerade auch an Psychotherapeuten, ergaben übrigens, dass diese von der Isolationsfurcht im gleichen Masse befallen sind wie die sogenannten Patienten! Die Frage dürfte berechtigt sein, ob die bekannten Laboratoriumsbedingungen, sofern sie „ohne Ansehen der Person", d.h. bei jeder Kategorie von Patienten, ja sogar bei einmaligen Interviews mit deren Verwandten oder Freunden, durchgeführt werden, die *Gegenübertragung* des Therapeuten nicht unbewusst mit ähnlichen Isolationsängsten tränken wie sie in Übertragung und Widerstand des Patienten manifest werden.

Dass die Selbstkritik hinsichtlich der frustrierenden Momente im eigenen Lager erwacht, zeigt auch ein bemerkenswerter Aufsatz von JOHN KLAUBER im September-Heft der „Psyche"[33]. Neben der „traumatischen

---

[32] Ich beziehe mich hier auf einige Fälle, die mir berichtet wurden, sowie auf die „Aufzeichnungen über einen Tod. *Sterben im Krankenhaus.*" Hrsg. R. KAUTZKY. Herderbücherei. Freiburg 1976.

[33] KLAUBER, JOHN: Einige wenig beschriebene Elemente der psychoanalytischen Beziehung und ihre therapeutischen Implikationen. Psyche 30. Jahrgang Sept. 1976. S. 813 ff.

Anwendung des Schweigens", dessen Wirkungen im allgemeinen heruntergespielt würden, gibt er zu bedenken, was es bedeutet, wenn „das Gefühl von Gesicht zu Gesicht" (RILKE)[34] entzogen wird „beim intimsten und ausgedehntesten Austausch geheimer Gedanken, der von menschlichen Wesen ersonnen wurde" (KLAUBER).

Ich bin in diesem Zusammenhang von zwei kürzlich erfahrenen Beispielen aus der täglichen Praxis ausgegangen, wobei jede persönliche Polemik vermieden sein soll und diese Beispiele lediglich als Konsequenzen der rationalistisch-technischen Grundhaltung genannt seien. Diese Grundhaltung beruht in einer positivistisch-mechanistischen Auffassung seelischen Geschehens, wofür FREUDS Ausdruck von der „seelischen Apparatur" repräsentativ war. Ein Festhalten daran scheint oft mit unbewussten Bemächtigungstendenzen und Herrschaftsansprüchen verbunden zu sein oder weist auf eine Abwehr des Emotionalen und eine Angst vor dem eigenen Sich-Öffnen. Selbstverständlich enthält auch das Modell des Heilbringers, das dem „Überpersönlichen in der Übertragung" Rechnung trägt, seine Gefahren, etwa die der psychischen Inflation des Therapeuten, wenn er sich mit dem Archetypus verwechselt. Und auch die partizipative Therapie enthält ihre Gefahren, sofern sie nicht mit der richtigen Dosierung geübt wird und der Therapeut seine eigenen Partizipationsbedürfnisse nicht unter Kontrolle hat.

Im Weiterdenken von SZONDIS Anstössen verwies ich sodann auf die Modelle des „*durch Mitleid wissenden" Parsifal,* dessen Frage den kranken Amfortas heilt, und auf den *demütig-wissenden Staretz Sossima.*

Aber wenn schon mit JUNG und MAEDER die Vorbilder der Antike auf den Plan gerufen wurden – und manchmal frage ich mich, was die Alten zu unserem heutigen Begegnungs-Modus dem Leiden gegenüber gesagt hätten oder auch, wie eine spätere Epoche unser Tun beurteilen mag – im Nachdenken über solche Vorbilder, ergänzt um das der christlichen Demutshaltung, könnte man noch ein anderes Modell der therapeutischen Beziehung heraufrufen: Seit Menschengedenken empfingen Gesicherte, Wohnende, Behauste den *Gast,* den Fremdling, den Flüchtenden. Das griechische Wort Xenos gilt ja für Gast, Fremdling und Söldner. Es gab ein heiliges Gastrecht, dessen Ausübung von einer besonderen *Ehrfurcht* getragen war. Wären die seelisch Kranken nicht auch von diesem Modell her zu verstehen als Fremdlinge, ja Flüchtlinge in der Realität? Als Gast, der „Brot und Wein" erhält? Womit übrigens die „nutritive Therapie" angetönt ist, die SZONDI gelegentlich gerade bei jener Kategorie von Patienten, von denen ich ausging, den Depressiven und Suizidalen, anwendet.

Von FREUD her wären auch Ansätze für diese Haltung zu finden, so in seinem Postulat, arme Patienten sollten materiell unterstützt werden[35], was

---

[34] RILKE, R. M.: Buch der Bilder. Das Lied des Blinden.
[35] FREUD, S.: Wege der psychoanalytischen Therapie. Ges. Schr. Bd. VI, Technik, S. 136 ff.

von ihm selber berichtet wird, wobei er offensichtlich die Reinhaltung der Übertragung zurückstellte. Wenn demgegenüber nach der heute verbreiteten Haltung das therapeutische Überich in der Begegnung mit Leidenden aller Kategorien in erster Linie das Reinhalten der Technik gebietet, wobei junge Analytiker nachweislich auf mitmenschliche Reaktionen mit Schuldgefühlen reagieren, so sollten wir uns fragen, ob die zeitgenössischen Modelle genügen oder ob nicht MAEDERs[36] Stellungnahme, die SZONDI[37] teilt, neu zu bedenken wäre. Im Hinblick auf die Überbetonung der Technik und ihre hohe Differenzierung, die „zu einer Entpersönlichung" des Arzt-Patient-Verhältnisses geführt habe, stellt er die These auf: „Es ist der Mensch, der hilft und nicht die Methode[38]."

Es gelangen hier also zwei grosse Therapeuten zu ähnlichen Schlussfolgerungen wie sie für die Therapie der Schizophrenie bereits von BENEDETTI[39] u.a. gezogen wurden. Es stellt sich die Frage, ob — was für den Schizophrenen „recht", nicht auch für andere Kategorien von Patienten „billig" werden könnte, ferner, ob — um es zugespitzt zu formulieren — die Therapeuten den heroischen Enthusiasmus, mit dem diese Behandlungen geführt werden, deshalb aufrechthalten können, weil sie endlich mitmenschlich reagieren dürfen.

Abschliessend wäre bezüglich der „wissenschaftlichen Grundlagen" der analytischen Therapien zu bedenken, dass die theoretischen Begriffe etwa alle zehn bis zwanzig Jahre ihren Inhalt verändern. Bis heute lassen die Metapsychologien aller Richtungen, so auch SZONDIs, Wünsche offen; die Triebtheorien befriedigen nicht durchwegs. Dessen ungeachtet finden wir therapeutische Erfolge in allen Richtungen. Man könnte sich fragen: „Was heilt[40]?"

---

[36] MAEDER, A.: Wege zur seelischen Heilung, Rascher Zürich 1945.
— Sendung und Aufgabe des Arztes, Rascher Zürich 1952.
[37] SZONDI, L.: Ursprung und Hintergrund der Krise in den analytischen Psychotherapien. Op.cit., S. 59.
[38] MAEDER, A.: op.cit. und Studien über Kurzpsychotherapie. Klett 1963.
[39] BENEDETTI, G.: Der Geisteskranke als Mitmensch. Kleine Vandenhoeck-Reihe 1976.
[40] Neuere Nachuntersuchungen und Befragungen von „gewesenen Patienten" bestätigten, dass die *Echtheit der Zuwendung* das Hauptinstrument psychotherapeutischer Wirkung ist. Im Journal of Consulting Psychology, 27. Jg., 1963, stellen die Autoren FEIFEL, H. und EELLS, J. in dem Aufsatz „Patients and Therapists" die Kriterien effektiver und nichteffektiver Therapeuten auf. Der erfolgreiche Therapeut ist derjenige, der zu seinen Patienten eine Beziehung herstellt, die ihnen ein hohes Niveau richtiger Einfühlung, nicht besitzergreifender Wärme und Echtheit bietet. „Andere haben gezeigt, dass Patienten, die von ihren Therapeuten geliebt werden oder annehmen, sie würden geliebt, sich in der Therapie mit grosser Wahrscheinlichkeit bessern." — Im gleichen Journal, Jg. 15, 1951, wird auf eine Reihe von Studien von F. FIEDLER verwiesen. Es wird festgestellt, dass die Qualität der Beziehung unabhängig ist von der Richtung, der der einzelne Therapeut anhängt. „Erfahrene Kliniker verschiedener Richtungen sind

Zweifellos spielen beim Heilungsgeschehen non-verbale, irrationale Faktoren eine grössere Rolle als im allgemeinen zugegeben wird. Bei SZONDI ist dieses Irrationale zugegeben und bezeichnet einerseits durch die hintergründige Welt der Ahnen, die dem therapeutischen *Eros* seine besondere Prägung gibt, — anderseits durch die sein therapeutisches *Ethos* prägende hintergründige Welt DOSTOJEWSKIJS. Die naheliegende nur rationale Kritik seiner Triebtheorie birgt die Gefahr der Abwehr jenes besonderen mitmenschlichen Engagements, das SZONDIS Entwurf prägt und das — wie ich es sehe — die tiefste Quelle seiner therapeutischen Erfolge ist.

einander ähnlich (und unterscheiden sich von unerfahrenen Therapeuten ihrer eigenen Richtung), und zwar in bezug auf ihre Auffassung von der idealen therapeutischen Beziehung, sowie in bezug auf die Art der Beziehung, die sie selbst zu ihren Patienten herstellen."

Adresse des Autors:

Dr. phil. Therese Wagner-Simon
In der Au 5
4125 Riehen

Aus dem Daseinsanalytischen Institut für Psychotherapie und Psychosomatik — Medard Boss-Stiftung
(Direktor: Prof. Dr. med. et phil. GION CONDRAU), Zürich

Die therapeutische Beziehung aus daseinsanalytischer Sicht

Von GION CONDRAU

Bekanntlich kennzeichnen die beiden Phänomene der sogenannten *Übertragung* und des *Widerstandes* die Grundpfeiler im Verhältnis Patient und Therapeut in der Psychoanalyse. Damit ist bereits angedeutet, dass der *Beziehung* in jeder Form der Psychotherapie eine zentrale Bedeutung für den Heilungsprozess zukommt. Ursprünglich allerdings wurde diese Beziehung wohl allzu einseitig auf der Seite des Kranken gesehen. Störungen in der Beziehung zum Therapeuten wurden nicht diesem angelastet, sondern in erster Linie dem Patienten, der offenbar seine lebensgeschichtlich bedingten, reduzierten und verfälschten Beziehungsmöglichkeiten auf den Analytiker *übertrage*. Der Therapeut selbst, so wurde angenommen, übe lediglich die Funktion eines Spiegels aus, in welchem der Kranke und damit auch seine gestörte Beziehungsfähigkeit sichtbar werde. Die Beziehung zum Therapeuten, das heisst, die in der Analyse zu Tage tretende Beziehungsmöglichkeit, hätte demnach ihre Wurzeln in früheren Beziehungserlebnissen zu wichtigen Bezugspersonen. Sie wäre präformiert. Erst viel später entdeckte die Psychoanalyse die unzweifelhafte Tatsache, dass die Beziehungsentwicklung in der Psychoanalyse auch vom Verhalten des Therapeuten selbst abhängt, mit anderen Worten, dass die Gegenübertragung ebenso wichtig ist wie die Übertragung. Immer noch aber wird doch der Hauptanteil am kommunikativen Beziehungssystem in der Psychoanalyse dem Patienten „übertragen".

Die Weiterentwicklung des Übertragungsbegriffes

Im Laufe der psychoanalytischen Weiterentwicklung hat sich allerdings auch der Übertragungsbegriff weitgehend gewandelt. So hat sich von ihm, wie MAEDER hervorhob, ein neuer Begriff der zwischenmenschlichen Beziehung abgespalten, der nicht mit der individuellen Lebensgeschichte zusammenhängt. Schon SULLIVANs Theorie der „Interpersonal Relationships" sprengte den Rahmen der ursprünglichen Freudschen Theorie. Auch die anthropologische Betrachtungsweise verliess das reine Übungskonzept

Freuds. Bräutigam beispielsweise charakterisiert die anthropologische Psychotherapie als jene Form der Beziehung zwischen Arzt und Patient, „die sich in mitmenschlicher Offenheit der inneren Lebenssituation des Patienten stellt und mit ihm Einsicht in diese Situation zu gewinnen sucht". Hier ist also schon nicht mehr von einer „Übertragung" von Gefühlen auf den Analytiker und von einer „Gegenübertragung" die Rede, sondern von „mitmenschlicher Offenheit". Eine solche Therapie begegnet dem Kranken auch nicht mehr als einem Objekt, sondern „im Bereich mitmenschlichen Seins". Der Hauptakzent der Therapie wird dementsprechend in die Ich-Du-Welt verlegt.

Die Daseinsanalyse hat den psychoanalytischen Übertragungsbegriff schon immer in Frage gestellt. Binswanger bereits hat durch seine Auffassung des Verhältnisses zwischen dem Arzt und seinem Patienten den Rahmen der von der Psychoanalyse geschaffenen Begriffe „Übertragung" und „Widerstand" gesprengt, indem er diese erweiterte und umgestaltete. Er bezeichnete die „existentielle Kommunikation" zwischen Therapeut und Krankem als ein „Miteinander- und Füreinanderdasein", eine innere Einstellung, die es ermöglicht, den Menschen in seiner ganzen Angst und Schuld zu achten und liebevoll aufzunehmen, völlig frei von konventionellen Vorurteilen und Normen. Binswanger spricht vom „liebenden Miteinandersein", von „Ich und Du", vom „Miteinandersein von Mir und Dir", wobei man nicht von der Zweizahl ausgehen dürfe, „sondern von dem, und sei es zunächst noch so vage verstandenem, Einen (des Einander), dem nicht als je mein und je dein, sondern als Wir erschlossenen Da des Da-seins". Liebe könne ontologisch nicht verstanden werden „als etwas, das zwei für sich seiende Individuen aneinander bindet oder zwei Subjekte, Aktzentren, Existenzen an ihren je einseitig konstituierten Welten teilnehmen (kommunizieren) lässt, sondern nur als ‚Erschlossenheit' oder Offensein des Daseins für sein Einsein, sein Ganzsein, wenn man will, in der Urform der Wirheit. Ohne diese Grundform des Daseins wäre zwar Verliebtheit möglich, aber weder liebende Communio, noch liebende ‚Begegnung' überhaupt".

Die Liebe wird nicht verstanden oder interpretiert im Sinne eines psychologischen Verhaltens oder einer psychologischen Gestimmtheit des Menschen, sondern „nur im Sinne eines Grundzuges menschlichen Daseins". Sie ist sowohl räumlich wie zeitlich unendlich und kann nicht zerstückelt (Lebensdauer, Alter, Jugend) gesehen werden, „sondern nur in der von der unendlichen Längenstreckung der Zeit, der ‚ewigen Zeit', völlig verschiedenen Zeitform der zwischen ‚Augenblick' und ‚Ewigkeit' keinen Unterschied machenden, ewigen Dauer oder eigentlichen Ewigkeit".

Das Dasein geht nach Binswanger als Liebe nie in der Fürsorge für einen Anderen auf, sondern im Mit-einander-sein. Liebende sind „überall und nirgends zuhause", das liebende Miteinandersein ist „an keinen Ort gebunden". „Der Raum, den sie sich gegenseitig erzeugen, ist ihre Heimat." Der Liebe soll das phänomenologische Primat vor der Sorge eignen. „Dass aber überhaupt ein phänomenologischer Zusammenhang besteht zwischen Liebe und Sorge, gründet nicht etwa darin, dass Lieben ‚letzten Endes' doch Sorge wäre oder aus ihr sich ableiten liesse, sondern gründet in dem anthropologischen Modus des Daseins, nämlich darin, dass das Dasein, in der Form des Menschseins, nur Sehnsucht und ewige Dauer sein kann, weil es ‚endlich', ein Dasein zum Ende ist ...". Die Verfallmöglichkeiten der Liebe zeigen sich im Abfall „an die Welt", in einer fanatischen Verabsolutierung des Liebesverhältnisses (Hörigkeit) und in dem „einseitigen" Aufgehen im Genuss; „ungeistig" wird das liebende Miteinandersein auch in einer aus der Gesamtstruktur der Liebe ausbrechenden und sich selbständig machenden Liebesmystik.

Die Begründung der Beziehung in der „Sorge"-Struktur des Daseins

Auch Boss hat sich eingehend mit dem Übertragungsbegriff auseinandergesetzt. Kein Mensch brauche irgendwelche Gefühle auf einen anderen Menschen zu übertragen, wenn sich ihm nicht nur die Dinge in ihrem Dinggehalt, sondern ebenso unmittelbar auch die anderen Menschen als die Menschen, die sie sind, erschliessen. Nicht ein in der Kindheit erfahrener Vorstellungsinhalt werde „übertragen", sondern die kindlich gebliebene und verkümmerte menschliche Verfassung des Neurotikers lasse es eben grundsätzlich nicht zu, dass irgend ein erwachsener Mensch anders als ein seinem Kindlichsein entsprechender Partner, anders als ein elternartiges Wesen wahrgenommen werden kann. Liebe und Hass sind demnach auch in der psychotherapeutischen Behandlung nicht lediglich „Übertragungsphänomene", sondern durchaus echte Beziehungsmöglichkeiten. Der Analysand beginnt – sagt Boss – den Analytiker zu lieben, wenn er merkt, dass dieser ein Mensch ist, vermutlich sogar der erste in seinem Leben, der ihn wirklich versteht und ihn so, wie er gerade ist, auch in seiner ganzen neurotischen Verkümmerung annimmt". Hier wiederum wird klar, dass eine Trennung zwischen Menschenverständnis und psychotherapeutischer Haltung weder möglich noch überhaupt wünschenswert ist. In der Daseinsanalyse wird der Aufgeschlossenheit des Therapeuten für seinen Patienten die grössere Bedeutung beigemessen als bei FREUD, wo die rückbezügliche Erinnerung, das Bewusst-werden-Lassen verdrängter infantiler Triebwünsche, oder bei JUNG, wo der Rückgriff in das kollektive Unbewusste noch als wesentliche Faktoren zur Heilung eines Neurotikers postuliert werden. Gewiss erklärte auch FREUD, Übertragung und Widerstand seien wichtige psychoanalytische Verhaltensweisen. Dadurch jedoch, dass er sie lediglich zu Medien der Arzt-Patienten-Beziehung reduzierte, minderte er zugleich ihren Selbstwert. Wieviel unmittelbarer ist doch ein Miteinandersein, dessen Wirklichkeit sich nicht aus künstlich konstruierten Formulierungen ableiten muss, ein Miteinandersein, das der „Sorge" um den Mitmenschen entspringt und nur von ihr her verstanden werden kann. Realisiert doch die „Sorge" Beginn und Sein „für jedwede Weise menschlichen Weltenverhältnisses", umfasst sie doch sämtliche uns möglichen Beziehungen zu allem, was ist, in hervorragender Weise zu unseren Patienten. In der „Sorge" gründet gleich ursprünglich sachliches Besorgen von Dingen, depressives Sich-Sorgen um jemanden oder um etwas wie auch das rachsüchtige „einem andern es be-sorgen" und das liebende „Sorge-tragen". Ja, gerade die Liebe entspricht der „Sorge" im fundamental-ontologischen Sinne so vollkommen, „dass alle anderen Bezugsmöglichkeiten des Menschen als deren mehr oder weniger verdeckte Abwandlungen zu verstehen sind; kann sich doch ein jegliches das ist, nur als Geliebtes in seinem vollen Wesen entfalten" (Boss). Gerade im Begriff der „Sorge" als „Fürsorge" gibt Heidegger uns Therapeuten Hinweise, die, aus dem unmittelbaren Menschenverständnis heraus entstanden, unser psychotherapeutisches Verhalten auch methodisch bestimmen. Desgleichen erhält dadurch die von Freud empirisch gefundene goldene Regel der analytischen Zurückhaltung – die ihr zunächst den nicht unberechtigten Vorwurf der Spiegel-Haltung des Therapeuten eintrug – erst ihren Sinn. In „Sein und Zeit" beschreibt Heidegger die zwei für den Arzt wesentlichsten Verhaltensmöglichkeiten seinem Kranken gegenüber, nämlich dort, wo er von der „einspringenden" und von der „vorspringenden" Fürsorge spricht. Das alltägliche Miteinandersein nun hält sich zwischen den beiden Extremen der positiven „Fürsorge"; es steht zwischen der „einspringend-beherrschenden" und der „vorspringend-befreienden" Fürsorge. Die einspringende Fürsorge „übernimmt das, was zu besorgen ist, für den Anderen. Dieser wird dabei aus seiner Stelle geworfen, er tritt zurück, um nachträglich das Besorgte als fertig Verfügbares zu übernehmen, beziehungsweise sich ganz davon zu entlasten. In solcher Fürsorge kann der andere zum Abhängigen und Beherrschten werden, mag diese Herrschaft auch eine stillschweigende sein und dem Beherrschten verborgen bleiben. Die einspringende, die ‚Sorge' abnehmende Fürsorge bestimmt das Miteinandersein in weitem Umfang, und sie betrifft zumeist das Besorgen des Zuhandenen." Damit hat Heidegger gerade jene Möglichkeit der ärztlichen Fürsorge gezeichnet, die der Psychotherapeut (sofern er nicht Pädagoge oder Psychagoge sein will) strengstens vermeiden sollte. Er muss sich vielmehr jenes Verhalten aneignen, das Heidegger als jene „Möglichkeit einer Fürsorge" bezeichnet, „die für die Anderen nicht so sehr einspringt, als dass sie ihm in seinem existentiellen Seinkönnen vorausspringt, nicht um ihm die ‚Sorge' abzunehmen, sondern erst eigentlich als solche zurückzugeben".

Das „Agieren" als ursprünglicher Modus der Beziehung

Aus dem gleichen Grunde kann die Daseinsanalyse auch das *Agieren* der Kranken in der Kur nicht lediglich als eine widerständige Haltung missdeuten, wie es die psychoanalytische Theorie tut. FREUD meinte noch, die Kranken würden in der Analyse versuchen, „etwas zu agieren, im Leben zu wiederholen, was sie nur erinnern, als psychisches Material reproduzieren und auf psychischem Gebiet erhalten sollen". Die Daseinsanalyse dagegen sieht das „Agieren" des Patienten nicht einfach als Widerstand gegen die Erinnerung an, sondern versteht in ihm genau so unmittelbares und echtes Erscheinen neu aufkeimender Beziehungsmöglichkeiten wie es das gedankliche Erfassen sein kann. Es handelt sich dabei gar nicht notwendigerweise um ein „Verdrängen"-Wollen von Erinnerungen. Vielmehr wagt der Analysand in vielen Fällen im Agieren erstmals den Beginn seiner Entfaltung. Mit anderen Worten: er holt eine Verhaltensmöglichkeit nach, die bisher unerlaubt war und nie zum Austrag gelangte. Daraus folgt, dass das Zulassen, Gewähren des Agierens therapeutisch durchaus heilbringend sein kann.

Das analytische Sich-Eröffnen eines neurotisch eingeengten Kranken wird allerdings nur möglich, wenn der Arzt dem Kranken sich in jene Verhaltensweisen einzulassen erlaubt, in denen dieser sich faktisch gerade aufhält. Diese Verhaltensweisen, sagt Boss, sind bei ernsthaft Kranken nicht die begrifflichen, gedanklich-sprachlichen Beziehungsmöglichkeiten der Erwachsenen. „Wie im Verhältnis des Kleinkindes zur Mutter kann deshalb eine echte, der Wesensverfassung des Kranken wahrhaft entsprechende, heilsame mitmenschliche Beziehung sehr oft ebenfalls nur in einer lautlosen Gebärdesprache, vielleicht zu Zeiten ausschliesslich in einem gewährenden Schweigen und blossen Dasein ans Licht kommen und dadurch weiterwachsen." So wenig wie in der psychotherapeutischen Betreuung kleiner Kinder wird man demnach auf das Agieren-Lassen verzichten können, ist der Neurotiker in seinem Wesenskern noch weitgehend reifungsmässig auf kleinkindlicher Stufe stecken geblieben. Aus dem gleichen Grunde verzichtet die Daseinsanalyse auf die nach kausalgenetischen Erklärungen und Ableitungen forschende psychoanalytische „Warum?"-Frage, um sie durch das deutlichen Aufforderungscharakter besitzende „Warum-eigentlich-nicht?" zu ersetzen. Die „Warum"-Frage überfordert den Analysanden, während in der gewährenden „Warum-nicht"-Frage dem Kranken oft erst ermöglicht wird, in der Analyse wenigstens gewisse Hemmungen abzustreifen, die ihm das Verhalten der Aussenwelt auferlegen. Dass solches Gewährenlassen beim Analytiker selbst ein hohes Mass an Reife und Verantwortlichkeit voraussetzt und ihn verpflichtet, sich selbst nie in die Unfreiheit kindlichen oder dranghaft egoistischen Verhaltens einzulassen, versteht sich am Rande.

„Vorspringende Fürsorge"

Der für die therapeutische Beziehung entscheidende Satz ist wohl jener, dass der Analytiker im Sinne der „vorspringenden" Fürsorge dem Anderen, hier also dem Analysanden, „in seinem existentiellen Seinkönnen" vorausspringt. Was heisst dies, auf die Praxis der Daseinsanalyse angewendet? Zunächst wohl, dass existentielles Seinkönnen beim Fürsorgenden, hier beim Therapeuten, *voraus*gesetzt ist. Mit anderen Worten: der Therapeut muss in seiner Existenz das Sein-Können voraus haben. Existentielles Seinkönnen im ontischen Sinne meint die möglichste Verwirklichung jener Grundzüge menschlichen Daseins, die der Mensch seiner ontologischen Grundverfassung gemäss je schon *ist*. Dazu gehören die primäre Weltoffenheit und Freiheit, das ursprüngliche Gestimmtsein, die Räumlichkeit und Zeitlichkeit des Daseins, sein Mit-Sein, Leiblich-Sein und Sterblich-Sein. Die Offenständigkeit des Daseins ermöglicht erst das *Verstehen* des Anderen. Im Seinsverständnis des Daseins liegt schon, „weil sein Sein Mit-Sein ist, das Verständnis Anderer" (Sein und Zeit, S. 123). In diesem Verständnis geht es zunächst um ein Sein-Lassen des Anderen. Daher sieht die Daseinsanalyse die Aufgabe des Therapeuten auf drei Ebenen: einmal im vorausspringenden Sein, das zur „vorspringend-befreienden Fürsorge" (HEIDEGGER) befähigt, dann im verstehenden *Verhalten*, anders gesagt, in der Gestaltung der mitmenschlichen Beziehung, und schliesslich in der *Deutungsarbeit,* wobei Deutung als Wahrnehmung des Bedeutungsgehaltes alles Begegnenden und hermeneutische Auslegung meint.

Ansprüche an den Therapeuten

Es ist nicht wenig, was vom Therapeuten verlangt wird. Ist der Anspruch gar überheblich? Worauf gründet die Forderung, der Therapeut müsse in seinem Sein-Können weiter sein als der Kranke? Erliegt er der Wunschvorstellung, ein „Weiser" zu sein, „in dessen ‚Licht' die Dinge der Welt eine neue Bedeutung erhalten", wie MEERWEIN in einem Vortrag das Selbstverständnis des Daseinsanalytikers sah? Erblickt er seine „therapeutische Potenz" tatsächlich „in seiner eigenen beispielhaften Freiheit und Vorbildlichkeit", der „alles erlaubt und dem nichts Menschliches fremd ist"?

Sollte dies tatsächlich der Fall sein, dann hat dieser Mensch als Therapeut seine Bestimmung verfehlt. Denn nie und nirgends hat die Daseinsanalyse die Behauptung aufgestellt, ein Mensch könne in der Endlichkeit seines leiblichen Daseins ontisch seine ontologische Bestimmung einholen. Nie wird ein Mensch in der Lage sein, in der Verwirklichung seines Selbstseins jene Vollkommenheit zu erfahren, die nur einem Heiligen vorbehalten ist. Auch der Therapeut ist als Mensch in seiner existentiellen Schuldigkeit befangen. Auch er schuldet seiner Existenz den Austrag vieler Lebensmöglichkeiten. Aber was wir wohl von ihm verlangen dürfen, können und müssen, ist zumindest das Streben nach Offenständigkeit dem Begegnenden gegenüber, das Wissen um die Unvollständigkeit und Begrenztheit seiner Freiheit, die Auseinandersetzung mit der Beengtheit und Angst-Bezogenheit seiner freiheitlichen Existenzentfaltung, die Bereitschaft zum Mitsein mit dem Anderen, die Anerkennung seines Leiblich- und Sterblichseins. In dieser Auseinandersetzung wird vom Therapeuten verlangt, dass er dem Kranken voraus *ist,* voraus geht. Nur so kann von ihm auch eine für den Patienten befreiende Fürsorge ausgehen. Wenn gesagt wird, der Analytiker könne dem Analysanden nicht weiterhelfen als er selbst gereift sei, so ist dies damit gemeint: er muss im ständigen *Bemühen* um ein offenständiges Gestimmtsein voraussein.

Dieses Bemühen ist dem Therapeuten zumeist nicht in die Wiege gelegt. Er muss es sich, wie jeder Mensch, mühevoll zumeist, erarbeiten. Dies geschieht in der sogenannten ,,Lehranalyse", die demzufolge eben eine therapeutische Analyse und nichts anderes ist. Aus diesem Grunde auch ist die Lehranalyse in Aufwendung und Zeitdauer so unendlich anspruchsvoller als eine Therapie, deren Ziel im wesentlichen auf die Erreichung einer wie immer gearteten ,,Gesundheit" ausgerichtet ist.

Von der Gelassenheit zum ,,Sein-Lassen"

Die *Offenständigkeit* des Therapeuten verlangt von ihm, dass er in seiner Begegnung mit dem Patienten weder auf Abwehr gestimmt ist, noch diesem ,,verfällt". Abwehr nämlich lässt den Begegnenden gar nicht herankommen, Verfallensein verhindert Offenheit im Sinne der Freiheit. Offenheit erfordert Nähe und Distanz, wie auch Freiheit an das rechte Mass von Distanz und Nähe gebunden ist. Distanz allein ist als Folge der Abwehr ein Auseinander-Rücken. Nähe und Distanz beziehen sich auf das *Räumlichsein* des Daseins, auf das *Sich-Zeitigen,* jedoch nicht im Sinne einer messbaren Zeit und eines messbaren Raumes. Das Beseitigen aller Entfernungen bringt keine Nähe, sagt HEIDEGGER; denn ,,Nähe besteht nicht im geringsten Masse der Entfernung". Was streckenmässig in der geringsten Entfernung zu uns steht, kann uns fern bleiben; unübersehbar weit Entferntes jedoch kann uns nahe sein. ,,Kleine Entfernung ist nicht schon Nähe. Grosse Entfernung ist noch nicht Ferne." (Das Ding, S. 37.) Hierin liegt die Möglichkeit des grossen Missverständnisses bei Arzt wie Patient. Falsch verstandene Nähe kann distanzieren, während richtig verstandene Distanz nähern kann. In ursprünglicher Offenheit kann der Therapeut den Anderen ,,sein lassen", ins An-wesen bringen. Anwesen hat mit ,,Wesen" zu tun. Den Mitmenschen anwesen lassen, heisst, ihn in seinem Wesen anzunehmen. Doch ist die Offenheit in ihrem faktischen Vollzug von der *Gestimmtheit* abhängig. Jeder Weltbezug, auch jener der sogenannten Arzt-Patienten-Beziehung, ist gestimmt. Von der Stimmung ist oft Weite oder Enge dieses Weltverhältnisses abhängig. So spielt denn auch die Gestimmtheit des Therapeuten in der therapeutischen Beziehung und damit im Hinblick auf das Heilgeschehen eine nicht zu übergehende Rolle. Der auf ein zwanghaftes Weltverhältnis gestimmte Therapeut, der depressive, angstgestimmte oder aggressive Analytiker wird kaum jene Offenheit anbieten können, wie sie der Patient eben dringend benötigt. So ist denn auch das Mit-Sein mit dem Kranken von jener Gestimmtheit optimal abhängig, die wiederum von HEIDEGGER als *Gelassenheit* bezeichnet wurde. Gelassenheit meint ein gleichzeitiges Ja- und Nein-Sagen. Es meint, dass weder Abwehr noch Verfallensein dem Begegnenden gerecht wird. In der Gelassenheit ist auch das Sein-*Lassen,* allerdings nicht im Sinne der Passivität, nicht im Sinne eines kraftlosen Gleiten- und Treibenlassen der Dinge. Die Gelassenheit lässt nicht nur das zu, was vom Patienten her den Therapeuten bedrängen kann (Aggressionen, Liebesbezeugungen), sondern sie betrifft auch die Methode zur Erreichung des Therapiezieles. Ein Furor therapeuticus hat noch immer geschadet. Viele Patienten missverstehen allerdings die Haltung der Gelassenheit. Sie haben das Gefühl, der Therapeut „engagiere" sich nicht, er „über"lasse sie sich selber, kümmere sich zu wenig um sie, verstehe sie nicht. Greift der Therapeut dann zu irgend einem Zeitpunkt ein, wird ihm vorgeworfen, er tue dies zu spät, er hätte schon früher eingreifen müssen, den Analysanden früher und intensiver „fordern" sollen. Dabei verhält es sich zumeist so, dass diese Forderung schon immer im Raum gestanden hat, dass sie möglicherweise schon oft erhoben wurde, jedoch vom Patienten eben erst zu einem — von diesem bestimmten — späteren Zeitpunkt überhaupt wahrgenommen wird. Denn dies ist eben das Schwierigste: *sein zu lassen.* Verfällt der Analytiker allerdings dem Drang, etwas zu tun, sich aktiver zu geben, wird er früher oder später merken, dass dies weder ihm noch dem Patienten etwas einbringt. Einmal mehr gilt es, die goldene Regel von der „einspringenden" und „vorausspringenden" Fürsorge zu beachten, was offensichtlich besonders den analytischen Anfängern Schwierigkeiten bereitet.

Nähe und Distanz

Ähnlich verhält es sich mit der Nähe und Distanz in der therapeutischen Situation. Ein Analytiker, der zu viel Distanz wahrt, der sich wirklich nur als Spiegel versteht, der sich vom Gefühlsansturm seiner Analysanden fernhalten muss, wird bald feststellen müssen, dass in seinem Therapiezimmer nichts geschieht. Auch die Kranken werden mit der Zeit ihre Anstrengungen nach einer mitmenschlichen Begegnung mit ihrem Therapeuten aufgeben und, sobald sie einigermassen entscheidungsfähig geworden sind, die Analyse abbrechen. Das gleiche geschieht, wenn die Beziehung zu intensiv wird. Wie vor der Distanz kann sich der Mensch auch durch Aufhebung derselben vor der Nähe fürchten. Analytiker, die von Anfang an dem Patienten — aus Gründen, die ihre eigene Person betreffen — das vertrauliche und gleichschaltende „Du" anbieten, können damit unter Umständen eine positive Beziehung heranführen, möglicherweise aber auch das Gegenteil bewirken. Es ist heute üblich und entspricht moderner Aufgeschlossenheit, eine vertrauliche Atmosphäre zu schaffen, sich mit dem Vornamen ansprechen zu lassen und auch dem Patienten diese soziale Gleichschaltung zu ermöglichen. Die autoritäre Distanz soll damit verkürzt oder aufgehoben werden. Ich bin auch so wie Du, wir befinden uns auf derselben Ebene. Dieses Du mag in Gruppentherapien durchaus seine Berechtigung haben, wie dort überhaupt die Unterscheidung von Therapeut und Patient weitgehend aufgehoben ist. In der Analyse ist es dort angezeigt, wo das „Sie" und die konventionelle Form der Anrede und damit die zwischenmenschliche Distanz eine Barriere im Verhältnis Arzt-Patient bedeutet. Dies setzt dann aber voraus, dass es die Persönlichkeit des Anderen erlaubt, trotz dieser Annäherung auch die Weite zu erhalten, ohne die ein Offensein, wie ich bereits ausführte, nicht möglich ist.

Zur Gelassenheit gehört auch das Schweigen des Therapeuten, vor allem das Schweigen-Können. Ohne das Schweigen des Therapeuten ist auch ein Schweigen-Können des Analysanden nicht möglich. Wer als Therapeut das Schweigen des Patienten nicht aushält, kann solches Aushalten und Schweigen-Können auch nicht vom Patienten erwarten. Was aber ist eigentlich „Schweigen"? Und wie kann dieses immer wieder angezweifelte und missverstandene Schweigen begründet werden?

Sprechen und Schweigen

Zum redenden Sprechen gehören als Möglichkeit *Hören* und *Schweigen.* Die Rede gehört zum Mitsein und damit zum Phänomen der *Mitteilung,* die aber nie so etwas wie ein Transport von Erlebnissen, zum Beispiel von Meinungen und Wünschen „aus dem Inneren des einen Subjekts in das Innere des anderen" ist. Mit-Dasein ist „wesenhaft schon offenbar in der Mitbefindlichkeit und im Mitverstehen. Das Mitsein wird in der Rede ‚ausdrücklich' *geteilt,* ...", so hat auch alle Rede über ... „zugleich den Charakter des *Sichaussprechens".* Der Zusammenhang der Rede mit Verstehen und Verständlichkeit wird nach HEIDEGGER deutlich aus der zum Reden gehörenden existentialen, das heisst ontologischen Möglichkeit des Hörens. Es geht hier um das existentiale Offensein des Daseins als „Mitsein für den Anderen". Und dann kommt das Entscheidende: „Das Dasein hört, weil es versteht.

Als verstehendes In-der-Welt-sein mit den Anderen ist es dem Mitdasein und ihm selbst ‚hörig' und in dessen Hörigkeit zugehörig. Das Aufeinander-hören, in dem sich das Mitsein ausbildet, hat die möglichen Weisen des Folgens, Mitgehens, die privativen Modi des Nicht-Hörens, des Widersetzens, des Trotzes, der Abkehr." Ontologisch ist auch das *Schweigen* eine existentiale Möglichkeit der Rede. ,,Das Schweigen" als eine jedem Menschen konstitutiv gegebene Wesensmöglichkeit, das heisst als Existential ist gleichursprünglich wie etwa die ,,Sorge", die ,,Gestimmtheit" oder die ,,Angst". Aber auch als solches Existential gehört es in das ,,Verständnis". Wer im Miteinander schweigt, sagt HEIDEGGER, kann eigentlicher zu verstehen geben, das heisst ,,das Verständnis ausbilden, als der, dem das Wort nicht ausgeht". Mit dem Viel-Sprechen ,,über etwas ist nicht im mindesten gewährleistet, dass dadurch das Verständnis weiter gebracht wird". Im Gegenteil kann das ,,weitläufige Bereden" verdecken und das Verstandene in die Scheinklarheit, in die ,,Unverständlichkeit der Trivialität" bringen. Schweigen heisst aber nicht stumm sein. Der Stumme hat umgekehrt die Tendenz zum ‚Sprechen'. Ein Stummer hat nicht nur nicht bewiesen, dass er schweigen kann, es fehlt ihm sogar jede Möglichkeit, dergleichen zu beweisen. Und so wenig wie der Stumme zeigt einer, der von Natur gewohnt ist, wenig zu sprechen, dass er schweigt und schweigen kann. Wer nie etwas sagt, vermag im gegebenen Augenblick auch nicht zu schweigen. Nur im echten Reden ist eigentlich Schweigen möglich. Um schweigen zu können, muss das Dasein etwas zu sagen haben ...".

Im ontologischen Phänomen des Schweigens gründet auch jede Art ontischen Schweigens. Dieses Schweigen ist immer ein sich-verhalten-zu. Als solche mitmenschliche Verhaltensmöglichkeit ist es in vielerlei Hinsicht zu beurteilen. Es gibt das trotzig-schweigende Verhalten in einer bestimmten Situation, zu einem bestimmten Menschen, aus verschiedenen Motiven heraus. Dieses Schweigen wird in der analytischen *Sprech*stunde als ,,Ver-Schweigen" gedeutet. Es gibt das autistisch-schizophrene Schweigen, das von umfassenderer Natur ist. In diesem ,,Schweigen" hat sich die Existenz des Schweigenden auf eben die Unmöglichkeit der Ver-lautbarung eingeengt. Während im ersten Falle des schweigenden Sich-Verhaltens das Dasein für manches andere offen sein kann, verhält sich beispielsweise ein sogenannter Katatoner schweigend allen Menschen gegenüber, ohne zumeist über andere Verhaltensmöglichkeiten zu verfügen. So kann gesagt werden, dass jedes ontische Schweigeverhalten im Existential als zur Rede gehörig gründet, wie dieses immerzu jedes Schweigeverhalten durchwaltet und es erst zu dem macht, was es ist. Gleichzeitig gibt es aber auch nicht ein Schweigen als ontologisches Existential ohne den Menschen, als Abstraktum. Im konkreten Fall müsste man sagen: die Schweigeart eines autistisch schizophrenen, eines hysterisch trotzenden oder eines glückseligen Liebespaares sind ganz verschiedene ontische Vollzugsweisen des einen und selben ontologischen Phänomens oder Existentials „Schweigen", das als Wesensmöglichkeit zum In-der-Welt-Sein konstitutiv gehört.

Auf diesem Hintergrund ist auch das Schweigen des Analytikers verstehbar. Allzu oft wird es als ein Auseinanderfallen des Mit-Seins missverstanden. Dabei gehört gerade dieses Schweigen in den besonderen Verhaltensbezug des Therapeuten zu jenem Mitmenschen, dem er in besonderer Weise zugetan ist. Das Schweigen und ineins damit das Hören sind gerade in ausgezeichneter Weise Modi des Miteinanderseins. Schweigend offenbart sich der Therapeut dem Hilfesuchenden als einer, der ihn versteht, ihn in seinem Sein-Können annimmt, für ihn *da* ist. Therapeuten, die das Schweigen nicht aushalten, verfallen dem Gerede. Ihnen geht die Gelassenheit ab, die das Atmosphärische jeder analytischen Behandlung ausmacht. Gleiches gilt vom Schweigen des Patienten. Auch dort ist es wesentlich, die Differenzierung des schweigenden Verhaltens zu beachten, zu sehen, als welches ontische Phänomen dieses Schweigeverhalten zu sehen ist.

Gelassenheit und schweigendes Verhalten des Therapeuten ermöglichen dem Patienten, sich sprechend zu öffnen, ermöglichen eine Verständigung zwischen beiden Gesprächspartnern, die es im geschäftigen und gesellschaftlichen Alltag nicht gibt. Die konventionelle Rede lässt weder Gelassenheit noch Schweigen zu. So wird häufig behauptet, die analytische Situation sei eine unnatürliche. Sie widerspreche einem „natürlichen" Begegnungsbedürfnis. Gerade das Umgekehrte ist aber der Fall. Nur haben es die Menschen verlernt, auch im alltäglichen Umgang die Grundvoraussetzungen gegenseitigen Verstehens zu bedenken und zu beachten.

Die Couch

In die Möglichkeit des Sein-Lassens, der Verweisung auf die Hauptperson des therapeutischen Geschehens, den Patienten nämlich, gehört auch die *Couchlage*. Sie ist weit mehr als ein historisch bedingtes Ritual der Psychoanalyse. Sie erst ermöglicht die Gelassenheit, das Schweigen und das freie Verhältnis in der therapeutischen Begegnung. Die Couch, früher selbstverständliches „Requisit" jeder psychoanalytischen Behandlung, wird heute immer mehr von Fachleuten und vom Publikum in Frage gestellt. Sie ist auch zum rationalsten Abwehrmittel in der Einzeltherapie geworden. Die Gründe, welche für die Ablehnung der Couchlage angeführt werden, wurden bereits von FREUD eindrücklich analysiert. Heute wird zumeist behauptet, die Couch schaffe zu sehr Distanz zwischen Analytiker und Analysand, sie erhöhe zudem das Autoritätsgefälle, indem der Analytiker sitzt und Übersicht hat, der Analysand dagegen liegt und ausgeliefert ist. Schliesslich sei es eine „unnatürliche" Lage und deute auf die Situation des Krankseins hin. Man müsse aber, so begründete beispielsweise C.G. JUNG seine Ablehnung der Couchlage, an das *Gesunde* im Menschen appellieren.

Die Daseinsanalyse weist dagegen auf verschiedene Gründe hin, die *für* die Couchlage sprechen. Die freiheitliche Gelassenheit von Patient und Therapeut wurde bereits erwähnt. Der Analysand soll zudem gerade nicht als „Gesunder" – im Sinne der Medizin – angesprochen werden, sondern erfahren, dass er „krank" sein *darf.* Krank sein meint aber, sich seinen Gefühlen und Gedanken hingeben zu können, den Phantasien freien Lauf zu lassen, sich von den konventionellen Regeln der Höflichkeit und Wohlerzogenheit zu befreien. Die analytische Grundregel, das freie Sprechen und Schweigen, lassen sich wohl ausschliesslich in der Couchlage verwirklichen. Auch die leibliche Hierarchie von oben (Geist) und unten (Gefühl) wird durch die Horizontallage aufgehoben.

Die Couch hatte ursprünglich unter anderem auch den Sinn, den Analysanden zu immobilisieren. GÖRRES stellte denn auch fest, das Liegen sei eine Stilllegung, ein Schutz vor der eigenen Aktivität. Mit anderen Worten: Das Agieren soll unterbleiben. In dieser Forderung ist aber auch schon die Auffassung enthalten, jedes Agieren bedeute in der Psychoanalyse einen Widerstand gegen das Sich-Erinnern und damit einen Widerstand gegen die Reifung. Demgegenüber betrachtet die Daseinsanalyse auch das Agieren als ein eigenständiges Element der Beziehung zum Analytiker.

Beziehungen im Traum

Ebenso deutlich wie in der Handhabung der Übertragung und des Agierens unterscheidet sich die Daseinsanalyse von anderen Konzeptionen in der Deutung der Träume. Sie spricht von einer „Auslegung" der Träume und meint damit „Deuten" im Sinne von „Erfassen der Bedeutung der unmittelbar zum Vorschein gekommenen Traumphänomene". Der Mensch hält sich träumend wie wachend immer in irgendeinem vernehmenden Verhalten zu ihm begegnenden Dingen und Mitmenschen auf. Er erfährt das ihm im Träumen Begegnende als wirkliche Gegebenheit, ein Ding als wirkliches Ding, ein Tier als wirkliches Tier und einen Menschen als wirklichen Menschen. In unseren Träumen, sagt Boss, sind wir „in einer ebenso echten, handgreiflichen Welt wie in unserem Wachen und (wir) tragen dort wie hier unser Dasein in unseren Beziehungen und in unserem Verhalten zu den Dingen und Mitmenschen aus". Es kann somit keine Rede davon sein, dass eine Traumperson je als jemand anderer in der therapeutischen Arbeit umgedeutet werden kann. Boss hat dies u.a. an dem Beispiel einer Analysandin erläutert, die im Traume ihren Analytiker mit einem wilden, struppigen Bart dastehen sah und, da er ihr unheimlich erschien, davonrannte. Mit Entschiedenheit wies er darauf hin, dass sich durch nichts die Behauptung rechtfertigen liesse, der bärtige Traumanalytiker stehe lediglich als Übertragungs- oder Deckfigur für den auch in ihrem wachen Wahrnehmen entsprechend bärtigen Vater. Wohl sei es möglich, dass der bärtige Vater durch sein Fehlverhalten der Tochter gegenüber deren Gesichtsfeld pathogen geprägt habe; dessenungeachtet aber war die Träumerin jetzt träumend ganz auf den Analytiker bezogen. Selbst wenn die Patientin in der dem Traume folgenden Analysestunde in ihren „freien Assoziationen" ihren Vater erwähnte, hätte sie sich lediglich vom Traumgeschehen entfernt, nicht aber dem Traum eine neue Deutung geben können.

FREUD hat in einem Beitrag („Bruchstück einer Hysterie-Analyse") 1905 den Traum der 18jährigen Dora geschildert und gedeutet, der hier als Paradigma für die psychoanalytische Beziehungsdeutung stehen und gleichzeitig die völlig verschiedene Auslegung der Daseinsanalyse aufweisen soll.

Der Traum: In einem Haus brennt es, der Vater steht vor meinem Bett und weckt mich auf. Ich kleide mich schnell an. Die Mama will noch ihr Schmuckkästchen retten, der Papa aber sagt: Ich will nicht, dass ich und meine beiden Kinder wegen deines Schmuckkästchens verbrennen. Wir eilen herunter und so ich draussen bin, wache ich auf.

Die Patientin träumte diesen Traum erstmals im Anschluss an ein Erlebnis mit einem gewissen Herrn K, einem Freund der Familie, der ihr (damals 14jährig) einen Kuss gegeben hatte, was bei ihr heftigen Ekel auslöste. Die *Freudsche Deutung* lautete (hier natürlich zusammengefasst) folgendermassen: Die (sexuelle) Versuchung ist stark. „Lieber Papa, schütze du mich wie in den Kinderzeiten, dass mein Bett nicht nass wird." Das Schmuckkästchen steht für das weibliche Genitale. Der Traum entspricht einem Vorsatz: Fort aus diesem Hause, in dem meiner Jungfräulichkeit Gefahr droht. Hinter diesen Gedanken aber lässt sich ein dunkler Gedankenzug erraten, welcher einer gegenteiligen Strömung entspricht und deshalb der Unterdrückung verfallen ist. Er gipfelt in der Versuchung, sich Herrn K. hinzugeben. Daneben enthält der Traum infantiles Material (Feuer und Wasser gehören zusammen, Erinnerung an kindliches Bettnässen!). Die traumbildende Potenz ist somit der infantile und unbewusste Wunsch, den Vater an die Stelle des fremden Mannes zu setzen. Mit anderen Worten: ausgelöst durch die aktuelle Beziehung zu Herrn K. wird der Wunsch, diesen durch den Vater zu ersetzen, zur Triebkraft des Traumes. „Der Traum verwandelt den im Unbewussten vertieften Vorsatz, sich zum Vater zu flüchten, in eine Situation, die den Wunsch, der Vater möge sie aus der Gefahr retten, erfüllt zeigt" – wobei es aber gerade der Vater war, der sie in diese Gefahr gebracht hat. Gleichzeitig kommt in diesem Traum auch die infantile Eifersucht gegen die Mutter zur Sprache.

Dass die Deutung des Traumes bei der Patientin auf heftigste Ablehnung stiess, störte FREUD nicht im Geringsten. Das „Nein" nämlich, „das man vom Patienten hört, nachdem man seiner bewussten Wahrnehmung zuerst den verdrängten Gedanken vorgelegt hatte, konstatiert bloss die Verdrängung und deren Entschiedenheit, misst gleichsam die Stärke derselben".

Ich habe nun einen Vertreter der *Jungschen Psychologie* gebeten, diesen ersten Traum Doras zu erklären. Hier ist seine Deutung: Das Haus ist nach JUNG der Ort, wo das Ich beheimatet ist, besonders, wenn es das eigene Haus ist. Das Ich ist nach ihm ein Komplex unter vielen, jedoch mit besonderer Bewusstheit ausgezeichnet (Ich-Komplex). Dora ist hier aber nicht in ihrem Haus, sondern in einem fremden, sie ist nicht ganz „bei sich".

Sie schläft im Bett: unterstützt das „Nicht ganz bei sich Sein". Mit JANET würde JUNG sagen, es liege ein Abaissement du niveau mental vor, das Ich ist nicht Herr der Lage und dadurch unbewussten Regungen ausgesetzt. Das Bett führt amplifikatorisch zu Grab und Sarg, Höhle, Mutterschoss und dergleichen, alles Orte verminderten bis aufgehobenen Bewusstseins.

Im Zustand des Abaissement du niveau mental kommt es gelegentlich zu Gemütsbewegungen, die ins Bewusstsein durchschlagen. Es brennt dann. Das Feuer führt zur Hölle und zum Teufel (unter anderem), zur Infragestellung und Zerstörung der Häuser, in denen wir „offiziell" leben, das heisst der Weltanschauungen und Meinungen, in denen wir uns „offiziell" eingenistet haben. (Übrigens bei Feuerträumen, Frage nach der Schilddrüse.)

Der Vater ist der Repräsentant des kollektiven Bewusstseins, der Träger der Werte, die gerade en vogue sind. Von JUNG häufig unter dem „alten König" abgehandelt. Er schützt einerseits das Bestehende und verhindert anderseits den Fortschritt. Hier bringt der Vater Dora wieder in die Welt der Bewusstheit zurück und weg von den elementaren inneren Bewegungen, die zunächst gar kein Gesicht haben, das heisst, man weiss nicht worum es geht.

Die Mutter tritt hier eher als negative Mutter auf, denn als das, was man sich als Mater vorstellt. Als harte Mutter, dem Material und dem Besitz verfallene. So wie die Weiber ihre harten, unbeugsamen und unkorrigierbaren Meinungen haben können, so haften sie am Material.

Dieses Material ist hier der Schmuck, Steine und Metall. Die „negative" Mutter ist übrigens nicht unbedingt negativ, sondern die Möglichkeit, eine frustrierende Haltung einnehmen zu können. Sie kompensiert dadurch die Verwöhnung. Der Traum beschreibt ungefähr die Haltungen der beiden Eltern, wenn der Patientin etwas fundamental Bewegendes zustösst, der Vater hält sie bei der alten Stange und die Mutter lässt sie hocken.

Die daseinsanalytische Auslegung des Traumes hält sich strikte an den manifesten Trauminhalt. Die Patientin befindet sich in einem Haus, das nicht näher bestimmt ist. Das Haus ist jenes Phänomen, worin alle Häuser zusammenwachsen. Das „Haushafte" ist aber nicht eine Abstraktion aus allen Häusern. Wir können Häuser nur bauen, wenn wir um das Haushafte, das Wesen des Hauses wissen, den Bedeutungsgehalt des Hauses kennen. So wurde der Traum Doras daseinsanalytisch folgendermassen ausgelegt: Das Haus bestimmt den Ort, wo sich der Mensch aufhalten kann, als ein Wohnender. Diejenigen Menschen, die mit ihm zusammen wohnen, weisen auf die Art hin, in der er wohnt, sich verhält, ist. Die Träumerin wohnt mit

Vater, Mutter und Bruder zusammen, sie hält sich also ganz im Kreise ihrer Familie auf. Wo es Vater und Mutter gibt, gibt es auch das Kind. Wo es einen Bruder gibt, gibt es Dora als Schwester. D.h. sie geht ganz in der Verhaltensweise des Kindes und der Schwester auf. In diesem Traum ist sie nicht offen für eine andere Art von mitmenschlicher Beziehung.

In diesem Haus jedoch brennt es jetzt. Das Wohnen in diesem Haus mit Vater, Mutter und Bruder ist also bedroht. Doras Leben in den bisher einzig vertrauten Beziehungen als Kind und Schwester ist gefährdet. Die Bedrohung kommt vom Feuer. Das Feuer begegnet ihrer beschränkten Art zu sein ausschliesslich als etwas Bedrohliches. In anderer Weise kann sie sich vom Feuer noch gar nicht angehen lassen. Es ist bezeichnend, dass unter den vielen möglichen Arten, wie Feuer ihr begegnen könnte, ihr nur die eine Art des zerstörerischen, bedrohlichen Feuers begegnet. Es gibt ja auch noch das gemütliche Feuer beim Pic-Nic, das trauliche Kaminfeuer, das Feuer im häuslichen Herd. Die Sprache spricht vom Feuer der Leidenschaft, vom feurigen Wein, von einem feurigen Temperament, feurigem Pferd, von einer „alten Flamme" (= frühere Liebe), „in Liebe entflammen" usw. Was ist denn das Wesen des Feuers? Im Wesen des Feuers liegt es, dass es wärmt und Licht gibt, dass es verzehrt — man spricht auch von verzehrender Liebe, — dass es lodert, dass es unberechenbar um sich greifen kann. Alles im Leben Doras, was wärmen und erhellen könnte, was lodern, verzehren und unberechenbar um sich greifen könnte, wird von ihr als Gefahr erlebt.

Zunächst ist es nicht einmal Dora selber, die merkt, dass es brennt, sondern der Vater sieht die Gefahr und weckt sie. Zum Vater gehört es, das Kind zu schützen. Er ergreift die Initiative und schützt Dora vor dem Feuer. Die Kind-Vater-Beziehung bewahrt sie vor dem ausbrechenden Feuer. Andererseits ist es gerade diese Kind-Vater-Beziehung — lebt sie doch mit dem Vater im selben Haus —, die durch das Feuer bedroht wird. Und nur weil Dora sich auf die Kind-Vater-Beziehung beschränkt, kann das Feuer bedrohlich sein.

„Die Mama will noch ihr Schmuckkästchen retten ..." Die Mutter ist ganz auf ihr Schmuckkästchen bedacht, das auch aus dem Feuer gerettet werden soll. Worauf verweist nun das Schmuckkästchen? Ein Schmuckkästchen ist eine verschliessbare Kassette, die dazu dient, Juwelen aufzubewahren. Die Mutter begegnet Dora als ein Mensch, der auf die kassettenhaften, juwelenhaften Züge seines Lebens bedacht ist. Gerade diese werden ja durch das Feuer bedroht. Das Feuer bedroht eine Existenz, die sich verschlossen bewahren will, die juwelenhaft ein prunkvolles, aber kaltes, starres, lebloses Dasein lebt. Was im Traum auffällt ist, dass es der Mutter noch vor den Kindern um das Schmuckkästchen geht, während dem Vater doch die lebendigen Kinder wichtiger sind. In der Vater-Beziehung erfährt Dora zum mindesten doch menschliche Zuwendung, währenddem ihr in der Mutterbeziehung zunächst etwas juwelenhaft Erstarrtes und kassettenhaft Verschlossenes begegnet. Daraus ergibt sich, dass die Beziehung zum Vater mindestens doch gesünder zu sein scheint als die zur Mutter.

Was Dora von der Mutter her angeht, ist kassettenhafte Verschlossenheit und juwelenhaftes Sichselbstbewahren, d.h. eine nur ganz verstümmelte Art Frau zu sein. Angehen kann es Dora aber nur deshalb, weil sie selber als Frau auf Verschlossenheit und Selbstbewahrung gestimmt ist.

Der therapeutische Sinn der Beziehung

Die ontologische Festlegung der Phänomene Offenständigkeit und Mitsein ermöglicht die philosophische Grundlage für alle faktisch ausweisbaren ontischen Verhaltensweisen, die gemeinhin als ,,Beziehung" gekennzeichnet sind. In Beziehung-Treten meint das Offen-Sein für den anderen. Beziehung kann Bestand und Dauer haben, die weit über die leibliche Präsenz und Berührung, weit über äussere und gesellschaftliche oder weltanschauliche Verpflichtung hinausreicht. Zur Beziehung gehört aber nicht nur Kontakt, sondern auch Distanz. Im blossen Kontakt wird der andere nicht in dem Masse ernst und als eigenständige Person wahr- und angenommen wie in der Beziehung. Wahr- und ernstnehmen heisst aber auch: sich dem anderen nicht aufdrängen, ihm nicht zu nahe treten, ihn ,,sein zu lassen". So erhalten Nähe und Distanz in der mitmenschlichen, besonders aber in der therapeutischen Beziehung eine neu zu bedenkende Bedeutung.

Die Forderung nach Offenheit ist in der Psychotherapie so selbstverständlich, dass wir uns immer wieder wundern, wie sie missverstanden wird. Selbst Autoren, deren weltanschauliche Auffassung vom ärztlichen Beruf den Boden naturwissenschaftlichen Denkens längst verlassen haben, betonen die Fragwürdigkeit des psychotherapeutischen Vorgehens. GUSTAVE THIBON bezeichnet den Psychoanalytiker in abschätzender Weise als ,,eine Karikatur des Priesters und tausendmal anmassender als dieser ...", der den Menschen in den Tiefen seines Unterbewusstseins ,,wühlen" lässt und ,,von uns dabei verlangt, dass wir ihm Dinge gestehen, die wir uns nicht einmal selbst einzugestehen wagen". Das sei ein Missbrauch des Vertrauens und eine Vergewaltigung der Seelen. Woher er allerdings die Berechtigung zu einer derartigen Diffamierung des psychotherapeutischen Berufsstandes nimmt, wird aus diesen hochtrabenden und die Tatsächlichkeit des ärztlichen Handelns völlig missverstehenden Worten nicht ersichtlich (wenn die Psychotherapeuten ,,anmassender" sein sollen als die Priester, müssten letztere nicht schon implicite ,,anmassend" sein ...?). Allerdings nimmt THIBON auf eine mehr materialistische und mechanistische Theorie der Psychoanalyse Bezug; meint er damit, unausgesprochen, die *Freudsche Psychoanalyse,* deren theoretischem Seelenbegriff gegenüber auch wir unsere Bedenken geäussert haben, dann sind wir es FREUD doch schuldig, festzustellen, dass weder der Begründer der Psychoanalyse noch je nach ihm ein gewissenhafter Psychotherapeut aus seiner Behandlung „die Scham und die Diskretion" ausschloss oder gar in den Tiefen des Unterbewusstseins „wühlte". Es kann nur so Kritik üben, wer noch nie jene Not des Menschen erlebt und miterlebt hat, die aus der Einsamkeit und Beengtheit der Neurose dem Therapeuten entgegenruft. Diesen Ruf zu hören, dem Anruf Folge zu geben, ist des Psychotherapeuten hervorragendste Aufgabe. Dies kann er nur dann, wenn sein Partner nicht ein irgendwie gearteter „psychischer Apparat", sondern ein *Mensch* ist. Er kann es aber auch nur dann, wenn dieser Partner zumindest den Versuch unternimmt, gerade und in besonderem Masse jene „Dinge" dem Arzt einzugestehen, die er sich „nicht einmal selbst einzugestehen wagt!" Dem Vorwurf THIBONS, dass sich die Psychoanalyse eines Wortschatzes bediene, der weitgehend „bei der Mechanik ausgeborgt" sei, kann eine gewisse Berechtigung nicht abgesprochen werden. Nun kommt es allerdings nicht auf das Wort allein an, sondern auf den Begriff, der dahinter steht.

In der Offenheit des Daseins liegt aber noch ein anderes Element der Beziehung begründet: das Verstehen. Spezifisch menschlich ist eine Beziehung nur dann zu nennen, wenn sich beim Gegenübertreten oder Entgegenstehen, also bei der Begegnung etwas Besonderes ereignet. Ein Ereignis also, das in der unbelebten, in der pflanzlichen und soweit wir wissen, auch in der tierischen Natur nicht stattfindet. Die mitmenschliche Beziehung unterscheidet sich ganz wesentlich von dem zufälligen oder experimentell erzeugten Aufeinanderprallen von Gegenständlichem. Wenn zwei Fahrer mit ihren Autos eine Kollision verursachen, dann begegnen und zerstören sich nicht zwei Fahrwerke und Karosserien, sondern allenfalls zwei Menschen. Weder Fahrwerk noch Karosserie *wissen* um dieses Aufeinanderprallen und deren Folgen. In der mitmenschlichen Beziehung ist aber gerade dieses Wissen um den Mitmenschen enthalten. Der Mensch versteht einen ihm begegnenden Mitmenschen primär als ein Wesen derselben Seinsart, in welcher er selbst existiert. Die Offenheit von Analytiker und Analysand ermöglicht erst eine therapeutische Beziehung, die ein unmittelbares *Verständnis* des andern erlaubt. Alle Begegnung und Beziehung, auch jene in der Psychotherapie, gründet in der primären Offenheit und im ursprünglichen, wesensmässigen Mitsein des Daseins. In diesem ganz *ursprünglichen,* wesensmässigen *Mitsein* gründet alle Begegnung, auch alle Begegnung in der Psychotherapie. Dieses alle Begegnung begründende und sie ermöglichende, wesensmässige Mitsein aller Menschen in ihrem Miteinandersein bei denselben im Offenen ihres Existierens erscheinenden Dingen der gemeinsamen Welt unterscheidet das mitmenschliche Begegnen von jedem blossen Zusammenstossen vorhandener Sachen. *Das therapeutisch Wirksame der Begegnung in der psychotherapeutischen Situation* ist die grössere *Offenheit und Freiheit des Therapeuten* allen sich zeigenden Bereichen der gemeinsamen Welt gegenüber im Vergleich zur augenblicklichen Weltoffenheit des Patienten. Das wesensmässige Mit-sein in der Welt ermöglicht dem Kranken zum vornherein eine Teilhabe an der grösseren Offenheit und Freiheit des Therapeuten. Zuerst freilich ist diese Teilhabe noch ganz unselbständiger Art, die die Verantwortung für das freiere Verhalten dem Analytiker überlässt, sie gleichsam bloss durch ihn hindurch vollziehen kann, wie Kinder durch ihre Eltern hindurch leben. Zu Unrecht wird dann oft verächtlich von blosser *Übertragungsheilung* in dieser Begegnungsphase gesprochen. Zu Unrecht, weil solches oft die notwendige unüberspringbare Vorstufe einer selbständigen Aneignung der eigenen Freiheit ist.

Der psychotherapeutische Eros

CARLOS ALBERTO SEGUIN hat in einer Abhandlung über die Arzt-Patienten-Beziehung die Begriffe der ,,Übertragung" und ,,Gegenübertragung" durch eine dem Phänomen angemessenere Bestimmung zu ersetzen versucht. Er spricht vom psychotherapeutischen Eros. ,,Unsere gesamten bisherigen Untersuchungen haben eindeutig ergeben, dass es sich bei der Liebe des Psychotherapeuten zu seinem Kranken um eine Liebesbeziehung handelt, *die mit keiner einzigen anderen Art von mitmenschlicher Liebe verwechselt werden darf. Es ist eine neue und einzigartige Weise des Liebens, die deshalb auch einen eigenen Namen verdient. Wir nennen diese Liebe den ,,psychotherapeutischen Eros"*.

Eine solche Haltung verlangt vom Therapeuten allerdings eine Reifung und Freiheit, die er nur in einer eigenen, sogenannten Lehranalyse erreichen kann, in der seine eigenen Beziehungsmöglichkeiten geklärt werden. Nicht jeder Kranke kann von jedem Psychotherapeuten gleich optimal behandelt werden, so wie eben auch jeder Therapeut — als endlich begrenzte Existenz — seine ihm als Menschen gegebenen Beziehungsmöglichkeiten nie voll verwirklichen kann. Für die Indikationsstellung zur Psychotherapie stellt sich somit auch die Frage nach der Reife und seelischen Gesundheit des Therapeuten selbst beziehungsweise nach seinen charakterlichen Störfaktoren. Durch persönliche Reifung, Einsicht und Ausweitung der Gesamtpersönlichkeit gelingt es dem Therapeuten, Abstand zu seinen eigenen Charaktereigenschaften zu finden, doch ist es, um RIEMANN zu folgen, fruchtbarer, ,,seine Persönlichkeit in die Therapie einzubeziehen, als sie hinter der Methode zu verbergen", worin immer die Gefahr liegt, dass das angestrebte Überpersönliche zum Unpersönlichen und damit oft Unmenschlichen wird. Der Therapeut mit *hysterischen* Strukturanteilen läuft Gefahr, den Patienten besonders am Anfang zu überfordern. Dies führt zwar gelegentlich zu guten Anfangserfolgen (RIEMANN spricht von ,,Flitterwochen in der Therapie"), bald aber auch zu Enttäuschungen, wobei der Narzissmus des Therapeuten an vielen Fehlschlägen und Behandlungsabbrüchen schuld sein dürfte. Der *zwangshaft* strukturierte Therapeut dagegen neigt dazu, sich hinter starren Regeln und Prinzipien abzusichern. Während der Hysteriker sich über die Methode hinwegsetzt, geht der Zwangsneurotiker in ihr auf. Wo jener distanzlos ist, bewahrt dieser zu grossen Abstand zu seinen Patienten. Dadurch wird die mitmenschliche Beziehung von einer unpersönlichen, neutralen Haltung beherrscht, die vom Kranken als gemütskalt empfunden wird. Die Therapie wird von der Schulmeinung abhängig und bleibt meist rational-intellektuell. Die Intuition ist gehemmt, die Widerstandsanalyse erhält überdimensionale Bedeutung, der Perfektionismus verlängert die Behandlung und lässt sie oft kaum zu einem Ende kommen. *Depressive* Therapeuten dagegen lassen sich leicht, besonders von hysterischen und depressiven Patienten, überfordern. Sie identifizieren sich zu sehr mit ihren Kranken; überdurchschnittliche Einfühlung ohne ,,wahre schöpferische Distanz" ist für den Patienten ungesund. Der Therapeut soll nicht trösten, wo er analysieren muss, sonst wird er ausgenutzt und ist unfähig, von seinen Kranken Versagungen fordern zu können. Er traut weder sich selbst noch der seiner Methode zugrunde liegenden Theorie, vermittelt dem Patienten das Gefühl der Unsicherheit und verunmöglicht ihm infolge seiner Aufopferungsbereitschaft und Selbstlosigkeit aggressive Verhaltensweisen.

Hier müsste man in Ergänzung zu RIEMANN auch die *phobischen* Strukturanteile des Therapeuten nennen, die zu ähnlichen Störfaktoren führen wie die depressiven. Insbesondere besteht bei ängstlichen Psychotherapeuten in vermehrtem Masse die tatsächliche Gefahr des Abgleitens der Kranken in psychotische oder depressive Zustände. Sie neigen auch allzuoft dazu, Krisensituationen in der Psychotherapie durch eine Hilfsmedikation (Psychopharmaka) oder aktives Eingreifen (Verhaltensanordnungen) dämpfen zu wollen, wobei wertvolles und heilendes Erlebnismaterial verlorengehen kann. RIEMANN erwähnt als vierte Gruppe die schizoiden Typen, die zu kühl, fern und abstrakt sind, um eine wirkliche mitmenschliche Kommunikation herzustellen. Sie betreiben eine ,,Analyse im gefühlsleeren Raum", was zu Einsichten ohne emotionale Beteiligung führt. Der Patient fühlt sich nicht angenommen.

Natürlich können noch andere Charaktereigenschaften und Fehlhaltungen neurotischer Art die Psychotherapie beeinflussen. Als solche Störfaktoren zeigen sich unter anderen: ausschliesslich oder vorwiegend wissenschaftliches Interesse am Patienten, finanzielle Bedürftigkeit des Therapeuten, sexuelle Frustriertheit, leistungsmässiger Ehrgeiz, ungesättigte Aggressivität oder infantiles Liebesbedürfnis, süchtiges Weltverhältnis. Moralische Intransigenz und Asketentum passen ebensowenig zum Bild des Psychotherapeuten wie das hemmungslose Verfallensein an die sinnliche Welt. Diese Haltungen sollten allerdings durch eine Lehranalyse weitgehend geklärt und aufgefangen sein, bevor der Psychotherapeut seine Tätigkeit aufnimmt. Darüber hinaus jedoch werden immer Eigenheiten des Therapeuten bestehen bleiben, die zur Folge haben, dass bestimmte Patienten bei Ärzten mit entsprechenden Persönlichkeitsstrukturen besser aufgehoben sind als bei anderen. Letztere sind jedoch nicht immer mit den vom Patienten gewünschten und vorgestellten identisch. Kranke neigen nämlich dazu, sich Therapeuten auszusuchen, die ihnen nicht gefährlich werden, die ihnen die Möglichkeit offen lassen, in ihrem neurotischen Weltverhältnis zu verbleiben. So wird sich ein Patient mit infantilen Geborgenheitswünschen zunächst eher einem Therapeuten anvertrauen wollen, der ihm eine Verwöhnungssituation gewährt. Jener jedoch, der schuldbeladen und mit starkem Strafbedürfnis in die Therapie geht, wird sich bei einem versagenden Therapeuten wohler fühlen. Der Arzt muss um diese Zusammenhänge wissen und versuchen, sie bereits im ersten Interview zur Sprache zu bringen. Die Entscheidung nämlich, zu welchem Therapeuten ein Kranker im optimalen Fall gehen sollte, wird wesentlich vom Arzt mitbestimmt. Das Erstinterview ist für ihn, wenn er sich ehrlich um seine eigenen Gefühle angesichts eines neuen Falles befragt, von ebensolcher Wichtigkeit wie für den Patienten.

Die Beziehungsverpflichtung des Therapeuten

In meiner Monographie über ,,Angst und Schuld als Grundprobleme der Psychotherapie" habe ich mich auch ausführlich mit der Frage beschäftigt, inwieweit sich der Psychotherapeut zu seiner Aufgabe, den Mitmenschen helfend beizustehen, auch *verpflichtet* fühle. Wie kann die Psychotherapie in des Menschen ureigenstes Problem der ,,Selbstverwirklichung" eingreifen? Woher nimmt sie die Berechtigung zu solchem Tun, und auf welche Weise geschieht dieser Eingriff? Der Psychotherapeut erfüllt im Grunde keine andere Aufgabe, als sie jedem Menschen aufgetragen ist. Je schon bei den Menschen und Dingen dieser Welt sein, heisst zugleich, Verantwortung übernehmen. Was bedeutet Verantwortung? Antwort-geben auf den Anruf des Gewissens! Verantwortung ist Verpflichtung im Miteinandersein, weil Menschsein immer schon das Mitmenschsein einschliesst; daseiend sind wir auch ständig an der Welt mitschuldig. Die Grundprobleme des Menschen erweisen sich demnach als mitmenschlich. Der Sinn der Menschwerdung liegt nicht in der Vereinzelung, sondern in deren Überwindung. Die Welt ist nicht ,,Objektwelt", welcher der Mensch als Subjekt gegenübersteht und die er nach ,,Innen" projiziert. Deshalb ist auch das Arzt-Patient-Verhältnis nie lediglich ,,Übertragung" oder ,,Projektion", sondern von Anbeginn an echte Beziehung. In diesem Sinne darf gesagt werden, dass weder die Freudsche primär-autoerotisch-narzisstische Psyche, welche sich die Aussenwelt erst sekundär aneignet, noch die Jungsche These, derzufolge die Mitwelt eine Projektion von archetypischen Inhalten darstellt, dem eigentlichen menschlichen Wesen gerecht werden. Wir haben immer wieder die liebende Haltung des Psychotherapeuten gegenüber der wertenden (moraltheologischen) und richtenden (juristischen) Stellungnahme hervorgehoben. Diese liebende Haltung erscheint, wenn man das menschliche Wesen bedenkt, selbstverständlich. Nur in ihr bleibt der Mensch dem Mitmenschen zugewendet. Die Liebe umgreift aber viel mehr als nur die Begegnung zweier Menschen. Sie ist in der Fürsorge, sogar im Be-sorgen je schon enthalten, entspringt der Sorge und ist also wesenhaft dem Dasein zu eigen, weshalb sie keiner Vermittlung bedarf. Hingegen ist der Psychotherapeut selbst „Vermittler" von Liebe und Verständnis, und nur insoweit er bereit bleibt, es zu sein, ist er auch Psychotherapeut. Dies stellt an ihn hohe Anforderungen, nicht etwa weltanschaulicher Art, wie es von Nuttin u.a. verlangt wird, sondern rein menschlicher Natur. Mowrer spricht von „personal maturity", Jaspers betont, der Arzt gewinne „erst auf Grund seiner ständigen Selbsterhellung mit der Distanz zu sich selbst und zum Kranken zugleich seine Reife". Die Gegenwart einer Persönlichkeit und deren Wille zum Helfen sei nicht nur wohltuend. „Das Dasein eines vernünftigen Menschen mit der Kraft des Geistes und der überzeugenden Wirkung eines unbedingt gütigen Wesens weckt im anderen, und so auch im Kranken, unberechenbare Mächte des Vertrauens, des Lebenwollens, der Wahrhaftigkeit, ohne dass darüber ein Wort fällt. Was der Mensch dem Menschen sein kann, erschöpft sich nicht in Begreiflichkeiten."

In der „Unbedingtheit" der ärztlichen Güte und Liebe liegt das Geheimnis psychotherapeutischen Handelns. Gewiss, der Kranke erfährt auch im täglichen Leben eine liebevolle Geborgenheit, jedoch zumeist unter bestimmten Bedingungen: in der Religion, insofern er sich an die kirchlichen Gebote hält; im Staat, insofern er den staatlichen Gesetzen gehorcht; in der Familie, in der Ehe, im Geschäft, im Freundeskreis, insofern er sich den anderen „anpassen" kann. Liebe und Güte sind im Grunde genommen viel seltener und weniger „spontan", als gemeinhin angenommen wird. Der Vater liebt den Sohn, wenn und insoweit dieser ihm gehorcht; die Braut liebt den Bräutigam, wenn und so lange er sie liebt und ihr treu bleibt. Die Freundschaft dauert so lange, als der Freund dem Freunde gefällig ist. Daraus entspringt die Bereitschaft, alles Unangenehme, Böse, Niedrige, das man bei den Eltern, Verwandten, Vorgesetzten und Freunden so klar sieht, aus dem Bewusstsein zu verdrängen, weil es mit der Liebe nicht kompatibel ist. In der Psychotherapie erlebt mancher neurotische Mensch erstmals, dass Liebe nur dann echte Liebe sein kann, wenn sie sich nicht an Bedingungen knüpft. Sie stellt keine Ware dar, die man gegen gute Taten oder Gegenliebe „eintauscht", vielmehr bleibt sie ein Geschenk, das freiwillig und selbstlos und ohne Gegenwert gegeben wird. Nur auf diesem Boden kann der Kranke dem Analytiker mit jener Offenheit begegnen, die es ihm ermöglicht, sich wiederum sich selbst und den Mitmenschen zu öffnen. In ihr auch ereignet sich die Auseinandersetzung des Patienten mit seiner Angst und Schuld, letztlich mit seiner „Krankheit".

Das Medizinstudium und die therapeutische Beziehung

Was heute für den „lehranalysierten" Therapeuten Selbstverständlichkeit geworden ist, wird von frei praktizierenden Ärzten der Allgemeinmedizin und anderer Spezialfächer mühsam in sogenannten Balint-Gruppen erlernt. Diese aber werden zumeist von Ärzten aufgesucht, die entweder aus eigener Not oder aufgrund ihrer persönlichen Reifung und ihres psychologischen Interesses mit „Problempatienten" konfrontiert werden. Im Medizinstudium bestehen jedoch noch grosse Lücken. In Deutschland gibt es zwar Ordinariate für Psychosomatische Medizin und Psychotherapie. Wieweit in deren Lehrplänen auch die praktische Gesprächsführung, insbesondere das Problem der Arzt-Patienten-Beziehung integriert ist, entzieht sich unserer Kenntnis. In der Schweiz herrschen diesbezüglich noch atavistische Zustände. Selbst ein vor Jahren vom Bundesrat angenommenes parlamentarisches Postulat scheiterte bis heute in der praktischen Verwirklichung an der Intransigenz der massgebenden medizinischen Interfakultätskommission. Pläne für die Durchführung wären in concreto vorhanden. Schon der Aufbau des Medizinstudiums ist jedoch so gestaltet, dass der angehende Arzt zunächst über den Kadaver zum lebenden Menschen vorstösst. Die Leichen bilden blosse Lernobjekte. Nach SEGUIN scheint es, dass ein solcher Beginn des Medizinstudiums, der allein aus einer Konfrontation mit Leichen und Kadavern besteht, einen nicht wiedergutzumachenden, sehr negativen, schädlichen Einfluss auf die Studierenden ausübt. Er hat zweifellos seine schwerwiegenden nihilistischen Konsequenzen. Wir sehen in solchem Studienbeginn zum Beispiel den Ursprung der unmenschlichen, materialistischen und unpersönlichen Einstellung, die den Arzt der Neuzeit während vieler Generationen gekennzeichnet hat und die der Medizin unseres Jahrhunderts ihren Stempel aufdrückte.

LEWIN wies bereits in einem sehr interessanten Artikel auf diesen Problemkreis hin. Seiner Auffassung nach verwandeln sich bei dieser anfänglichen Begegnung des Medizinstudenten mit den Leichen der Anatomie diese Kadaver in die ersten „Patienten" des zukünftigen Arztes. Deshalb sieht er dann auch seine ersten lebenden Patienten als gleich bequeme Objekte, die keinen Widerstand leisten, die sich jede Art des Experimentierens gefallen lassen und an denen man jede Art von „Behandlung" vornehmen kann.

Die schwerwiegenden Folgen solch einseitigen Studienanfangs sind erstens das „Vergegenständlichen" des ärztlichen Kontaktes und zweitens die Erwartung gegenüber den zukünftigen Patienten, diese sollten sich bedingungslos dem Arzt ergeben. Das führt dahin, den Patienten nicht mehr als einen Mitmenschen zu betrachten. In letzter Konsequenz verführt es recht eigentlich zu therapeutischem Nihilismus. Jedenfalls wird bei solchem Beginn der ärztlichen Erziehung die Auffassung im zukünftigen Arzt verfestigt, seine hauptsächlichste Rolle werde darin bestehen, zu untersuchen, zu diagnostizieren und ... nachher bei der Autopsie den Genauigkeitsgrad der ärztlichen Diagnose festzustellen. Es kommt aber hinzu, dass der anfängliche Umgang mit Toten auch das emotionelle Gleichgewicht der Studenten stören kann: Furcht vor dem Toten, Angst vor dem Tode, Identifikationsprobleme, Schuldgefühle, Verdrängung und Abwehr, schliesslich Aggressionsbereitschaft können dauerhafte Prägungen bewirken.

Kann man sich dann aber wundern, wenn der Arzt auch später in seiner ganzen Laufbahn und in seinem ganzen Leben diese Art des Sehens, die ihm zuerst Kadavern gegenüber eingeprägt worden war, seinen lebenden Patienten gegenüber beibehält? Muss nicht diese das Vergegenständlichen des menschlichen Wesens erzwingende Erziehung des jungen Arztes sogar notwendigerweise eine schlechte Auswahl der Kandidaten zur Folge haben, weil sie Studenten ausschliesst, die einer solchen Objektivierung des Menschenwesens nicht fähig sind? Hat nicht damit dann auch die Klage über die Mechanisierung des ärztlichen Berufes und über die kaufmännische Einstellung des Arztes viel zu tun, die wir von unseren Kranken so oft zu hören bekommen? Kann man denn von einem Studenten, der durch seinen Umgang mit Kadavern geprägt wurde, noch verlangen, dass er künftig offen sei für die lebendige menschliche Wirklichkeit seiner Kranken, dass er sie als Mitmenschen zu achten und sie in ihrer Würde als Brüder zu behandeln vermöge? Wenn man ihn lehrt, im Augenblick, da er sich das erste Mal beruflich den Kranken nähert, diese Menschen ganz gegen seinen Willen und unter Überwindung eigener gesunder Widerstände als manipulierbare Sache zu betrachten, als Gegenstand; wenn man ihn sogar in der prägsamsten Phase seines Medizinstudiums toten Menschen gegenüberstellt und ihn zwingt, in ihnen Kadaver zu sehen, wer hat dann später das Recht, von einem so ausgebildeten Arzt ein anderes, menschenwürdigeres Verhalten zu verlangen?

Ein Gegengewicht gegen diese Entwicklung kann meines Erachtens nur eine vollständige Neuorientierung in der Medizinerausbildung bringen, die von Anfang an und durchgehend die therapeutische Beziehung als gleichberechtigtes Ausbildungsziel neben die fachliche Instruktion stellt.

Literatur

[1] BINSWANGER, L.: Grundformen und Erkenntnis menschlichen Daseins. 2. Aufl., Niehans, Zürich 1953.
[2] BINSWANGER, L.: Ausgewählte Vorträge und Aufsätze, Bd. I, 2. Aufl., Francke, Bern 1961.
[3] BOSS, M.: Psychoanalyse und Daseinsanalytik. Huber, Bern/Stuttgart/Wien 1957.
[4] BOSS, M.: Martin Heidegger und die Ärzte. In: Martin Heidegger-Festschrift. Neske, Pfullingen 1959.
[5] BOSS, M.: Begegnung in der Psychotherapie. Psychother. Psychosom. *13*, 332–341, 1965.
[6] BOSS, M.: Die Bedeutung der Daseinsanalyse für die psychoanalytische Praxis. Psychosom. Med. *7*, 165f., 1971.

[7] BOSS, M.: Grundriss der Medizin und der Psychologie, 2. Aufl. Huber, Bern/Stuttgart/Wien 1975.
[8] BOSS, M.: Es träumte mir vergangene Nacht. Huber, Bern/Stuttgart/Wien 1975.
[9] BRÄUTIGAM, W.: Psychotherapie in anthropologischer Sicht. Enke, Stuttgart 1961.
[10] CONDRAU, G.: Einführung in die Psychotherapie. 3. Aufl., Kindler („Geist und Psyche", TB), München 1974.
[11] CONDRAU, G.: Medizinische Psychologie. 2. Aufl., Kindler („Geist und Psyche", TB), München 1975.
[12] CONDRAU, G.: Angst und Schuld als Grundprobleme der Psychotherapie. 2. Aufl., Suhrkamp TB, 1976.
[13] CONDRAU, G.: Der Januskopf des Fortschritts. Benteli, Bern 1976.
[14] FREUD, S.: Die Traumdeutung. Ges. W. *II/III*, Imago, London 1948.
[15] FREUD, S.: Bruchstück einer Hysterie-Analyse. Ges. W. *V*, Imago, London 1949.
[16] FREUD, S.: Die Freudsche psychoanalytische Methode. Ges. W. *V*, Imago, London 1949.
[17] FREUD, S.: Zur Dynamik der Übertragung. Ges. W. *VIII*, Imago, London 1949.
[18] FREUD, S.: Bemerkungen über die Übertragungsliebe. Ges. W. *X*, Imago, London 1950.
[19] FREUD, S.: Vorlesungen zur Einführung in die Psychoanalyse. Ges. W. *XI*, Imago, London 1950.
[20] GÖRRES, A.: Methode und Erfahrungen der Psychoanalyse. Kösel, München 1958.
[21] HEIDEGGER, M.: Was heisst Denken? Niemeyer, Tübingen 1954.
[22] HEIDEGGER, M.: Sein und Zeit. 8. Aufl. Niemeyer, Tübingen 1954.
[23] SEGUIN, C. A.: Der Arzt und sein Patient. Huber, Bern/Stuttgart/Wien 1965.
[24] THIBON, G.: Skeptizismus und Vertrauen. In: Gabriel Marcel et al.: Was erwarten wir vom Arzt? Hippokrates, Stuttgart 1956.

Adresse des Autors:

Prof. Dr. med. et phil. Gion Condrau
Strehlgasse 15
8704 Herrliberg

Psychiatrische Klinik Sanatorium Kilchberg, Kilchberg/Zürich und Fritz
Perls Institut für Integrative Therapie, Gestalttherapie und Kreativitätsforschung (FPI) Düsseldorf/Basel/München

Die therapeutische Beziehung in der Gestalttherapie

Von YVONNE A. MAURER und HILARION G. PETZOLD

In längerdauernden Psychotherapien stellt sich für die meisten Psychotherapeuten verschiedenster Schulen die schwierige Aufgabe, mit einem Höchstmass an persönlicher Flexibilität den Patienten durch verschiedene Therapiephasen zu begleiten. Der Psychotherapeut muss zunächst als Fundament der Therapie eine Beziehung zum Patienten aufbauen, vertiefen, dem Patienten ein Stück Welt werden, um ihn allmählich intensiver, als er es alleine könnte, zu seiner Innenwelt und zur Umwelt hinzuführen, um dem Patienten schliesslich den Blick über sein Inneres und den Therapeuten hinweg auf einen aktiven Vollzug in der Welt zu richten und zwar besser denn je.

Wie wird dieses grundsätzliche psychotherapeutische Beziehungsproblem in der Gestalttherapie gelöst? Was versteht man heute unter „Gestalttherapie" und deren therapeutischem Beziehungskonzept?

Bei den meisten Psychotherapieformen wird die interpersonelle, subjektive Beziehung zwischen Therapeut und Patient als wesentlichstes therapeutisches Element betrachtet.

Die Gestalttherapie ist eine interaktionale Form verbaler und nonverbaler Psychotherapie, die zum Teil auf psychoanalytischem Gedankengut aufbaut, aber auch andere Ansätze, insbesondere die Gestalt-Feld- und Systemtheorie (WALTER, 1977, PERLS, 1975, PETZOLD, 1974) und den Existentialismus (MARCEL, 1965, BUBER, 1927, MERLEAU-PONTY, 1966) einbezieht. F. S. PERLS (1893–1971), der Begründer der Gestalttherapie, war selbst Psychoanalytiker bzw. Lehranalytiker. Es gibt aber nicht nur den prägenden Einfluss der Psychoanalyse auf die Gestalttherapie, sondern auch einen in der letzten Zeit unverkennbaren Einfluss der Gestalttherapie auf verschiedenste psychotherapeutische Verfahren. BERGER (1975) bezeichnete die Gestalttherapie in ihrer heutigen Form als einen der wichtigsten avantgardistischen Einflüsse auf psychotherapeutische Verfahren.

Von dieser Sachlage her schien es sinnvoll, dass sich zwei Autoren mit verschiedener therapeutischer Ausbildung und Erfahrung mit dem Wesen der psychotherapeutischen Beziehung in der Gestalttherapie gemeinsam befassen, ein Therapeut (H. PETZOLD) mit gestalttherapeutischer und eine Therapeutin (Y. MAURER) mit psychoanalytischer Herkunft und Erfahrung mit nonverbalen Therapien bei Depressiven und Schizophrenen. Das hat auch den Vorteil, die Gestalttherapie hinsichtlich therapeutischem Beziehungskonzept in wesentlichen Punkten gegenüber der Psychoanalyse abgrenzen zu können.

Die therapeutische Beziehung einer Psychotherapie kann auf verschiedenen Ebenen untersucht werden: Derjenigen der *Haltung* des Therapeuten zum Patienten, sowie der *verbalen und averbalen Interaktionen* des Therapeuten mit dem Patienten. Der Haltung des Therapeuten und seiner Behandlungsmethode liegen in der Praxis zumindest implizit ein Bild vom Menschen und ein Bild von der Welt zu Grunde. Zunächst einige Bemerkungen zu diesem Hintergrund.

Das Therapiekonzept von FREUD wird bekanntlich mitgeprägt durch die Erfahrungen des patriarchalischen Mannes des 19. Jahrhunderts. Die Beschreibungen des Neo-Freudianers SULLIVAN (1953) lassen bereits den Einfluss des 20. Jahrhunderts deutlich werden. Bei SULLIVAN besteht die therapeutische Beziehung darin, dass zwei Menschen sich gegenseitig wertschätzen. Dies bedingt nach SULLIVAN einen Beziehungstypus der Zusammenarbeit (collaboration). D. h. für SULLIVAN Anpassung des eigenen Verhaltens an die ausgedrückten Bedürfnisse der anderen Person mit der Zielsetzung wachsender gegenseitiger Befriedigung und Sicherheit. Bei dieser Haltung lauert nicht die Gefahr autoritären Manipulierens des Patienten durch den Therapeuten, aber es kann leicht zu einem therapeutischen Egoismus zu zweit kommen, der das adäquate Offenwerden des Patienten gegenüber Drittpersonen erschweren kann.

In Abgrenzung zu psychoanalytischen Schriften, in denen das Wort Objekt, Objektbeziehung usw. gebraucht wird, betont die Gestalttherapie die intersubjektive Beziehung. Der ursprünglich der Freudschen Triebkonzeption entsprungene Begriff „Objekt" hat bei psychoanalytisch nicht spezialisierten Lesern schon viel Verwirrung angestiftet. In der zeitgenössischen Psychoanalyse wird er meist verwendet, um die Art der Beziehung des Subjekts zu seiner Welt zu bezeichnen, Objekt ist dabei ein Sammelname für Personen, Dinge, Ideale usw. In der psychoanalytischen Literatur bezeichnet der Begriff Objekt, wenn er für eine Person verwendet wird, nichts Negatives, keine Herabwürdigung dieser Person als Subjekt.

Die Begriffe „Objekt", „Objektbeziehung" sind aber, wie sie auch immer von psychoanalytischer Seite her verstanden sein wollen, den Gestalttherapeuten und deren anthropologischem, existenzphilosophischem Ansatz zutiefst suspekt.

1. Der existenzphilosophische Ansatz in der Gestalttherapie

PERLS praktizierte in seiner Methode und postulierte in seinen theoretischen Konzepten, was GABRIEL MARCEL in seinen Überlegungen über „Sein und Haben" (1968) und in seiner Intersubjektivitätstheorie formuliert hat. Für das Konzept der Beziehung in der Gestalttherapie ist es charakteristisch, dass es sich um eine Beziehung von Subjekt zu Subjekt handelt. Für den Menschen als Subjekt ist kennzeichnend:

1. Dass er existiert und nicht nur funktioniert, dass er ist und nicht nur hat.
2. Dass das Subjekt nicht objektiviert werden kann, ohne seinen Subjektcharakter zu verlieren. Es kann nicht objektiv übermittelt werden.
3. Das Subjekt kann sich nur im hier und jetzt gegenwärtig erleben bzw. von anderen erlebt werden. Es ist deshalb eine „Gegenwärtigkeit" (une présence).
4. Das Subjekt lässt sich nicht auf eine Summe von Komponenten zurückführen. Der Mensch ist mehr als die Summe der in seinem Körper ablaufenden neuronalen Prozesse, mehr als die Summe seiner Gedanken, Gefühle und Verhaltensweisen.
5. Das Subjekt ist einzigartig, unwiederholbar und nicht duplizierbar.

Diese Charakteristika bilden für MARCEL (1965) die Grundlage seines theoretischen Ansatzes, dass nämlich Beziehungen zwischen Menschen sich nur als intersubjektive Beziehungen gestalten können, wenn nicht die Würde des Menschen, bzw. sein eigentliches Menschsein in Frage gestellt werden soll.

In dem Begriff Intersubjektivität ist eine Grundqualität der menschlichen Existenz gefasst: *Existenz ist Mit-Sein,* mit mir sein, mit dir sein, mit dieser Welt sein. Für Intersubjektivität ist kennzeichnend, dass ich mich ernst nehme und mir wichtig bin, dass ich den anderen ebenso ernst nehme, und er mir wichtig ist, dass ich diese Welt, die unser gemeinsamer Lebensraum ist, ernst nehme, und sie mir wichtig ist. In diesem letztgenannten ökologischen Aspekt geht der Ansatz der integrativen Gestalttherapie über die Ideen von MARCEL (1962) noch hinaus und zeigt einen, für unsere Lebenswirklichkeit entscheidenden Aspekt auf, die Sorge um den gemeinsamen Lebensraum, in den wir eingebunden sind, zu dem wir in Beziehung stehen und in dem unsere Beziehungen stattfinden (BESEMS, 1977).

Kommen wir zum Aspekt der therapeutischen Beziehung, die ein Sein mit anderen ist, zurück. Intersubjektivität wird gekennzeichnet:

1. durch ein Engagement, das inneres Beteiligtsein am anderen als Person bedeutet, wobei das Interesse für den anderen kein funktionales, kein sachlich objektivierendes, sondern ein zutiefst persönliches ist,
2. durch Personalität, die bedeutet, dass ich zu einer Person immer direkt spreche, nicht über sie, sie nicht verhandle, sondern versuche, den anderen als Person zu berühren und mich von ihm berühren zu lassen,
3. durch Begegnung, die das Fundament der wechselseitigen Berührung von Person zu Person ist. Die Begegnung ist in der Intersubjektivitätstheorie ein Sein, eine Existenz, keine Machen- oder Haben-Beziehung. Eine Sein-Beziehung heisst, ich habe mein Gegenüber nicht als Besitz, als ein Ob-

jekt, sondern ich bin mit ihm, ich versuche mich ihm mit meinem ganzen Sein mitzuteilen und es wiederum in seinem ganzen Sein zu erfassen. Letzteres schliesst auch die Fähigkeit des Therapeuten mit ein, das aktuelle, allenfalls auch das frühere Leben des Patienten innerlich in sich selbst zu reproduzieren, als Grundlage zu echtem Verständnis (GROELI, 1973).

Von der anthropologischen Grundlage der Gestalttherapie wird auch das wesentliche *Ziel* gestalttherapeutischer Arbeit mitgeprägt, das die Selbstverwirklichung des Menschen als Subjekt in und durch intersubjektive Beziehungen ist. Dies bedeutet für die therapeutische Beziehung, dass der Therapeut nicht einen Patienten *hat,* sondern der Therapeut *mit* dem Patienten *ist.* Daher wird in der Gestalttherapie der Begriff Patient in seinem konservativen Gebrauch abgelehnt. Es wird vorzugsweise von ,,Klient" gesprochen.

Wenn auch der Ansatz der *Intersubjektivität* in der Gestalttherapie stark betont wird, so muss dabei auch gesehen werden, dass die Gestalttherapeuten den Unterschied zwischen zwei Subjekten machen, nämlich in der Betonung von Ich und Du, wie es z. B. im ,,Gestaltgebet", von dem später die Rede sein wird, zum Ausdruck kommt. Betrachtet man den psychoanalytischen und gestalttherapeutischen Ansatz ganz unvoreingenommen, muss man sich sogar fragen, ob, was die Psychoanalytiker Subjekt und Objekt[1] nennen, die Gestalttherapeuten nicht einfach mit Ich und Du bezeichnen. Allerdings kann auch dann noch gesagt werden, dass es bei den Gestalttherapeuten eine starke Betonung des Kontaktes auf gleicher Ebene gibt: Es soll alles vermieden werden, was den Eindruck erweckt, dass ein Mensch vom anderen gefangen, seiner Bewertung und Einschätzung ausgesetzt wird und selbst wiederum Objekt dessen kritischer Beurteilung wird, wie z. B. im anthropologischen Ansatz J. P. SARTRES. Es wird in der Gestalttherapie geradezu als Ziel angesehen, Objektrelationen in Subjektbeziehungen, d. h. in Intersubjektivität umzuwandeln. Das ist nicht immer leicht, da der Patient häufig aus einer Haben-Position in die Therapie kommt: er hat eine Krankheit, für die er einen Therapeuten *braucht.* Es geht dann darum, dem Patienten zu erschliessen, was es heisst, krank *zu sein,* und mit dem Therapeuten gemeinsam an der Genesung zu arbeiten, was um so schwieriger ist, je stärker der Patient den Therapeuten in Besitz nimmt und ihn zum Objekt seiner infantilen Wünsche macht.

In das therapeutische Setting gehen auch nach gestalttherapeutischer Ansicht sachlich-funktionale Beziehungen ein. Im Unterschied zur Objektbeziehung (zumindest in dem Sinn, wie sie häufig von Nicht-Psychoanalytikern missverstanden wird) geht es bei der sachlich-funktionalen Beziehung nicht um eine Bemächtigung, um Besitzen oder Besessen-werden, um ein

---

[1] Hier im eingeschränkten, nur auf Personen bezogenen Sinn verstanden.

positionales Gefälle, sondern um funktionale Abläufe, die von Zweckmässigkeit und Produktivität bestimmt sind. Es geht um Handlung. Sie können deshalb in Abgrenzung zu den Objekt-Haben-Beziehungen und den Subjekt-Sein-Beziehungen als Machen-Beziehungen gekennzeichnet werden. Waren und Dienstleistungen werden z. B. auf dieser funktional-sachlichen Handlungsebene getauscht. Derartige Beziehungen sind notwendig und können aus unserem komplexen Gesellschaftsgefüge nicht ausgeklammert werden. Es wird allerdings dann bedenklich, wenn sie an die Stelle von notwendigen und möglichen persönlichen, d. h. intersubjektiven Beziehungen treten. In der Psychotherapie ist deshalb ein Vorherrschen von sachlich-funktionalen Beziehungen nicht möglich, weil es sich um ein interaktionales Geschehen von Mensch zu Mensch, von Person zu Person, vom Ich zum Du handelt.

Die Gestalttherapie trägt diesen anthropologischen Prämissen in ihrer Behandlungsmethodik und Technik Rechnung. Sie versucht Intersubjektivität aufzubauen, indem sie eine *„direkte Kommunikation"* (PETZOLD, 1973) zwischen Therapeut und Patient oder, sofern es sich um eine Gruppentherapie handelt, zwischen den einzelnen Gruppenmitgliedern anstrebt.

Dies geschieht z. B. durch die Regel, in Ich-Aussagen zu sprechen und Verallgemeinerungen, wie „man", „einige", „manche" und ähnliches zu vermeiden. Weiterhin geschieht dies dadurch, dass nicht „über" Personen geredet wird, die anwesend sind. Wesentlich ist hervorzuheben, dass der charakteristische Ansatz des „sich zu Erkennengebens", des „Self-disclosure" des Therapeuten in der Gestalttherapie dazu beiträgt, den Patienten nicht in einer falschen Sachlichkeit als blossen Funktions- oder Rollenträger zu sehen.

MAURER beschrieb 1976(c) den Ansatz der direkten Kommunikation auch auf der nonverbalen Ebene anlässlich körperzentrierter Therapien und berichtete, dass bei derartigen Therapien „die Therapeut-Patient-Rollenverteilung in den Hintergrund trete, sich der Therapeut mehr auf der *gleichen* Stufe mit dem Patienten fühle, *mehr Interesse* habe, mit dem Patienten *zusammen* zu sein, da ein *gemeinsames* Erlebnis bestehe", wenn der Therapeut, wie die andern Gruppenmitglieder, an den physiotherapeutischen Übungen teilnimmt. Es muss hier auch auf die Gefahren körperzentrierter Therapien, insbesondere in der Einzeltherapie, hingewiesen werden (vgl. MAURER, 1975b) und auf die Möglichkeit des Entgleitens der therapeutischen Beziehung im Sinne sexueller Involvierung.

In Abgrenzung der Gestalttherapie zur Psychoanalyse kann man sagen, dass das Therapeut-Patient-Gefälle, das unvermeidlich ist, wenn ein Patient einen Therapeuten um Rat frägt, in der psychoanalytischen Technik bereits durch die äussere Situation (wo der Therapeut sitzt und den Patienten liegend beobachten kann, ferner der Therapeut zwar die latente Bedeutung von Verhaltensweisen, Ausdrucksweisen und Träumen des Patienten aufdeckt, nicht aber der Patient dies umgekehrt beim Analytiker zu tun pflegt), verstärkt wird, während die Gestalttherapeuten, von einem existenzphilosophischen Ansatz herkommend, dieses Gefälle möglichst zu überwinden versuchen, insbesondere auch durch das Verhalten des Therapeuten, der um eine prägnante Identität vor dem Patienten bemüht und bereit zum sog. Self-disclosure ist.

Nach diesen einleitenden, vorwiegend theoretischen Bemerkungen über den philosophischen Hintergrund der Gestalttherapie, einen Hintergrund, wie ihn die klassische Psychoanalyse nicht, wohl aber die Daseinsanalyse (Boss, 1957) auf HEIDEGGER (1957) gestützt, grundsätzlich bietet, möchten wir zur Besprechung der praktischen Behandlungsweise in der Gestalttherapie übergehen. Wir schicken voraus, dass im Folgenden insbesondere von der *therapeutischen Beziehung im Rahmen der Neurosentherapie* die Rede sein soll.

2. Das therapeutische Beziehungsverhalten in den Schulrichtungen der Gestalttherapie

Die Schwierigkeit, zu einer verbindlichen Aussage über das Konzept der Gestalttherapie von der Therapeut-Patient-Beziehung zu kommen, ist darin zu sehen, dass die Auffassungen zu diesem Thema bei den verschiedenen gestalttherapeutischen Schulen unterschiedlich akzentuiert sind. Schwierigkeiten ergeben sich auch in der Abgrenzung gestalttherapeutischer Schulen gegenüber der Psychoanalyse, da letztere heute viele Variationen und Modifikationen der klassischen psychoanalytischen Technik aufweist. Dennoch ist GREENSON (1973) der Ansicht, dass die Hauptzüge der psychoanalytischen Technik, die FREUD vor etwa 50 Jahren in fünf kurzen Abhandlungen niedergelegt hat, noch immer als Basis der psychoanalytischen Praxis dienen und sich in der allgemein praktizierten psychoanalytischen Technik keine anerkannten grösseren Veränderungen oder Fortschritte durchgesetzt haben.

KOGAN (1976) hat in einer Studie über Interviews mit Gestalttherapeuten der verschiedenen Generationen ebenfalls dokumentieren können, dass die von PERLS weiter entfernten Gestalttherapeuten andere Schwerpunkte setzen, wenn auch in Grundkonzepten Einigkeit besteht.

Als PERLS 1948 aus Südafrika nach Amerika kam, hatte er sein erstes Buch: „Ego, hunger and aggression" (1969) schon geschrieben, in dem sich seine Ablösung von der klassischen Psychoanalyse deutlich machte. Dennoch blieben seine Verbindungen zu analytischen Konzepten ausgeprägt. Eine weitere Relativierung setzte im Verlaufe von PERLS therapeutischer Entwicklung in den 60er Jahren ein.

Die ersten Gruppierungen von Gestalttherapeuten bildeten sich um PERLS zu Beginn der 50er Jahre in New York, später in Cleveland (SHEPARD, 1975). Aus ihnen gingen die beiden grössten gestalttherapeutischen Institute hervor. Eine weitere Entwicklung der Gestalttherapie vollzog sich an der Westküste der USA, insbesondere in Los Angeles und San Francisco in den 60er Jahren. So repräsentiert der Ostküstenstil die Frühentwicklung der Gestalttherapie, an der neben PERLS auch PAUL GOODMAN, PAUL WEISZ, ELLIOT SHAPIRO und insbesondere LAURA PERLS massgeblich beteiligt waren. Unter den Exponenten des Westküstenstils sind zu nennen: JAMES SIMKIN (1976) und WALTER KEMPLER (1975).

Die Position von E. und M. POLSTER (1975) steht zwischen den genannten Richtungen. Die sich immer stärker durchsetzende Form gestalttherapeutischer Intervention ist die eines flexiblen und multimodalen Therapeutenstils (vgl. HATCHER, 1976, SMITH, 1976, LEVIN und SHEPHERD, 1974). Dieser integrierte bzw. integrative Stil gestalttherapeutischer Arbeit ist dadurch gekennzeichnet, dass er versucht, zwei voneinander abgehobene Möglichkeiten psychotherapeutischer Intervention zu verbinden: Die (analytische) Abstinenz und das sich zu Erkennengeben, das „Self-disclosure", der experientiellen Therapierichtung (JOUARD, 1968). Schaut man auf die West- und Ostküstenrichtung der Gestalttherapie, so kann man sagen, dass an der Ostküste ein stärker „analytisch" ausgerichteter Gestalttherapiestil praktiziert wird und die Gestalttherapeuten der Westküste mehr von der experientiellen, auf dem Self-disclosure gründenden Haltung, bestimmt sind. Die Verbindung beider Richtungen eröffnet für den therapeutischen Prozess reiche Möglichkeiten und mündet in den integrativen Stil des „partiellen Engagements" und der „selektiven Offenheit" (vgl. PETZOLD, 1975, R. COHN, 1975).

Im folgenden sollen die drei therapeutischen Ansätze in der Gestalttherapie näher dargestellt werden.

2.1 *Abstinenter Stil*

Unter Abstinenz werden in der psychoanalytischen Behandlung grundsätzlich zwei Aspekte verstanden: Einerseits soll die Therapie so geführt werden, dass der Patient die geringst mögliche Ersatzbefriedigung für seine Symptome findet, andererseits schliesst Abstinenz für den Analytiker mit ein, dem Patienten die Befriedigung seiner Wünsche zu versagen und nicht die Rolle zu übernehmen, die dieser bestrebt ist, ihm aufzudrängen (LAPLANCHE und PONTALIS, 1973). Der abstinente Stil des psychoanalytischen Behandlungsmodells, wo der Therapeut, um es positiv auszudrücken, hauptsächlich um eine freischwebende Aufmerksamkeit bemüht ist, schafft ein Setting, das besonders dazu geeignet ist, Übertragungen zu wecken und zu intensivieren. Charakteristisch für die psychoanalytische Beziehung zwischen Therapeut und Patient ist das Übertragungs-Gegenübertragungsmodell, das eine primär asymmetrische Rollenverteilung zeigt. Zu diesem Modell bezog in jüngerer Zeit BECKMANN (1974) eine wissenschaftlich begründete kritische Stellung, die hier aber nicht näher erörtert werden kann. Es handelt sich bei diesem genannten Modell um eine Zweierbeziehung, die, was die bewussten Kontaktebenen anbetrifft, eingeschränkt ist auf die verbale Ebene mit Förderung der Verbalisation und Introspektion, wobei die Ebene der körperlichen Ausdruckshandlung und Berührung häufig nicht oder nicht ausreichend in den therapeutischen Prozess integriert wird. Es ist eine Therapeut-Patient-Beziehung, die insbesondere nicht nur auf der bewussten, sondern auch auf einer unbewussten Ebene stattfindet, einer unbewussten Ebene, die durch die analytische Technik, insbesondere die Technik der freien Assoziation, der Traumanalyse und des Deutens bewusst werden soll. Das Übertragungs-Gegenübertragungsmodell impliziert bereits, dass es auch in der klassischen psychoanalytischen Situation keine ausschliessliche Abstinenz des Therapeuten gegenüber dem Patienten gibt. Das sog. Self-disclosure, das in der Gestalttherapie einen wesentlichen Platz einnimmt, findet sich in der psychoanalytischen Therapieform auch, jedoch auf einer anderen, mehr unbewussten Ebene, in dem Sinn, dass ein Patient beispielsweise indirekt Kenntnis erhalten kann von Abwehrmechanismen und Konflikten des Therapeuten, noch bevor er näheres über dessen soziale Daten weiss. Dementsprechend werden Identifizierungsmechanismen in der Gestalttherapie und in der psychoanalytisch orientierten Therapie auf anderen Ebenen gefördert.

Die Aktivierung frühkindlicher Erlebnis- und Verhaltensweisen in der Übertragung wird durch den sog. abstinenten Therapeutenstil umfassend möglich und macht dieses Vorgehen daher zur Behandlung von Störungen besonders geeignet, die schwerpunktmässig in der frühen Kindheit entstehen.

Ein konsequent abstinenter Stil hat allerdings auch einige Nachteile. Die Verweigerung des Therapeuten, der mit seiner persönlichen Identität weitgehend verborgen bleibt, kann ein hohes Mass an Zweideutigkeit und Angst schaffen. Das hat zur Folge, dass der Widerstand wächst. Die lange Anlaufzeit psychoanalytischer Behandlungen ist zu einem Teil auf diese Konstellation zurückzuführen, zu einem anderen Teil auf die Tatsache, dass der Therapeut für den Patienten zunächst keine klar definierte Persönlichkeit ist und auch kein klares soziales und kommunikatives Imitationsmodell bietet. Betrachtet man die Auswirkungen der freischwebenden Aufmerksamkeit des Therapeuten unter lerntheoretischen Gesichtspunkten, so kann man sagen, dass der analytische Therapeut dadurch, dass er nur wenige Reize setzt, auch kaum respondentes Verhalten hervorruft, dass aber auch operantes Verhalten in der Eingangsphase der Therapie kaum auftritt. Ausserdem wird durch die spärlichen Interventionen des abstinenten Therapiestils nur selektiv verstärkt. Durch das regressive Setting eines abstinenten Stils, in dem der Patient in einem vorstrukturierten Abhängigkeitsverhältnis zum Therapeuten steht, kann die Komponente der Selbstverantwortung (response-ability) über lange Wartestrecken der Therapie nicht ausreichend gefördert werden. PERLS verwendet den Begriff der Verantwortung ohne moralischen Unterton. Bei ihm ist „Verantwortung" als die Fähigkeit zu antworten, als ein interaktionaler Prozess, aufzufassen. Die Fähigkeit des Menschen, auf seine Umwelt zu antworten, mit ihr umzugehen, d.h. aber auch für *sich* Verantwortung zu übernehmen, ist nach gestalttherapeutischer Auffassung kennzeichnend für seine Gesundheit. Intersubjektivität setzt immer auch Verantwortung voraus. Der Gestalttherapeut versucht deshalb die Verantwortung des Patienten zu fördern, indem er den Patienten/Klienten in seinen regressiven Tendenzen nicht fördert, sondern von Anfang an versucht, die Eigenständigkeit des Patienten aufzubauen: alles, was der Patient selbst tun kann, soll er unbedingt selbst tun. Die grosse Zurückhaltung der Gestalttherapeuten gegenüber der Fremddeutung ist auf diesem Hintergrund zu sehen. Es wäre allerdings falsch anzunehmen, in der Psychoanalyse gäbe es *nur* die Fremddeutung. Ein Teilziel der Psychoanalyse ist vielmehr, dass der Patient lernt, seine Träume und sein Verhalten selbst zu deuten. Der Patient wird in der Psychoanalyse auch von Anfang an dazu angehalten, den latenten Trauminhalt, d.h. seine Assoziationen zu bestimmten Traumteilen, selbst zu beschaffen. Gestalttherapeuten sind von Anfang an darauf bedacht, dem Klienten vor allem zu zeigen, *wie* der Schritt, der zu Einsicht führt, gemacht werden muss. Der Prozess, *wie* man Einsichten gewinnt und Erlebnisse integriert, und der selbstverantwortete Vollzug dieses Prozesses werden als therapeutisch bereits effizient angesehen. Der Erkenntnisprozess wird damit in seiner ihm eigenen Dynamik in der Gestalttherapie verglichen mit der Psychoanalyse noch stärker betont, als das Erkannte.

2.2 *Experientieller Stil*

Die andere Möglichkeit gestalttherapeutischen Vorgehens finden wir bei Vertretern des experientiellen Stils, wie er im Bereiche der humanistischen Psychologie entwickelt wurde (JOUARD, 1968, ROGERS, 1967, MOWRER, 1964, KEMPLER, 1975).

Die experientiellen Therapieformen stellen das Erleben im *Hier und Jetzt* und die totale *Offenheit* zwischen Therapeut und Klient in das Zentrum ihrer Praxis in der Psychotherapie. Nur in absoluter Offenheit und gegenseitigem Annehmen ist nach dieser Position Therapie möglich. Heilung geschieht in der zwischenmenschlichen Begegnung, in der nichts mehr verborgen wird (HAIGH, 1967). Dieses Konzept wurde von MORENO schon 1924 für das Psychodrama entwickelt und in der Folge von zahlreichen existenzphilosophisch ausgerichteten Therapeuten aufgegriffen (MAY und VAN KAAM, 1963, MASLOW, 1967).

Wenn man mit MOWRER (1964) und JOUARD (1968) annimmt, dass Verschleierung (concealement) die Ursache zahlreicher psychischer Störungen ist, wenn man mit WILHELM REICH postuliert, dass die Unterdrückung von

Ausdrucksimpulsen eine bedeutsame Komponente der Pathogenese neurotischer Erkrankung ist, so kann daraus abgeleitet werden, dass „expressive behavior", Ausdruck dessen, was an Gedanken und Gefühlen vorhanden ist, schon heilend wirkt. Wir befinden uns hier im Bereiche der kathartischen Methoden, deren Anfänge in engem Zusammenhang mit der Hypnose standen. FREUD verzichtete bekanntlich schnell auf die eigentliche Hypnose und ersetzte diese schliesslich durch die freien Assoziationen des Patienten. Eine Methode, die darin besteht, dass der Patient alles sagt, was ihm einfällt, sei es spontan oder im Anschluss an ein Traumerlebnis oder irgend eine Vorstellung (FREUD, 1895). Das Ausdrucksverhalten des Patienten wird beim experientiellen Stil der Gestalttherapeuten nicht nur selektiv auf der verbalen Ebene gefördert, sondern in grösstmöglichem Masse, d. h. auch im nonverbalen und kreativen Bereich. Der Therapeut muss daher fähig zu kreativer Invention und emotionalem Ausdruck sein, um die therapeutische Situation so zu strukturieren, dass Erfahrungen, Erlebnisse und Erkenntnisse stattfinden und weiterentwickelt werden können (vgl. auch SHAPIRO, 1967, ferner LEVIN und SHEPHERD, 1974). Dadurch, dass sich der Therapeut bewusst zu erkennen gibt, bietet er dem Klienten ein positives Imitationsmodell für expressives Verhalten, wodurch gleichzeitig die Selbstexploration des Patienten gefördert wird. Der Therapeut wird weiterhin beim experientiellen Stil für den Klienten als Person auch rasch prägend. Die Werte des Therapeuten, seine Haltungen, Eigenarten, Verhaltensweisen werden dem Klienten rascher und auf einer bewussteren Ebene vermittelt als in der psychoanalytischen Situation. Der sog. abstinente Stil prägt subtiler, meist weniger rasch, weniger offen und auf einer anderen Ebene.

Dem Vorteil des experientiellen Stils, der durch sein positives Imitationsmodell und seinen hohen Stimulationswert sehr schnell intensive emotionale Prozesse in Gang bringt, stehen auch Nachteile gegenüber. Dadurch, dass das Augenmerk vornehmlich auf Ausdrucksverhalten gerichtet ist, auf das, was in der therapeutischen Interaktion sichtbar wird, besteht die Gefahr, dass unbewusste Prozesse und Mechanismen nicht beachtet werden. Die zu starke Zentrierung auf die Aussenwelt, auf vordergründiges Geschehen, kann zu einer Vernachlässigung der Innenwelt führen. Ausserdem besteht bei Therapeuten, die mangelhaft, d. h. ohne umfassende Selbsterfahrung durch Gestaltgruppentherapie und eine Gestalteinzelanalyse (VÖÖBUS, 1975) ausgebildet wurden, die Gefahr, eigene Konflikte auszuagieren.

Da gerade bei Menschen mit psychischen Schwierigkeiten eine authentische Begegnung durch das hohe Mass an Übertragungen und projektiven Elementen eingeschränkt ist, kann die Gestaltung der therapeutischen Interaktion schwierig, zuweilen unmöglich werden, die von Anfang an auf ein totales wechselseitiges Self-disclosure abzielt. Je schwerwiegender das Leiden ist, und je geringer die Fähigkeit des Patienten, mit diesem Leiden umzugehen, desto massiver ist die regressive Heils- und Hilfeerwartung beim Patienten. Eine Interaktion, eine Begegnung auf „gleicher Ebene", ist in einer solchen Situation nicht möglich. „Heilung aus der Begegnung" (TRÜB, 1949) kann sich erst vollziehen, wenn die Begegnungsfähigkeit und die Begegnungsmöglichkeiten des Klienten bis zu einem Mindestmass ausgebaut worden sind.

Self-disclosure des Therapeuten gewinnt selbstverständlich nur dann einen therapeutischen Sinn, wenn exhibitionistische und manipulativ-doktrinäre Tendenzen ausgeschlossen bleiben.

Da experientielle Therapeuten in der Regel nicht mit dem Übertragungs-Gegenübertragungskonzept arbeiten, münden Übertragungsprobleme oft in reale Auseinandersetzungen zwischen Therapeut und Patient aus: Je höher allerdings das Mass an Bewusstheit (awareness) ist, das der Therapeut hat und das der Klient gewinnt, desto klarer soll in der therapeutischen Interaktion das werden, was realistische Beziehung ist und was auf Übertragungs-, Projektions- und andere Abwehrmechanismen zurückzuführen ist.

2.3 Der integrative Stil der „selektiven Offenheit" und des „partiellen Engagements"

In der Gestalttherapie tendieren die Mehrzahl der Westküstentherapeuten zum experientiellen, die Mehrzahl der Ostküstentherapeuten der USA zum sog. abstinenten Stil. Dennoch ist charakteristisch, dass diese beiden therapeutischen Richtungen bzw. Haltungen, kein entweder/oder darstellen, sondern Möglichkeiten, die indikationsspezifisch und situationsspezifisch eingesetzt werden können. Ausschliessliche Abstinenz und ausschliessliches Self-disclosure sind zwei Extremmöglichkeiten, die in bestimmten therapeutischen Situationen sinnvoll, ja sogar notwendig sein können. Die therapeutische Praxis liegt zwischen diesen Polen. Auch in der psychoanalytischen Praxis sieht sich der Therapeut oftmals vor der Aufgabe zwischen einander entgegengesetzten Positionen hin und her zu pendeln: zwischen den Positionen des teilnehmenden Mitfühlenden, des distanzierten Richters und Begreifers von Daten und des zurückhaltenden aber mitfühlenden Vermittlers von Einsicht und Deutungen (GREENSON, 1973).

Der therapeutische Stil, in dem Self-disclosure und sog. Abstinenz verbunden werden, ist von LAURA PERLS (1970) als „selektive Offenheit" und von H. PETZOLD (1970, 1975) als „partielles Engagement" beschrieben worden.

RUTH COHN (1975) greift dieses Konzept ebenfalls auf und sieht offenbar keine Probleme, es auch mit ihrem Ansatz „sei in jedem Moment du selbst" zu vereinbaren. Die persönliche Entscheidung, sich nicht zu enthüllen oder nur zu einem Teil zu zeigen, kann durchaus auch Ausdruck von Selbstkongruenz sein.

Im Verlauf gestalttherapeutischer Arbeit mit dem Klienten ist auf dem Spektrum zwischen sog. Abstinenz und Self-disclosure stets eine Akzentverschiebung in Richtung Self-disclosure zu erkennen. Je mehr der Patient wächst, mit sich umzugehen lernt, aus der Rolle des Leidenden und Erduldenden (lat. pati) in die Rolle des Klienten kommt, der Rat sucht, Rat aktiv umsetzt und sich selbst zu beraten lernt, desto mehr ist es auch möglich, dass sich der Therapeut dem Klienten so zeigt, wie er ist, selbstverständlich in dem Masse, in dem er ihn emotional nicht überfordert.

Je mehr – mit anderen Worten – die kognitive Entwicklungsstörung, deren Ursache in der Verdrängung liegt, durch Bewusstmachung (während der Phase des abstinenten Stils) abnimmt, desto mehr kann die emotionale Entwicklungs- und Reifungsstörung mit mangelnder Entfaltung der Persönlichkeit durch emotionales Lernen (innerhalb des experientiellen Stils mit Self-disclosure) korrigiert werden (vgl. auch MAURER, 1976a).

3. Übertragung und Widerstand in der Gestalttherapie

Im folgenden wird vertiefend auf die Handhabung der Übertragungsphänomene in der Gestalttherapie eingegangen. Übertragungen sind nach psychoanalytischer Auffassung „Nachbildungen von Regungen und Phantasien, die während des Vordringens der Analyse erweckt und bewusst gemacht werden sollen, mit einer für die Gattung charakteristischen Ersetzung einer früheren Person durch die Person des Arztes" (FREUD, 1905). Nach FREUD wird grundsätzlich eine positive und eine negative Übertragung unterschieden, bzw. eine Übertragung zärtlicher Gefühle und eine Übertragung feindseliger Gefühle. Übertragungsphänomene erlangen bei den Gestalttherapeuten der Westküste wenig Bedeutung. Sie werden von Anfang an durch die Schärfung von Wahrnehmung und Aufmerksamkeit und den Prozess des gegenseitigen Self-disclosure zwischen Therapeut und Patient aufgefangen, mit anderen Worten wird dem Klient dabei geholfen, ein klares Ich und ein klares Du zu erkennen.

Die Gestalttherapeuten der Ostküste arbeiten bewusster und gezielter mit Übertragungsphänomenen, wobei Übertragungsphänomene für den Gestalttherapeuten pathologische Phänomene sind, was ebenfalls von der Psychodrama-Schule MORENOS geteilt wird (vgl. LEUTZ, 1974). Übertragungsbeziehungen sind in gestalttherapeutischer Sicht auch „Haben-Beziehungen". Sie machen den anderen Menschen zum scheinbar definierten Objekt. Eine Vertiefung oder Intensivierung der Übertragung wird auch vorübergehend von den meisten Gestalttherapeuten nicht angestrebt, der Aufbau einer „Übertragungsneurose" von den Therapeuten des experientiellen Stils geradezu abgelehnt. Das Ziel der Gestalttherapeuten heisst nämlich: wo Übertragung war, muss Beziehung werden. Nach ihnen ist es anscheinend möglich, dies zu erreichen ohne Umweg über eine Übertragungsneurose. Mit Übertragungsphänomenen nicht zu verwechseln sind Projektionen. In der Projektion werden nicht-integrierte, abgespaltene Anteile des Selbst nach aussen gebracht und verstellen auf diese Weise die Realität, die nicht adäquat wahrgenommen werden kann. In der Übertragung werden frühere Beziehungserfahrungen auf aktuelle Partner übertragen, ein Vorgang, der sich im alltäglichen Leben, besonders aber in der psychoanalytischen Situation, zeigt.

Gestalttherapeuten der amerikanischen Ostküste, die, wie erwähnt, stärker mit dem Übertragungskonzept arbeiten, willigen im Rahmen der Übertragungsphänomene für kürzere Zeit in regressive Tendenzen des Patienten ein. Auch in der klassischen gestalttherapeutischen Handhabung geht es darum, dem Klienten zu zeigen, wo und wie er überträgt, d. h. wo er die Realität nicht wahrnimmt. Die Verdeutlichung geschieht aber im Unterschied zur psychoanalytischen Behandlungsweise nicht durch verbale Interpretation von Seiten des Therapeuten oder Patienten, bzw. eine verbale Interaktion, sondern die Verdeutlichung folgt in der Gestalttherapie (die in diesem Sinne eine konsekutive Therapie ist) dem Erlebnisfluss des Klienten. Der Gestalttherapeut versucht daher Situationen bereitzustellen, in denen der Patient seine Erfahrungen selbst machen kann, in denen Übertragungen primär gefühlsmässig erlebbar werden. Anschliessend kann allenfalls der Versuch ihrer Verbalisation gemacht werden. Bei der Entschlüsselung der Übertragung geht es nach gestalttherapeutischer Ansicht, genau wie beim authentischen Kontakt, um Evidenzerlebnisse. In der Therapeut-Patient-Beziehung können diese gelegentlich bis hin zur Ebene der „zweiten Wirklichkeit" (STAEHELIN, 1969) reichen.

Beim experientiellen Therapiestil fällt auf, wie sehr die Therapeuten den Klienten lehren, ein klares Ich und ein klares Du auf der bewussten Ebene zu unterscheiden. Letzteres soll an einem Beispiel aus einer gruppentherapeutischen Sitzung erörtert werden. Es ist nur im Hinblick auf diese spezifische Problematik und den vorwiegend experientiellen Therapiestil repräsentativ.

PERLS (1976) begann eine gestalttherapeutische Gruppensitzung folgendermassen: „Dieses Mal will ich sozusagen vom Ende her anfangen. Nämlich mit dem Gestaltgebet. Ich möchte gerne, dass ihr es mir nachsagt, und dann möchte ich gerne, dass einige Paare sehen, was sie mit den Sätzen anfangen können." Das sog. Gestaltgebet (das im folgenden Gestaltgedicht genannt wird, weil es mit Gebet nichts zu tun hat), das von der Gruppe Satz für Satz wiederholt wurde, lautete: „Ich bin Ich, und Du bist Du. Ich bin nicht auf dieser Welt, um deinen Erwartungen zu genügen. Und Du bist nicht auf dieser Welt, um meinen zu genügen. Ich ist Ich, und Du ist Du." Dann fuhr PERLS fort – „... jetzt wollen wir bei einigen Paaren sehen, was sie mit dem Gestaltgebet anfangen können". Darauf traten zwei Teilnehmer der Gruppe vor. Es kommt zu einem Gespräch, das mit dem vorgesprochenen Gestaltvers nichts zu tun hat und grosse Unsicherheit der genannten beiden Patienten widerspiegelt. PERLS meint schliesslich: „Wenn ihr euch eurer selbst bewusst seid, ist es sehr einfach, so eine Aussage einfach zu machen." Es traten dann zwei weitere Gruppenteilnehmer vor (Russ und Penny). Russ wünscht von

Penny, sie solle ihm eine gute Mutter oder Gattin sein. PERLS lässt Russ dann mit Penny den Platz tauschen und als gespielte Penny antworten und ihm (sich selbst) in Worten alles geben, was er zu brauchen glaubt. (Wir stossen hier beim Rollentausch auf eine Verwandtschaft des gestalttherapeutischen Stils von PERLS mit dem Psychodrama.) Russ erkennt nun während diesem Rollentausch, dass er als Penny nicht dazu verpflichtet sei: ,,das ist nicht meine Rolle. Ich bin nicht dazu verpflichtet ..." Russ wird dann ärgerlich. Auf PERLS Anraten versucht er nochmals, Penny zu spielen und verbalisiert im Namen Pennys die Erfüllung seiner Wünsche (,,Weisst, weisst Du, ich liebe Dich, Sohn, aber du musst ein Mann sein ..."). Rollentausch: Russ spricht wieder zu Penny bzw. zu seiner Mutter: ,,Mami, ich bin kein Mann. Ich bin ein kleiner Junge. Ich brauche all das, was ein kleiner Junge braucht." Nach PERLS soll nun die Frage der Unterstützung von Russ vertieft werden, zumal Russ auch geträumt hatte, der Unterstützung zu bedürfen. PERLS gibt dann erneut das Stichwort ,,Gestaltgebet". Russ erklärt schliesslich ,,Ich bin ich. Du bist Du".

Der bisherige Behandlungsverlauf zeigt deutlich, wie die Beziehung zwischen den beiden Patienten und dem Therapeuten von PERLS gestaltet wird. Russ fühlt sich innerhalb der Gruppensituation als kleiner Junge, der die Mutter braucht. In der psychoanalytischen Sprache würde man sagen, dass sich dieser junge Erwachsene in einem regressiven Zustand befindet. Die Beziehungsstruktur von Russ zu PERLS, aber auch zu Penny, wird nun nicht im Sinne der Regression weiter gefördert. PERLS macht im Gegenteil auf das Gestaltgedicht aufmerksam und lässt es Russ und Penny zum Gesprächsthema nehmen. Es wirkt der Regression entgegen, indem es die zwischenmenschlichen Grenzen betont und Abhängigkeitstendenzen entgegen wirkt.

In der Fortsetzung der Therapiesitzung offenbart sich ferner ein an psychoanalytisches Verhalten erinnerndes Beziehungsverhalten PERLS, nämlich dass er Widerstände bei den Patienten erkennt, vor ihnen verbalisiert und sie abzubauen versucht. Das Protokoll jenes Sitzungsteiles lautet: PERLS: ,,... kannst du dich an das Gestaltgebet erinnern?" Russ: ,,ich erinnere den ersten Teil." PERLS: ,,sag ihn ihr." Russ: ,,Ich bin ich. Du bist Du. Mehr kann ich nicht erinnern."

PERLS erkannte, dass das nicht erinnern können einen Widerstand bedeutete und fragte daher nach, ob sich Russ nicht erinnern *möchte?* Auch nach erneutem Aufbau des Widerstandes durch Russ (nein, ich möchte mich erinnern) gibt PERLS nicht auf: ,,Was erfährst du jetzt?" (auf der gefühlsmässigen Ebene). Und darauf Russ: ,,Ah, ich bin irgendwie stumm." Dann folgt nach mehreren Zwischensätzen die Feststellung von PERLS, dass die beiden, Russ und Penny, verwirrt seien, weil sie sich nun in einer Sackgasse befinden würden und diese zu durchstossen hätten, ansonst sie stets beim Status quo des inneren Konfliktes bleiben würden. PERLS spürte also den Widerstand gegenüber der Problemlösung bei Russ und Penny und spornte zur Überwindung desselben an. Das Problem umschreibt er damit, dass die beiden ,,wirklich mit ihren Erwartungen fest zu hängen" scheinen. Es fragt sich nun noch, weshalb PERLS auf das Problem der Erwartungen hinwies. Entweder hat PERLS dies aus der obigen verbalen Interaktion der beiden Teilnehmer geschlossen, oder aus der Tatsache, dass Russ bei dem Gedichtvers nicht weiter wusste, der von ,,Erwartungen" handelte. Für einen psychoanalytisch denkenden Therapeuten (wie PERLS dies anfänglich war) ist dies jedenfalls kein reiner Zufall, sondern ein Hinweis auf eine verdrängte Konfliktproblematik.

Abschliessend sei zu dieser gestalttherapeutischen Episode bemerkt, dass die beiden Patienten zwar einen Anstoss erhielten, ihr Problem zu erkennen, dass es mit ihnen aber zumindest in dieser therapeutischen Sitzung nicht weiter durchgearbeitet wurde. Das bietet den Vorteil, dass Russ und Penny selbständig nach einer Lösung suchen müssen und damit in ihrer Selbständigkeit bezüglich Konfliktlösungen gefördert werden (dies wirkt erneut einer Regression entgegen). Anderseits bleibt die Frage offen, ob die beiden dazu wirklich fähig sein werden. Um dem Odium oberflächlichen therapeutischen Verhaltens in der Gestalttherapie zu entgehen, müsste mindestens in einer späteren Sitzung eine Rückfrage erfolgen, um abzuklären, ob den beiden ein selbständiges Durcharbeiten ohne weitere Unterstützung von Seiten des Therapeuten möglich war. Dies geschieht bei verantwortungsbewussten Gestalttherapeuten in der Regel auch.

Eine weitere klassische Technik der Gestalttherapie, mit Übertragungen umzugehen, ist die *Arbeit mit dem leeren Stuhl.* Ein Beispiel möge diese Technik verdeutlichen. Es ist kein blosser Zufall, wenn erneut ein Beispiel aus der Gruppentherapie angefügt wird: die Gruppe mit ihrer emotionalen Verstärkerwirkung (BATTEGAY, 1967 bzw. 1973) macht ausserhalb der klassischen analytischen Situation Übertragungsphänomene usw. besonders deutlich erleb- und demonstrierbar.

Karl (an die Gruppe): ,,Ich fühle mich immer so unwohl, wenn hier in der Gruppe so alles hinterfragt wird." Hilarion: ,,Ja vielleicht können Sie einmal in die Runde schauen, bei wem Sie dieses Gefühl besonders stark haben." Karl schaut sich um: ,,Bei Joseph, bei Annemarie und" (zum Therapeuten gewandt) ,,natürlich besonders bei Ihnen." Hilarion: ,,Nun, dann setzen Sie mal den Hilarion auf diesen leeren Stuhl und sagen ihm das direkt, was Sie ihm sagen möchten!" Karl: ,,Ich fühle mich immer so beobachtet, wenn Sie mich anschauen."

Hilarion: ,,Vielleicht können Sie ihm sagen, was das in Ihnen auslöst."
Karl: ,,Das macht mir Angst und ... das macht mich auch wütend."
Hilarion: ,,Können Sie ihm das direkt sagen?"
Karl (stockend): ,,Sie machen mich wütend!"
Hilarion: ,,Ich sehe Sie zögern ein bisschen. Stimmt Ihre Aussage?"
Karl: ,,Nicht so ganz. Ich spüre zwar die Angst und die Wut – das ist alles so verwirrt."
Hilarion: ,,Vielleicht kannst Du[2] mal schauen, woher Du diese Gefühle kennst. Wut, Angst und Verwirrtheit?"
Karl: ,,Ich weiss nicht, ich kenn das ... ich kenn das sogar ganz gut, immer wenn Sie mich anschauen ... dann ist es so ... (stockt) wie wenn meine Grossmutter mich anschaut."
Hilarion: ,,Was für eine Erinnerung kommt Dir jetzt auf?"
Karl: ,,Die Schularbeiten."
Hilarion: ,,Ja, geh mal an diese Erinnerungen heran."
Karl: ,,Ich sehe mich, wie ich dort in der Küche sitze, am Küchentisch, die Schulhefte liegen vor mir."
Hilarion: ,,Ja, beschreib mal was für eine Atmosphäre im Raum ist."
Karl: ,,Ich sitze da vor den Heften. Es ist alles unheimlich eng. Ich komme auch nicht weiter. Ich kapiere das alles gar nicht. Die Oma spült gerade, das Tellerklappern macht mich ganz verrückt. Sie guckt auch immer rüber, ob ich auch arbeite, und dann grinst sie auch noch. 'Na bist du immer noch nicht weiter, Karl? Weisst du, meine Geduld hat auch ihre Grenzen.' Und dabei guckt sie rüber zum Kochlöffel, dieses Miststück" (Karl beginnt zu zittern).
Hilarion: ,,Ja, was fühlst Du jetzt?"
Karl: ,,Das macht mich alles so verwirrt, wie die mich anguckt. Da komm' ich überhaupt nicht mehr weiter, und das weiss die, und das macht der Spass, der Alten." Karl beginnt stärker zu zittern, er ist zwischen Angst und Wut hin und hergerissen.
Hilarion: ,,Lass das Zittern ruhig zu." Die autonomen Körperreaktionen von Karl werden immer heftiger.

---

[2] Der Übergang zum ,,Du" ist Ausdruck des Übergangs von der funktional-sachlichen zur intersubjektiven Beziehung zwischen Therapeut und Patient und führt zu einer Intensivierung des Prozesses.

„Glotz mich nicht so an, Du Schlägerin, Du gottverdammte Hexe (stösst den leeren Stuhl heftig von sich und bricht in Weinen aus). Du hast mir meine Kindheit so kaputt gemacht, Du gottverdammte Hexe Du." Das Weinen wird heftiger, dauert noch eine Zeit lang an und ebbt dann langsam aus. Allmählich kommt Karl in die Gegenwart der Gruppe zurück.

Hilarion: „Ja vielleicht kannst Du einmal schauen, was in dieser Sitzung abgelaufen ist. Was waren für Dich die wichtigsten emotionalen Erfahrungen und was wird Dir dabei klar?"

Karl: „Das wichtigste für mich war, mal die Wut gegen die Alte herauslassen zu können, mal überhaupt Wut raus lassen zu können. Mit Aggressionen hab ich sowieso immer Schwierigkeiten. Das hätte ich mir damals mal wagen sollen, die hätte mich grün und blau geschlagen mit dem Kochlöffel."

Hilarion: „Was ist Dir noch deutlich geworden?"

Karl: „Irgendwie wirkt die Angst von damals immer noch fort. Ich fühle mich so oft bewertet, beobachtet und hab immer die Angst, es nie jemandem recht machen zu können."

Hilarion: „Vielleicht kannst Du jetzt mich einmal anschauen und spüren, wie es Dir dabei ergeht!"

Karl: „Sie schauen mich prüfend an, nicht unfreundlich, nicht drängend. Auf jeden Fall ganz anders als meine Grossmutter. Das, was geschehen ist, das hat mit Ihnen recht wenig zu tun."

Hilarion: „Vielleicht kannst Du Dir auch noch einmal die anderen Gruppenmitglieder ansehen, die Du vorhin genannt hast und schauen, wie es mit ihnen steht." —

In dieser gestalttherapeutischen Arbeit wurde über die Technik des leeren Stuhls die Übertragung auf den Therapeuten geklärt. Karl, der von seiner Grossmutter aufgezogen wurde, hatte durch ihre überstrenge, herrische Art kein selbstbehauptendes Verhalten aufbauen können, sondern fühlte sich von allen Seiten bedroht und missverstanden. Karl hat diese negative Erwartungshaltung auf andere Menschen übertragen und war dadurch in seiner Kommunikation sehr beeinträchtigt. Der Therapeut hat die Übertragungscharakteristik in den Äusserungen von Karl klar erkannt und ist deshalb in keine direkte Interaktion eingetreten, sondern hat die Übertragung auf den leeren Stuhl gelenkt und damit schon äusserlich verdeutlicht, dass er mit diesen Gefühlen nichts zu tun hat. Erst nachdem im Verlauf der Arbeit dem Klienten die übertragungsmässigen Seiten des Geschehens erlebbar geworden sind, tritt der Therapeut in der Abschlussphase der Gestaltsitzung wieder in direkte Kommunikation mit dem Klienten. Von unangemessenen Wünschen, Ängsten und Phantasien frei kann der Klient nun mit dem Therapeuten in eine intersubjektive Beziehung treten.

Die Übertragung wurde „substantiell" und die Regression auf eine kurze, aber erlebnisintensive Periode begrenzt. Es folgte unmittelbar darauf der Wiederaufbau und die Stabilisierung erwachsenen Verhaltens.

Bevor nun noch die Handhabung des Widerstands besprochen werden soll, wollen wir, um die Gestalttherapie besser gegenüber der Psychoanalyse abzugrenzen, kurz auf das Konzept des *Unbewussten* in der Gestalttherapie eingehen. Das Unbewusste wird von den Gestalttherapeuten abgelehnt, wenn es als ein von der Gesamtheit des Lebens und Erlebens losgelöster Bereich betrachtet wird, denn ein solches Konzept fragmentiere den Menschen in seiner Ganzheit (PERLS, 1969). Dies ist nicht gleichbedeutend mit einer Leugnung unbewusster Prozesse (WALTER, 1977). PERLS ist der Ansicht, dass störende unbewusste Prozesse darauf zurückzuführen sind, dass ein Mangel an

awareness (Aufmerksamkeit, Wahrnehmung) bestehe. Er sieht daher in der differenzierten awareness des Therapeuten ein wesentliches Instrument der Therapie. Die gemachten Wahrnehmungen versucht der Therapeut dann jeweils mit dem Klienten zusammen zu verifizieren, indem sie dem Klienten möglichst situativ oder auch verbal angeboten werden. Auch in der Psychoanalyse werden dem Patienten Deutungen meist zur Akzeptation oder Verwerfung angeboten.

Zwischen Gestalttherapie und Psychoanalyse gibt es auch Unterschiede in der Handhabung des *Widerstandes* des Patienten. Im Verlauf der psychoanalytischen Behandlung wird all jenes „Widerstand" genannt, was in den Handlungen und Worten des Analysierten sich dem Zugang zu seinem Unbewussten entgegenstellt und im weiteren Sinne auch die Oppositionshaltung gegen den Analytiker (LAPLANCHE und PONTALIS, 1973). Es sei hier vermerkt, dass etwa die Schule von MELANIE KLEIN (1932, 1952) bzw. deren Anhänger der Ansicht sind, viel wesentlicher als die *Analyse des Widerstandes* sei die *Deutung* der unbewussten Bedeutung der Übertragungsphänomene. In der klassischen psychoanalytischen Technik allerdings wird die Analyse des Widerstandes stärker betont: Sie soll den Fortgang der Vertiefung der psychoanalytischen Behandlung sichern.

In der Gestalttherapie soll der Widerstand nicht primär überwunden, sondern erlebbar und erfahrbar gemacht werden. Es soll Arbeit geleistet werden „vor dem" und auf der Seite des Widerstandes (PAIGES, 1975). Der Widerstand wird von Gestalttherapeuten als etwas gesehen, das einen Sinn hat, eine Schutzfunktion darstellt. So wird Widerstand insbesondere als Vermeiden von Kontakten aufgefasst, die mit schmerzlichen, bedrohlichen, unlustvollen Ereignissen, Erlebnissen und Gedanken verbunden sind. Um den Widerstand später zu beseitigen, wird der Patient angeregt, sich mit dem Widerstand zu identifizieren, mit ihm zu sprechen, zu dialogisieren.

Nach POLSTER E. und M. (1975) kann der Widerstand verschiedene Formen annehmen: Verbale, metaphorische oder verhaltensmässige. Er kann sich nach denselben Autoren ausdrücken durch Schweigen, Misstrauen, hochgezogene Schultern usw.

4. Die therapeutische Beziehung aus der Sicht der Pathogenese neurotischer Erkrankungen und der Zielsetzung in der Gestalttherapie

Der Neurosenbegriff hat sich in der Psychoanalyse gewandelt. FREUD unterschied 1924 Aktualneurosen von Neurosen, diese wiederum von narzisstischen Neurosen und von Psychosen. Grundsätzlich entspricht eine Neurose nach psychoanalytischer Auffassung einer psychogenen Affektion, deren Symptome der symbolische Ausdruck eines psychischen Konflikts sind, der seine Wurzeln in der Kindheitsgeschichte des Patienten hat, wobei die Symptome Kompromissbildungen zwischen dem Wunsch und der Abwehr darstellen. Der in nicht-psychoanalytischen Kreisen wohl bekannteste Abwehrmechanismus ist die Verdrängung. Psychoanalytiker, die die Lehre FREUDS weiterentwickelten, haben neben der ödipalen Problematik vermehrt auch andere Interaktionssituationen des Verhaltens- und Sozialbereichs in der Pathogenese neurotischer Erkrankungen hervorgehoben.

In gestalttherapeutischer Sicht ist der Mensch „ein Leib-Seele-Geist-Organismus in einem sozialen und physikalischen Umfeld" (PETZOLD, 1974). Die Eingebundenheit in ökologischen Gegebenheiten, im Lebensraum, die Verwurzeltheit in einem sozialen Umfeld gehören wesentlich zum Menschsein. Der Mensch ist nicht Mensch, ohne diese Welt und ohne seine Mitmenschen. Er ist auf beides *bezogen*. Dies ist das anthropologische Axiom, von dem in der Gestalttherapie ausgegangen wird. Der therapeutische Ansatz des Psychodramas von J. R. MORENO geht davon aus, dass pathologische Phänomene immer auf Störungen im sozialen Beziehungsgefühl zurückzuführen seien (LEUTZ, 1974, PETZOLD, 1977). MORENO legt die Entstehung von Störungen also in die soziale Aussenwelt.

PERLS greift mit seinem Konzept weiter aus. Er sieht pathologische Phänomene als eine Störung der *Beziehung* zu sich selbst, zu der Innenwelt, als Störung im Bereich der Beziehung zu anderen Menschen (soziale Aussenwelt) und als Störung in der Beziehung des Organismus zu seiner physikalischen Umwelt, dem ökologischen Lebensraum. Therapie muss deshalb bei einer *Restitution* der gestörten Beziehungsebenen ansetzen.

Sie darf sich darauf aber nicht beschränken, sondern es liegt in ihrer Zielsetzung, *über den reparativen Aspekt hinaus* vorhandene gesunde Beziehungen zu erhalten *(konservierender Aspekt)* und neue Beziehungsmöglichkeiten zu entfalten *(evolutorischer Aspekt).* Die therapeutische Situation muss deshalb einen Raum bereit stellen, in dem die Beziehungen zur Innenwelt, zum Mitmensch und zum Lebensraum bearbeitet werden können, und in dem die genannten Aspekte therapeutischen Vorgehens zum Tragen kommen können: Behebung und Minderung dieser Beziehungsstörungen, Erhaltung und Stabilisierung vorhandener Fähigkeiten sowie Entwicklung und Entfaltung von Potentialen.

Um überhaupt in Beziehung treten zu können, *muss der Mensch für sich selbst Ausgangs- und Bezugspunkt sein.* Er muss sich als *Subjekt* erfahren, um seinen Standort gegenüber den Dingen in der Welt der Objekte, der physikalischen Welt und den Personen in der Welt der Subjekte – der sozialen Welt – zu finden. *Die Grundlage jeder Subjekterfahrung bildet nach gestalttherapeutischer Auffassung der menschliche Körper.* Mit ihm nehmen wir wahr und handeln wir, können wir Beziehungen aufnehmen. Die Gestalttherapie geht deshalb wie die Mehrzahl der körperorientierten Therapieformen (vgl. MAURER, 1975a/1976b) von der Maxime aus, dass der Mensch der jeweilige Körper *ist* (WILHELM REICH, ALEXANDER LOWEN, KARLFRIED GRAF

DÜRCKHEIM). Der Leib hat in dieser Sicht Subjektcharakter. Er ist nicht etwas, was wir haben, über das wir verfügen, zu dem wir in einer Objektbeziehung stehen, sondern er ist ein Ausdruck dessen, was wir sind (MERLEAU-PONTY 1966).

Man kann nicht darüber hinwegsehen, dass in der psychoanalytischen Literatur die Zielsetzung der Psychoanalyse einen etwas weniger weit gespannten Bogen zeigt, als die Gestalttherapie. Welche Schule ihre Ziele besser erreicht, bleibe hier dahingestellt. Das letzte Ziel der Psychoanalyse ist nach GREENSON (1973) die Vergrösserung der relativen Ich-Stärke des Patienten in bezug auf das Über-Ich, das Es und die Aussenwelt. Bei der Zielsetzung der Psychoanalyse ist ferner charakteristisch, dass die Synthese, die der Analyse folgt, nicht aktiv vom Therapeuten angestrebt wird. FREUD diskutierte diesen Punkt selbst (1918): „Aus diesem berechtigten Vergleich der ärztlichen psychoanalytischen Tätigkeit mit einer chemischen Arbeit könnte sich nun eine Anregung zu einer neuen Richtung unserer Therapie ergeben (...). Wir haben gehört: Nach der Analyse des kranken Seelenlebens muss die Synthese desselben folgen! Und bald hat sich daran auch die Besorgnis geknüpft, man könnte zuviel Analyse und zuwenig Synthese geben, und das Bestreben, das Hauptgewicht der psychotherapeutischen Einwirkung auf diese Synthese, eine Art Wiederherstellung des gleichsam durch die Vivisektion Zerstörten, zu verlegen. (...) Der Vergleich mit der chemischen Analyse findet seine Begrenzung darin, dass wir es im Seelenleben mit Strebungen zu tun haben, die einem Zwang zur Vereinheitlichung und Zusammenfassung unterliegen. Ist es uns gelungen, ein Symptom zu zersetzen, eine Triebregung aus einem Zusammenhang zu befreien, so bleibt sie nicht isoliert, sondern tritt sofort in einen neuen ein. (...) So vollzieht sich bei dem analytisch Behandelten die Psychosynthese ohne unser Eingreifen, automatisch und unausweichlich."

So einfach macht es sich die heutige Psychoanalytikergeneration in der Regel nicht. Wenn die aus GREENSON (1973) oben zitierte therapeutische Zielsetzung verwirklicht werden soll, der Patient also nicht nur eine relative, d.h. auf das Es und das Über-Ich bezogene, sondern auch eine absolute, d.h. auf die Aussenwelt bezogene Förderung der Ich-Stärke entwickeln soll, muss die gesamte reale Aussenwelt, in der sich der Patient befindet, und das soziale Feld, das er potentiell betreten möchte und könnte, mit nahendem Therapieende zunehmend mitanalysiert und dessen reale Gesetzmässigkeiten so weit als möglich erörtert und durchleuchtet werden.

Der Patient muss am Ende der Therapie, handle es sich nun um eine Gestalttherapie oder um eine Psychoanalyse im klassischen Sinne, Verständnis für sich selbst, die ihn umgebenden Menschen und den Lauf der sozialen Umwelt gewonnen haben. Er selbst und die Welt müssen ihm gewissermassen zum durchsichtigen Kristall geworden sein als Grundlage für ein realitätsangepasstes, adäquates (d.h. seinen Fähigkeiten und Potentialen entsprechendes) Verhalten. Gerade diese Forderung hilft auch, die eingangs erwähnte

Problematik in der therapeutischen Beziehung (insbesondere in längerdauernden Behandlungen) zu lösen.

Der Patient erhält in der geschilderten Weise mit nahendem Therapieende den Blick auf die Aussenwelt wieder vermehrt frei, löst sich in einem organischen Wachstumsprozess vom Therapeuten, der mitten in der Behandlung für ihn ein Stück Welt geworden ist. Letzterer, der Therapeut, muss in diesem Sinne ab- und ersterer, der Patient, zunehmen.

Zusammenfassung

Es wird das therapeutische Beziehungskonzept der Gestalttherapie dargelegt unter Berücksichtigung des anthropologischen, existenzphilosophischen Hintergrundes und der wichtigsten Schulrichtungen der Gestalttherapie. In wesentlichen Punkten wird vergleichend auf das psychoanalytische Beziehungskonzept hingewiesen und eine Abgrenzung vorgenommen.

Literatur

BATTEGAY, R.: Der Mensch in der Gruppe. Bd. I. Huber, Bern/Stuttgart/Wien 1967 (1. Aufl.), bzw. 1973 (4. erg. Aufl.).
BECKMANN, D.: Der Analytiker und sein Patient (Untersuchungen zur Übertragung und Gegenübertragung). Huber, Bern/Stuttgart/Wien 1974.
BERGER, M. M.: „Zu diesem Buch" in: Polster, E., Polster, M.: Gestalttherapie (Theorie und Praxis der integrativen Gestalttherapie). Kindler, München 1975.
BESEMS, T.: Überlegungen zu intersubjektivem Unterricht, in: Petzold, H., Brown, I. G.: Gestaltpädagogik, Lebendiges Lernen. Pfeiffer, München 1977.
BOSS, M.: Psychoanalyse und Daseinsanalytik. Huber, Bern/Stuttgart/Wien 1957.
BUBER, M.: Ich und Du (1927), bzw. Schneider Verlag, Heidelberg 1974.
BUGENTHAL, J. F. T.: Challenges of Humanistic Psychology. McGraw-Hill, New York 1967.
COHN, RUTH: Von der Psychoanalyse zur themenzentrierten Interaktion. Klett, Stuttgart 1975.
FREUD, S.: Studien über Hysterie G. W. Bd. I. Imago, London 1895.
– Bruchstücke einer Hysterieanalyse. G. W. V. Imago, London 1905.
– Neurose und Psychose. G. W. XIII (390). Imago, London 1924.
– Wege der psychoanalytischen Therapie. G. W. XII. Imago, London 1918.
GREENSON, R.: Technik und Praxis der Psychoanalyse. Klett, Stuttgart 1973.
GROELI, Y. A.: 9. Int. Kongress für Psychotherapie (Oslo). Schweiz. Ärztezeitung *35*, 1193–1195, 1973.
HAIGH, G. V.: Psychotherapy as interpersonal encounter, in: Bugenthal, J. F. T.: Challenges of Humanistic Psychology. McGraw-Hill, New York 1967.
HATCHER, C., HIMMELSTEIN, PH.: Handbook of Gestalt Therapy. Aronson, New York 1976.
HEIDEGGER, M.: Sein und Zeit. 8. Aufl. Niemeyer, Tübingen 1957.
JOUARD, S.: Disclosing man to himself. Van Nostrand, Princeton/New Jersey 1968.
KEMPLER, W.: Gestalt-Familientherapie. Klett, Stuttgart 1975.

KLEIN, M.: The Psycho-Analysis of Children. Hogarth Press, London 1932.
KLEIN, M., HEIMANN, P., ISAACS, S., RIVIERE, J.: Developments in Psycho-Analysis. Hogarth Press, London 1952.
KOGAN, G.: The history of philosophy and practice of Gestalt Therapy: theory of human conduct in Frederic Perls Psychology. Dr. Diss. University of California, Berkeley, 1973. Arbor Michigan University Microfilms 1974, No. 74–1239.
– The Genesis of Gestalt Therapy, in: Hatcher, C., Himmelstein, Ph.: Handbook of Gestalt Therapy. Aronson, New York 1976.
LAPLANCHE, J., PONTALIS, J.-B.: Das Vokabular der Psychoanalyse. Suhrkamp, 1. Aufl. 1973 (Bd. 1 und 2).
LEUTZ, G. A.: Psychodrama. Theorie und Praxis. Bd. I. Springer, Berlin/Heidelberg 1974.
LEVIN, L. S., SHEPHERD, I. L.: The Role of the Therapist in Gestalt Therapy, Counseling Psychologist 4, 27–30, 1974.
MARCEL, G.: Sein und Haben. Schöningh, Paderborn 1968 (2. Aufl.). (Franz. Etre et Avoir, 1935.)
– Die Menschenwürde und ihr existenzieller Grund. Knecht, Frankfurt 1965.
MASLOW, A. H.: Isomorphic interrelationships between knower and known. In: Matson, F. W., Montagu, A.: The human dialogue. Free Press, New York 1967.
MAURER, Y. A.: Gruppentherapie mit Schizophrenen. (Zur Einführung und Begründung der körperzentrierten Gruppenpsychotherapie mit schizophren Kranken.) Schweiz. Arch. f. Neur., Neurochir. und Psychiatrie 117/2, 309–324, 1975a.
– Die Haut als Medium in der Therapie depressiv und schizophren Kranker. (Physiologische Aspekte, klin.-exp. Befunde, psychodynamische Überlegungen). Psychosomat. Medizin 6, 67–78, 1975b.
– Der psychotherapeutische Prozess. Schweiz. Ärztezeitung 36, 1235–1236, 1976a.
– Körperzentrierte Gruppenpsychotherapie bei akut schizophren Erkrankten. (Eine Untersuchung mittels Ich-Funktionen Rating nach Bellak et al., 1973.) Arch. Psychiat. Nervenkr. 221, 259–271, 1976b.
– Körperzentrierte Psychotherapie. (Therapeutisches Grundprinzip.) Schweiz. Z. f. Sportmedizin 2, 131–142, 1976c.
MAY, R., VAN KAAM, A.: Existential theory and therapy. In: Masserman, J. H. (Hrsg.): Current psychiatric therapies, Bd. III. Grune and Stratton, New York 1963.
MERLEAU-PONTY, M.: Phänomenologie der Wahrnehmung, W. de Gruyter, Berlin 1966.
MORENO, J. L.: Das Stegreiftheater. Kiepenheuer, Potsdam 1924.
MOWRER, O. H.: The new group therapy, Van Nostrand, Princeton/New Jersey 1964.
PAIGES, P.: Gestalttherapie mit Alkoholikern. Integrative Therapie 1, 3–13, 1975.
PERLS, F. S.: Ego, hunger and aggression. (The Gestalt Therapy of sensory awakening through spontaneous personal encounter, fantasy and contemplation.) Random House, Inc. New York 1969. (Allen & Unwin Ltd., London 1947.)
PERLS, F. S., HEFERLINE, R., GOODMAN, P.: Gestalt Therapy. Julian Press Inc., New York 1951. Dtsch. bei Klett, Stuttgart 1978.
PERLS, F. S.: Gestalttherapie und Kybernetik. Integrative Therapie 1, 24–34, 1975.
– Grundlagen der Gestalt-Therapie (Einführung und Sitzungsprotokolle). Pfeiffer, München 1976.
PERLS, LAURA: One Gestalt Therapist's Approach. In: Fagan, J., Shepherd, I. L.: Gestalt Therapy Now. Science and Behavior Book, Palo Alto 1970.
PETZOLD, H. G.: Gestalttherapie in der Arbeit mit Elterngruppen. In: Petzold, H.: Kreativität und Konflikte. Junfermann, Paderborn 1973.
– Gestalttherapie und Psychodrama. Nicol, Kassel 1973.
– Thérapie du mouvement, training rélaxatif, thymopratique et éducation corporelle comme intégration. Paris 1970 mimeogr.

- Thymopraktik als körperbezogene Arbeit in der integrativen Therapie. In: Integrative Therapie *2/3*, 115–145, 1975.
- Integrative Bewegungstherapie mit psychiatrischen Patienten. In: Petzold, H.: Die neuen Körpertherapien. Jungfermann, Paderborn 1977.
- Integrative Bewegungstherapie und -pädagogik. Lustrum Symposium interfakulteit lichnamelijke oproeding vrij Universiteit, Amsterdam 1977.
- Das Psychodrama als Methode der klinischen Psychotherapie. In: Handbuch der Psychologie, Bd. 8b. Hogrefe, Göttingen 1977.

POLSTER, E., POLSTER, M.: Gestalttherapie (Theorie und Praxis der integrativen Gestalttherapie). Kindler, München 1975.

ROGERS, C. A.: The process of the basic encounter group. In: Bugenthal, J. F. T. (Hrsg.): Challenges of humanistic Psychology. McGraw-Hill, New York 1967.

SHAPIRO, S. B.: Myself as an instrument. In: Bugenthal, J. F. T.: Challenges of Humanistic Psychology. McGraw-Hill, New York 1967.

SHEPARD, M.: Fritz. An intimate Portrait of Fritz Perls and Gestalt Therapy. Dutton, New York 1975.

SIMKIN, J.: Minilectures in Gestalt Therapy. Celestial Arts, Millbrae (CA) 1976.

SMITH, E.: The growing edge of Gestalt Therapy. Brunner and Mazel, New York 1976.

STAEHELIN, B.: Haben und Sein. Ex Libris, Zürich 1969.

SULLIVAN, H. S.: The Interpersonal Theory of Psychiatry. Norton Co., New York 1953.

TRÜB, H.: Heilung aus der Begegnung. Klett, Stuttgart 1949.

VÖÖBUS, K. V.: Gegen die Psychotechniker oder ein Plädoyer für die Gestaltanalyse als Einzeltherapie. Integrative Therapie *2/3*, 102–109, 1975.

WALTER, H. J.: Gestalttherapie: ein psychoanalytischer und gestalttheoretischer Ansatz. Gruppendynamik *1*, 3–27, 1977.
- Die Gestalttheorie als wissenschaftliche Grundlage psychotherapeutischer Praxis und ihre Beziehung zu psychotherapeutischen Ansätzen der Gegenwart. Diss., Technische Hochschule Darmstadt 1977.

Adresse der Autoren:

Dr. med. Yvonne A. Maurer, Oberärztin
Psychiatrische Klinik Kilchberg
8802 Kilchberg bei Zürich

Prof. Dr. phil. Dr. theol. Hilarion G. Petzold
Fritz Perls Institut für Integrative Therapie, Gestalttherapie und Kreativitätsforschung
Brehmstr. 9
D–4000 Düsseldorf 1

Die therapeutische Beziehung in der Gruppenpsychotherapie

Von RAYMOND BATTEGAY

Multiple und multidimensionale Beziehungen

In der Gruppenpsychotherapie mit ihren mehreren therapeutisch Miterfassten und mit einem bis zwei Leitern (Moderatoren, Fazilitatoren) kann nicht von *der* therapeutischen Beziehung gesprochen werden. Alle gleichzeitig in der Gruppe ablaufenden Interaktionen bilden zu einer bestimmten Zeit die therapeutischen Beziehungen. Wir könnten also von einem therapeutischen *Beziehungssystem* reden. SLAVSON hat schon darauf aufmerksam gemacht, dass von einem Individuum zu verschiedenen anderen Mitgliedern multiple Übertragungen gleichzeitig vor sich gehen können. Andere Mitglieder können wiederum, auf einer anderen Ebene, in andere Übertragungsrelationen mit einbezogen sein. SLAVSON sprach deshalb auch von multidimensionalen Übertragungen in der Gruppe. Die Gruppenbeziehungen gehen indes nicht nur aus Übertragungseinstellungen hervor. Das Hic et Nunc des Gruppengeschehens führt auch zu Interaktionen zwischen den Mitgliedern, die nicht in der Vergangenheit ihren Hauptursprung haben, sondern in der Aktualität der vielseitigen und vielschichtigen Gruppenrelationen. Der Arzt oder der Psychologe, der die Gruppe leitet, ist selbst eingespannt in deren Kommunikationssystem.

Explorative Kontaktnahme

Nur in den Anfangsstadien einer Gruppenbehandlung, in der die einzelnen sich vorsichtig gegenseitig abtasten, ist in der Regel der Therapeut das Gruppenmitglied, das am meisten aus den anderen hervorragt und am häufigsten angesprochen wird. In dieser *ersten Phase des explorativen Kontaktes* gehen die Beziehungen in der therapeutischen Gruppe noch vorwiegend radiär auf den oder die beiden Therapeuten, da sie den Mitgliedern am ehesten vertraut sind. Versuche der Kontaktaufnahme zwischen den verschiedenen Gruppenmitgliedern finden statt, doch tritt immer wieder der Therapeut in den Mittelpunkt. – Erkennen die Beteiligten, wie schwer es ihnen fällt, einen wechselseitigen Rapport aufzunehmen, so verfallen sie in der Regel in eine Regression. Sie erwarten in dieser *regressiven Phase (zweites Stadium),* vom Leiter ein Thema gestellt zu erhalten, von ihm beachtet, mit Bemerkungen oder gar mit einem Vortrag „gefüttert" zu werden.

In einer analytischen Selbsterfahrungsgruppe von Ärzten, die aus verschiedenen Ländern stammten, und die vierteljährlich an Wochenenden für je 10 Sitzungen von 1½ Stunden Dauer zusammenkamen, zeichnete sich ebenfalls diese initiale Angst ab. Ein Kollege schlug zum Beispiel vor, dass man sich gegenseitig vorstellen solle, um den Kontakt zu erleichtern. Nachdem dann eine längere Pause entstanden war, sagte ein anderer Kollege, dass es ein Ablenkungsmanöver sei, wenn man solche Regeln befolge. Nach einer weiteren Schweigepause wurde allgemein registriert, dass der Therapeut still dasitze. Es zeigte sich, dass die Beteiligten es gerne gehabt hätten, wenn er ihnen ein Thema gegeben hätte. Ein Kollege wollte eine Kollegin dazu bringen zu sagen, wie sie ihn erlebe, wobei sie ihn zurückfragte, in welche Rolle er sie mit seiner Frage dränge. Hierauf wurde ein Kollege attackiert, nachdem er erklärt hatte, dass er keine Probleme habe. Am Ende der Gruppensitzung fragte ein Beteiligter den Leiter, ob er denn gar nichts zu sagen habe.

Wie dieser kurze Ausschnitt über die erste Sitzung dieser analytischen Selbsterfahrungsgruppe zeigt, versuchten die Mitglieder dieser Gruppe mühsam, gegenseitig in Kontakt zu gelangen. Dabei wollten gewisse Beteiligte andere zur Preisgabe ihrer Probleme veranlassen, ohne selbst bereit zu sein, über eigene Konflikte zu sprechen. Es war offensichtlich, dass die Mitglieder einerseits die gegenseitige Kommunikation wünschten, andererseits aber sich vor der gegenseitigen Nähe ängstigsten. Es machten sich in dieser Gruppensitzung auch aggressive Tendenzen bemerkbar, als registriert wurde, dass der Therapeut still dasitze, bzw. als gesagt wurde, ob denn der Leiter gar nichts zu sagen habe.

In einer anderen, regelmässig allwöchentlich für 1½ Stunden zusammentretenden analytischen Selbsterfahrungsgruppe, zusammengesetzt aus anfänglich 8 Ärzten und Psychologen, liess sich Ähnliches erkennen. Auf der einen Seite wurde versucht, eine Verbindung nicht nur radiär mit dem Leiter, sondern vor allem auch mit den Gruppenkollegen, sozusagen zirkulär, aufzunehmen. Auf der anderen Seite, als dieses Vorhaben nicht sogleich gelang, wurde wieder probiert, den Leiter zu einer aktiveren Haltung zu bewegen.

Zuerst schwieg die Gruppe. Ein erfahrener Arzt, der schon eine – individuelle – Psychoanalyse hinter sich hatte, unterbrach das lange Schweigen und sagte: „In diesem Moment des Schweigens habe ich gedacht: wie kann dieser Moment in Kommunikation aufgelöst werden." Ein Kollege antwortete ihm: „Wir brauchen ein initiales Thema." Ein Dritter sagte: „Wir sollten uns noch kennenlernen." Ein vierter Arzt: „Wer war schon in einer Gruppe?" Fünfter Arzt: „Mir scheint es ganz interessant, die Namen der Beteiligten noch nicht zu kennen." Psychologin: „Mich würde es aus Neugier interessieren, was die anderen beruflich machen." Vierter Arzt: „Dann fange doch an." Der Erfahrene: „Dann müssen wir doch alle weiterfahren, wir fragen das (den Namen) und möchten etwas anderes wissen." Zweiter Arzt: „Mich hätte es interessiert, warum die Anwesenden in die Gruppe kamen." Vierter Arzt: „Ich möchte vom Leiter etwas profitieren, man sollte von allen psychiatrischen Methoden etwas wissen, wie ein Neurologe das EEG kennt. Ich hatte Angst, als uns der Leiter allein sitzen liess, ich fühle mich unsicher". Erste Ärztin: „Aus Verlegenheit hat man etwas gesagt." Vierter Arzt: „Ich möchte nicht, dass die Spannung durch Vorstellen unterbrochen wird." Der Erfahrene: „Ich habe feuchte Hände." Fünfter Arzt: „Die meisten wollen Leistung und würden es vielleicht bedauern, dass die Zeit vorbeiginge." An den Leiter gerichtet: „Wie verhalten sich Patienten?" Leiter: „Was bedeutet Ihre Frage?" Der Erfahrene: „Ungewissheit, wie lange die Gruppe dauert, und wie mich der oder die ansprechen wird – habe nasse Hände." Vierter Arzt: „Wir erwarten nichts vom Leiter." Fünfter Arzt: „Eine Entwicklung, die ich mit 14–15 Jahren hätte machen sollen, möchte ich hier vielleicht noch nachholen, ist das für Sie (Frage an die Psychologin gerichtet) auch der Fall? Was geht in der Gruppe vor sich?" Der Erfahrene: „Wir suchen nach dem Gemeinsamen der Motivation."

Regression

Die Mitglieder beginnen, die Verantwortung, die sie für das Gruppengeschehen hätten, zu erkennen und wehren sie ab. Es ist daher kein Zufall, dass die Mitglieder, denen es meist nicht sogleich gelingt, in Kommunikation mit den anderen zu treten, weil sie sich vor der gegenseitigen Nähe ängstigen, regressive Tendenzen an den Tag legen. Sie sind damit in das – bereits erwähnte – *Stadium der Regression* eingetreten. Orale Tendenzen und Erwartungen sowie narzisstische Fusionswünsche (KOHUT) werden während dieser Phase aktiviert. Sie richten immer wieder das Wort an den Leiter, dringen auf ihn ein, möchten von ihm etwas erhalten, aber nicht nur, um ernährt zu werden, sondern auch um das Objekt introjizieren, „einverleiben" zu können.

Gelingt es den Gruppenmitgliedern nicht, den Therapeuten aus seiner Reserve herauszulocken, fühlen sie sich frustriert. Sie werden gegen ihn aggressiv, und ihre aggressive Stimmung bedingt es, dass häufig spitze Bemerkungen vorerst gegen ihn, später oft auch gegen andere Menschen und Institutionen hochkommen.

So sagte beispielsweise in der 13. Stunde der bereits erwähnten, allwöchentlich zusammentretenden, Ärzte- und Psychologengruppe ein Arzt: „Wir machen es dem Leiter schon leicht. Was hatten Sie (zum Leiter) für Einfälle nach der Stunde?" Eine Ärztin sagte hierauf: „Ich würde mich beispielsweise nicht getrauen, den Leiter jetzt zu bitten, nicht zu rauchen." Der gleiche Arzt: „Mir tun die Damen in der Gruppe leid. Der eine Arzt ist – nach der Ansicht des Leiters – neurotisch, der andere rivalisiert, der dritte ist ein liebes Kind, der vierte ist verängstigt. Ich habe es empfunden, dass der Leiter sich in seinen Bemerkungen offenbar auf die Männer spezialisiert hat." In der 20. Sitzung sagte ein anderer Arzt: „Ich würde lieber einen potenten Therapeuten haben." Weiterer Arzt: „Mir ist es wurst, ob der Leiter da ist." Ärztin: „Der Therapeut wird zeitweilig zum Kind der Gruppe." Arzt: „Letztes Mal hat ein Mitglied die Gruppenleiterfunktion übernommen. Willst Du (an dieses Mitglied gerichtet) uns prüfen, ob Du durch die Gruppe erkannt wirst?" Dieses Mitglied: „Wenn Du (zum anderen Arzt) jemanden klein machst (den Leiter), dann müsstest Du Dich ja noch kleiner machen, wenn Du zu ihm in Supervision gehst. Mein Vater hatte, als ich fünf Jahre alt war (er war 50 Jahre alt), einen Unfall. Er machte seither einen sozialen Abstieg durch. Ich sehe ihn mein Leben lang, wie er gebrechlich ist. Des Vaters wegen habe ich mich immer geschämt. Der Vater war alkoholisiert mit einer Freundin im Auto einen Abhang hinuntergestürzt. Die Mutter ist doch bei ihm geblieben."

Es zeigt sich also, dass die Gruppenmitglieder in ihrer Regression allmählich Übertragungen auf den Leiter zu entwickeln beginnen. Ein derartiges Übertragungsphänomen liess sich beim Erfahrenen erkennen, als er von seinem Vater sprach, der einen Abstieg durchgemacht habe. Er erwähnte den Vater gerade in dem Moment, in dem der Leiter von einem anderen Mitglied „klein gemacht" wurde. Es schwangen aber auch aggressive Regungen gegen den Leiter wie auch zwischen den Gruppenmitgliedern mit.

Katharsis

Nach der Phase, in der regressive Strebungen dominieren, beobachten wir in therapeutischen Gruppen beinahe regelmässig ein *Stadium der Katharsis,* in dem bisher hintangehaltene Affekte hochkommen.

In diesem kathartischen Stadium kam es beispielsweise zu folgender Gesprächsepisode der erwähnten Gruppe: Vierter Arzt (zum Erfahrenen): „Mich stört Ihr ungebrochenes Selbstbewusstsein!" Der Erfahrene: „Der Vorwurf trifft mich keineswegs!" Erste Ärztin: „Es hemmt mich, etwa zu erzählen, dass ich Angst habe. Vor allem fürchte ich mich, eine Diagnose angehängt zu erhalten." Erste Ärztin: „Das Spiel mit dem Erfahrenen und dem vierten Arzt wiederholt sich immer. Hat es einen Sinn, wenn die Gruppe weitergeht, wenn solche Widerstände da sind?" Zweite Ärztin: „Dass der dritte Arzt seine Beine auf den Stuhl stellt, stört mich." Dritter Arzt: „Der zweite Arzt unterbricht immer wieder." Zweiter Arzt: „Ich habe Mühe, Partei zu nehmen." Vierter Arzt: „Ich kann mich nicht für eine Partei entscheiden." Zweite Ärztin: „Ich finde es fast besser, dass man das Gespräch abwürgt, ich war gegen den Erfahrenen, besonders als er einmal die Psychiatrie angriff, es machte mir Angst." Dritter Arzt: „Ich habe es eigentlich genossen, dass es dem vierten Arzt einmal gesagt wurde." Erster Arzt: „Ich war etwas überrascht, dass der Erfahrene aggressiv wurde, und ich erlebte es nicht als angenehm."

In diesem referierten Abschnitt des Gruppengeschehens war beinahe jedes Mitglied gegen jedes andere aggressiv, weil sie sich alle in ihren unbewussten Erwartungen frustriert fühlten. Sie hatten versucht, sich gegenseitig vorzuschieben, ohne dass es ihnen jedoch geglückt war, die anderen zu wesentlichen Aussagen zu veranlassen. Sogar Kollegen, die aus der Reserve hervorgetreten waren, versuchten, wieder in die Anonymität zu versinken, nachdem sie erkannt hatten, dass sie alleine vorgeprellt und so keiner Solidarität durch die anderen teilhaftig geworden waren. In diesem Stadium der Katharsis kann es aber auch vorkommen, dass die Beteiligten sich wechselseitig daran hindern, tiefere emotionale Probleme zu erwähnen.

So kam es beispielsweise zu folgender Episode in der 19. Stunde der erwähnten Gruppe: Vierter Arzt: „Wenn Sie Probleme haben hier in der Gruppe, dann gehen Sie weg nach Zürich! — Warum kommen Sie in die Gruppe, statt ihre Probleme alleine an ihrem Wohnort zu lösen? ..." Der sechste Arzt: „Wollen Sie von mir eine Story? Ich bin in einem Pfarrhaus aufgewachsen zusammen mit meinem Bruder. Ich erinnere mich, dass ich als klein einmal auf den Stuhl stieg und hoffte, dass der Heilige Geist mir das

Sprechen eingebe. Auf dem Stuhl aber sagte ich ‚es kommt nicht'. Der Bruder ist nun Dozent."

Einsicht

Trotz der Abwehr tieferen emotionalen Ergriffenwerdens durch den Versuch der Konfliktprojektion auf den Leiter, die übrigen Gruppenmitglieder oder andere Menschen ihres Lebenskreises, beginnen sich im Prozess der Katharsis alte emotionale Konflikte zu bewegen und zu zeigen. Den Beteiligten gelingt es dann allmählich, sich vom Leiter zu lösen und ihre eigenen, mehr oder weniger unbewussten Konflikte als solche zu erkennen.

In der 48. Sitzung der erwähnten Gruppe sagte der Erfahrene: „Ich fühle mich gegenüber vor einem Jahr verunsichert. Das ist ein Produkt der Gruppe. Ich schlafe auch schlechter. Ich ginge besser in eine Patientengruppe, ich habe eigentlich zur Zeit eine Abscheu in der Praxis vor der Psychotherapie." Psychologin: „Ich war drei Wochen in den Ferien bei meiner Mutter. Mir wurde dort vieles klarer. Im Elternhaus musste alles harmonisch scheinen, auch wenn ich andere Bedürfnisse hatte. Vielleicht war es am Anfang auch so in der Gruppe. Diese Ferien hatte ich harte Auseinandersetzungen zu Hause. Es gelingt mir auch in meiner eigenen Familie je länger je weniger, autoritär zu sein." Vierte, ältere Ärztin: „Bei mir ist es viel nebuloser, was sich geändert hat." Sechster Arzt: „Ich vermisse eine Änderung. Es hat sich bei mir noch nichts abgespielt." Erster Arzt: „Es geht doch etwas vor sich." Fünfter Arzt: „Gestern beim Telefonieren mit der Mutter war es mir klar, wieviel sie diktieren will. Ich konnte aber am Telefon mit ihr erstmalig ruhig bleiben."

Es zeigt sich in diesem Abschnitt des zitierten Gruppengesprächs, dass die Mitglieder Einsicht in alte Fixierungen und Erwartungen zu entwickeln beginnen. Sie sind damit in ein neues Stadium, jenes der *Einsichtnahme* eingetreten. Sie fangen an zu erkennen, dass sie dazu tendieren, individuell erlebte Kollektivsituationen der Vergangenheit, meist des frühen Familienlebens, in der neuen Gruppensituation — anachronistisch — wieder zu erleben.

So wurde in einer fraktioniert, alle drei Monate für 10 Sitzungen à $1\frac{1}{2}$ Stunden an einem Wochenende zusammentretenden analytischen Selbsterfahrungsgruppe von Ärzten, in die auch eine Psychologin einbezogen wurde, ein erfolgreicher Arzt gegen eine ältere Beteiligte aggressiv, weil er an ihr Züge seiner Schwiegermutter erkannte, mit der er zusammenleben musste. Nach zahlreichen Sitzungen, in denen er immer wieder diese „Schwiegermutterübertragung" empfunden und geäussert hatte, gelang es ihm erst, die Verkennung als solche wahrzunehmen und, mit Hilfe der Gruppe, seine Konflikthaftigkeit mit der Schwiegermutter so durchzuarbeiten, dass er, der grösstenteils mutterlos aufgewachsen war, das Problem hauptsächlich bei sich erkannte und wenigstens sein Leben neben ihr, zusammen mit seiner Frau und seinen Kindern, gestalten konnte. Einer mit an dieser Gruppe beteiligten Dame in mittleren Jahren kam das Erleben mit ihrem geschiedenen, im Übermass dem Alkohol zusprechenden Mann, der naturgemäss nicht immer die richtigen Worte für sie gefunden hatte, in Erinnerung, als ein Kollege in der Gruppe sich nicht mit dem Feingefühl verhielt, das sie von ihm erwartet hatte. Sie vermochte erst nach einigen Sitzungen zu erkennen, wie sie dieses männliche Mitglied mit jenem Masse musterte, das im Grunde nicht ihm, sondern ihrem Manne galt.

In einer an einem internationalen Kongress ad hoc zusammengestellten Selbsterfahrungsgruppe, die nur für 4 Sitzungen à 1½ Stunden zusammenkam, reagierte ein etwa 60jähriger koreanischer Kollege plötzlich ängstlich. Im weiteren Gruppenverlauf stellte sich heraus, dass dieser Arzt in japanischer Kriegsgefangenschaft gewesen war und alle Ansammlungen von mehreren Personen mit der Zeit assoziierte, in der er auf engem Raum mit anderen Menschen zusammengepfercht in japanischer Kriegsgefangenschaft weilte. Er sprach davon, dass er seither immer solche kollektiven Situationen gemieden habe, wobei er nie gewusst habe weshalb. Jetzt sei es ihm erstmalig klar geworden, unter welchen Ängsten er lebe.

In einer anderen solchen Gruppe, die in Schweden an einer Tagung ebenfalls für 4 Sitzungen, diesmal à 2 Stunden, zusammenkam, begann ein Kollege von etwa 50 Jahren plötzlich zu schreien: „Ich bin schizophren." Als keiner der anwesenden Ärzte darauf reagierte, wiederholte er seine Aussage. Ein anderer, älterer Arzt sagte hierauf, dass er wohl dieses Verhalten immer an den Tag lege, wenn er ungenügend beachtet werde. Der ersterwähnte Kollege gestand hierauf, dass er tatsächlich zu Hause stets diese Hilflosigkeit an den Tag lege und dann erwarte, dass sich seine Frau und sein 12jähriger Sohn seiner annehmen. Eine Kollegin, die einzige Ärztin, etwa 30jährig, die an der Gruppe mitwirkte, begann dann zu weinen. Sie erklärte, dass in ihrer Kindheit ihr Vater wirklich schizophren, und sie deshalb früh überfordert gewesen sei. Auch in dieser Gruppe erlebe sie diese Überforderung, da der Kollege so geschrien habe, und alle Männer der Gruppe erwartungsvoll auf sie geblickt hätten. In der 3. Sitzung kam ein älterer Kollege und berichtete über folgenden Traum: „Ich sah auf einem Gemälde König Gustav V. Nach einer Weile wurde auf dem Bild König Gustav VI. Adolf ersichtlich" (zu Lebzeiten des König Gustav VI. Adolf geträumt). In den Einfällen kam dem Kollegen in den Sinn, dass er in dieser Gruppe für den Leiter plötzlich Gefühle entwickelt, wie er sie früher für den Vater empfunden habe. Vor vielen Jahren habe er seinen Vater durch den Tod verloren. Er habe ihn plötzlich wegen akuter Magen-Darm-Beschwerden in ein Spital begleiten müssen. Dort habe er warten wollen, um zu sehen, was mit dem Vater geschehe. Der diensthabende Arzt habe ihm aber auf seine Frage mitgeteilt, dass es keinen Sinn habe, im Spital zu bleiben. Er solle doch am folgenden Tag wieder nachsehen, wie es seinem Vater ergehe. Kaum zu Hause angelangt, erhielt er einen Telefonanruf. Es wurde ihm mitgeteilt, dass der Vater inzwischen verstorben sei. Die Tatsache, dass er nach Hause gegangen, nicht beim Vater geblieben sei, habe er nie zu verarbeiten vermocht. Doch habe er in der Zwischenzeit nicht mehr daran gedacht, offenbar nicht daran denken wollen. Erst jetzt, in der Gruppe, sei die Problematik wieder aufgekommen. Er habe durch den Traum eine Lösungsmöglichkeit erfahren: Er müsse sich tatsächlich Neuem zuwenden, könne nicht am Alten hängen bleiben. Vielleicht habe er diesen Schritt nur vollzogen, nachdem er in der Gruppe einen neuen „Vater" erlebt habe und nochmals seine Schuld habe angehen können.

Es gilt also für die Beteiligten einer analytischen Gruppe, sich alter Frustrationen — oder Verwöhnungen — zu erinnern, die damit zusammenhängenden Konflikte in der therapeutischen Gruppe — in der Übertragung — zu wiederholen, sie durchzuarbeiten und damit eine neue Einstellung zu gewinnen.

In der Gruppenpsychotherapie kommt es bei den Mitgliedern zwar häufig nach der Konfliktwiederholung zu Einsichten in neurotische Fehlverhaltensweisen, da infolge der Verstärkerwirkung der Gruppe auf die Gefühle (BATTEGAY) Emotionen geweckt werden, die oft lange im Hintergrund geschwelt haben. Doch ist es infolge der gleichzeitigen Anwesenheit mehrerer Mitglieder, in der Regel von 7–9, in der Gruppe nicht leicht möglich, die aufgekommenen Konflikte derart gründlich wie in der klassischen Psychoanalyse durchzuarbeiten. Zwar beobachten wir immer wieder, dass die Kernkonflikte eines Mitgliedes häufig auch zentrale Probleme bei einem anderen darstellen, so dass der Bericht des einen beim anderen Gefühle und Einsichten mobilisiert. Aber dennoch ist einerseits in der therapeutischen Gruppe nie jenes gründliche Durcharbeiten möglich, wie es in der — individuellen — Analyse gegeben ist. Andererseits lässt die Gruppe, selbst in der regressiven Phase, selten jenes Schonklima aufkommen, wie es etwa in der dualen psychotherapeutischen Situation entstehen kann. Die Gruppenmitglieder werden sich kaum so behutsam verhalten, wie es ein — einzelner — Analytiker zu tun vermag. Die analytische Gruppe stellt damit aber auch einen Mikrokosmos dar, der die soziale Realität an die Einzelnen heranträgt. Nichtsdestoweniger haben wir es schon erlebt, dass die Beteiligten ihren Narzissmus in einem Ausmass auf die übrigen Mitglieder und die Gesamtheit ausdehnten, dass sie sich damit beinahe „unangreifbar" fühlten. Es hat sich ein „narzisstisches Gruppenselbst" (BATTEGAY) entwickelt, das dazu führte, dass die Einzelnen sich durch die Gesamtheit auch in ihrer Triebabwehr verstärkt wussten. Der Therapeut stösst in solchen Episoden auf Widerstände nicht nur des Einzelnen, sondern der Gesamtheit. Eine Hochstimmung kann die Gruppe ergreifen. Der Therapeut wird ein solches Verhalten der Gruppe zwar in Frage stellen, um den Gruppenmitgliedern zu Einsichten zu verhelfen, aber oft erst nach einer Abnahme eines solchen „narzisstischen Hochs" Gehör finden. Wenn auch die Ausdehnung des individuellen Narzissmus auf die übrigen Gruppenmitglieder und die Gesamtheit für die Gruppenentstehung, wie für jede Objektbeziehung als Vorstufe der — eine aktive Ich-Leistung verlangenden — Identifikation unabdinglich ist (BATTEGAY), so kann sich ein übermässiger Einbezug der anderen in den eigenen Narzissmus als Hindernis bzw. als schwer überwindbarer Widerstand für analytisches Angehen auswirken. In dem erwähnten Stadium der Einsicht werden indes die Beteiligten allmählich selbst auf das Kompensatorische ihrer narzisstisch besetzten Gruppenvorstellungen stossen. Zumindest wird es ihnen gelingen, ihr Autostereotyp (HOFSTÄTTER) selbst zu belächeln.

Soziales Lernen/Wandlung

Die wechselseitigen Beziehungen sind in der Gruppenpsychotherapie naturgemäss bedeutend komplexer als in der Zweiersituation der — klassischen — Psychoanalyse. Wenn FREUD in seiner Massenpsychologie und Ich-Analyse noch dafür gehalten hat, dass die Individualpsychologie gleich der Sozialpsychologie sei, so müssen wir heute sagen, dass die sozialen Prozesse, in die das Individuum miteinbezogen ist, niemals aus dem verstanden werden können, was in ihm als Ab- oder Zerrbild der Sozietät enthalten ist. Das soziale Geschehen kann erst dann ermessen werden, wenn der Mensch wirklich in seinen sozialen Interaktionen erfasst wird. Dementsprechend kann die interaktionsintensive therapeutische Gruppe viel eher zu einem sozialen Lernprozess führen als die klassische psychoanalytische Zweiersituation. Die psychoanalytische Situation ist das Milieu der Einsicht, und die soziale Erfahrung muss immer wieder ausserhalb des Therapiezimmers erworben werden. Im Unterschied dazu bietet die Gruppenanalyse, wie überhaupt jegliche Gruppenpsychotherapie, gleichzeitig, in ein und demselben therapeutischen Rahmen, die Möglichkeit zur sozialen Erfahrung. Dementsprechend tritt in der Gruppenpsychotherapie regelmässig ein *Stadium* auf, das wir als dasjenige *des sozialen Lernens* bezeichnen. Die Einsichten in neurotische Fehlverhaltensweisen werden immer wieder in der sozialen Gruppensituation erhärtet. Versuchte ein Mitglied beispielsweise mit kompensatorischem Geltungsstreben, Aufmersamkeit zu erlangen, so wird es immer wieder zu negativen Rückkoppelungen (Feed-backs) bei den anderen kommen. Die Betroffenen werden erkennen, dass sie mit ihrem Fehlgebaren nicht zum Ziele kommen und ein neues Verhalten lernen müssen, um sich in die Gruppe integrieren zu können. Die Gruppenpsychotherapie ist demnach immer auch eine Verhaltenstherapie. In der Sprache der Verhaltenstheorie ausgedrückt, könnte man sagen, dass in diesem Stadium des sozialen Lernens überholte Verhaltensweisen negative Verstärker erfahren und deshalb dekonditioniert werden. Die Betroffenen werden veranlasst, neue Verhaltensweisen zu suchen, die eher ankommen. Sie werden dafür positive Verstärker erfahren und so auf ein neues Verhaltensmuster konditioniert werden oder aber durch ein Versuchs-Irrtums-Lernen das ihnen und der sozialen Umwelt angemessene Verhalten lernen.

In einer weiteren analytischen Selbsterfahrungsgruppe von Ärzten, die fraktioniert alle drei Monate für 10 Sitzungen à $1\frac{1}{2}$ Stunden zusammenkam, prellte ein Kollege immer wieder vor, und er stiess die anderen durch sein Gebaren vor den Kopf. Auffallend war, dass er die Ablehnung der übrigen kaum beachtete. Es stellte sich dann heraus, dass er in der Gruppe Angst hatte, so wie sein Vater in der Familie, missachtet zu werden. Die Mutter hatte die dominierende Stellung im Familienkreis, und der Vater imponierte als der Geduldete. Offenbar um diese Minderbeachtung zu vermeiden, setzte sich dieser Kollege stets in Szene. Es dauerte viele Sitzungen, bis dieses Gruppenmitglied sein Fehlverhalten zu erkennen vermochte. Er hatte danach in den Gruppensitzungen zu üben, sich zurückzuhalten, auch wenn er die Angst durchmachte, dass er zu kurz kommen könnte.

Zusammenfassende Schlussbetrachtungen

Wie wir festgestellt haben, können wir in der Gruppenpsychotherapie nicht von einer therapeutischen Beziehung reden. Alle in der Behandlungsgruppe ablaufenden Interaktionen, alle gegenseitig sich ergebenden Feed-backs und daraus resultierende Regelkreise beinhalten ein Beziehungsgefüge. Dieses Beziehungsganze stellt bis zu einem gewissen Grade ein selbstregulierendes System dar, wie wir es aus der Kybernetik in bezug auf die Selbstregulierung der Vorgänge in mechanischen Systemen kennen (SBANDI). Durch das Rückkoppelungsgeschehen sind die an einer Gruppe Beteiligten voneinander abhängig. Diese Interdependenz führt aber nicht dazu, dass sie restlos unfrei wären. Sie beinhaltet jedoch, dass jegliche Veränderung des Verhaltens eines Mitgliedes wiederum zu einer Wandlung des Gebarens anderer führt. In allen Phasen der Gruppenanalyse, angefangen beim Stadium der explorativen Kontaktnahme, über die Stadien der Regression, der Katharsis, der Einsicht und des sozialen Lernens hat die therapeutische Wirkung auf ein Mitglied auch Konsequenzen für die anderen. In der analytischen Gruppe ist jeder des anderen kontrollierende und erweiternde Instanz. Bei sehr dominierender Gruppennorm oder bei übermässiger gegenseitiger Verlegung des eigenen Narzissmus auf die übrigen, bei Entstehung eines allzu fest gefügten „narzisstischen Gruppenselbst", kann diese Kontrolle zu weit gehen, so dass damit die Dynamik der einzelnen und die freie Entfaltung der Beteiligten behindert werden können. Bleibt der Therapeut aber aufmerksam, wird er solche Normierungstendenzen und übermässige narzisstische Fusionstendenzen in Frage stellen und durch seine Intervention dazu beitragen, dass das Beziehungssystem in der Gruppe stets ein dynamisches bleibt.

Literatur

BATTEGAY, R.: Three Central Factors of Group Psychotherapy: Oedipal Complex, Rivalry Conflict, Narcissistic Group-Self. In: Group Therapy, S. 143, 1976.
– Narzissmus und Objektbeziehungen. Über das Selbst zum Objekt. Huber, Bern/Stuttgart/Wien 1977.
FREUD, S.: Massenpsychologie und Ich-Analyse. Ges. Werke, Bd. *13*, S. 71, Imago, London 1940.
HOFSTÄTTER, P. R.: Psychologie, Fischer, Frankfurt a. M. 1957.
KOHUT, H.: The Analysis of the Self. Int. Univ.-Press, New York 1971. In Deutsch erschienen unter dem Titel: Narzissmus. Suhrkamp, Frankfurt a. M. 1973.
SBANDI, P.: Feedback im Sensitivity Training. In: Gruppenpsychotherapie und Gruppendynamik *4,* Heft I, S. 17, Oktober 1970, Vandenhoeck und Ruprecht, Göttingen.
– Gruppenpsychologie. Pfeiffer, Reihe „Leben lernen", Nr. 6, München 1973.
SLAVSON, S. R.: Analytic Group Psychotherapy. Columbia University Press, New York, 1950.

Adresse des Autors:
Prof. Dr. med. R. Battegay
Psychiatrische Universitätspoliklinik
Petersgraben 4
4051 Basel

Zur therapeutischen Beziehung in der Praxis

Von Arthur Trenkel

Keine Frage liegt dem Praktiker näher als die nach den effektiv therapeutischen Vorgängen in seinem Tätigkeitsbereich. Im Hinblick auf die Psychotherapie lässt sich aber auch keine Frage so schwer in verbindlicher Weise beantworten wie gerade diese; vielleicht ist sie auch für andere Formen der Heilpraxis nicht so leicht zu entscheiden, wie wir gewöhnlich annehmen. In einer Zeit freilich, in welcher nahezu jede Wirkung von einem technischen Machen erwartet und folglich jede Praxis als Ort eines derartigen Bewirkens aufgefasst wird, hat die Psychotherapie schon von vornherein einige Schwierigkeiten, überhaupt als wirksames Tun ernstgenommen zu werden. Anderseits gewinnt sie gerade dadurch, dass sie weitgehend ausserhalb des üblichen technischen Verrichtens steht und sich auch nicht entsprechender Mittel bedient, eine spezielle Bedeutung für die Heilkunde dieser Zeit.

Zwei Besonderheiten sind es vornehmlich, welche diese spezielle Bedeutung ausmachen: Erstens arbeitet die Psychotherapie beinahe ausschliesslich mit dem Wort, wobei dieses „mit" weniger instrumentalen als medialen Charakter hat. Die spezifische Arbeitsstätte der Psychotherapie ist das Gespräch, ihr spezifisches Medium die Sprache. Zum anderen kann sich dieses Gespräch nur im lebendigen Raum einer menschlichen Beziehung entfalten, was bedeutet, dass im Bereich der Psychotherapie die Praxis auch gleichzeitig die massgebliche Forschungsstätte ist. Die Praxis ist das eigentliche „Laboratorium" der Psychotherapie; es wird hier nicht nur vorgegebenes Wissen und Können angewendet, sondern jedes Wissen, jede Fertigkeit und Fähigkeit wird hier auch gewonnen, entwickelt und der Bewährung ausgesetzt. (Vgl. meine Ausführungen zur Praxis in „Der Traum in der Perspektive der Praxis".)

In bezug auf die therapeutische Bedeutung dieser Praxis sprechen wir heute gerne von einem „therapeutischen Raum", der nicht allein örtlich zu verstehen ist, sondern als ein vom Arzt und dem Patienten gemeinsam zu schaffendes „Inter-esse", welches eine sinnvolle gegenseitige Verständigung erlaubt. Es handelt sich um einen zwischenmenschlichen „Raum", der nicht erst und nicht nur durch die Anwendung vorbestimmter Regeln konstituiert oder gar definiert wird. Zunächst ist er vielmehr gekennzeichnet durch die Offenheit des intersubjektiven Spannungsbereiches zwischen Therapeut und Patient, unter anderem durch deren primäre Möglichkeit oder Fähigkeit eines unmittelbaren Wahrnehmens in der mitmenschlichen Kommunikation. Allein dieser ursprünglich offene und unverstellte „Raum" lässt eine authentische Begegnung im Bereich des Erlebens zu, und durch diese Begegnung erst kann er sich strukturieren und dabei zu einem „therapeutischen Raum" werden. Aus der anfänglichen Begegnung wird dann eine Beziehung im Sinne des fortlaufenden gegenseitigen Bezogen-Seins, ein polares Spannungsverhältnis zwischen zwei menschlichen „Welten", die ihrerseits beide in einem unbegrenzten Offenen gründen und somit nicht in technischer Einstellung vollständig zu fassen sind.

Gleich wie der „therapeutische Raum" ist demnach auch die therapeutische Beziehung nichts Determiniertes; die uns interessierenden Wirklichkeiten und Wirksamkeiten bleiben ihrem Wesen gemäss in ein Offenes eingelassen und sind somit nur durch grobe Reduktion zu einem wissenschaftlichen oder literarischen Gegenstand zu machen. Die therapeutische Beziehung steht uns nie in einer Weise gegenüber wie dem naturwissenschaftlichen Forscher seine Untersuchungsobjekte, und doch sind wir keinen Augenblick im Zweifel über deren Wirklichkeit. Dem Psychotherapeuten präsentieren sich all seine „Gegenstände" zunächst im Modus eines komplexen Geschehens, in das er selber aktiv und passiv mit einbezogen ist, nämlich just innerhalb dessen, was wir die therapeutische Beziehung nennen. Dies bedeutet, dass seine eigene lebendige Teilhabe im Bereich seiner Werkstatt unumgängliche Voraussetzung jener Wirklichkeiten ist, die er wahrzunehmen und deren Sinn er zu verstehen sucht. Auch das entsprechende Sinnverständnis kann somit in authentischer Form nur im „therapeutischen Raum" selber aufgehen, was allerdings nicht ausschliesst, dass derart gewonnene Sinn- und Bedeutungszusammenhänge geordnet, systematisiert und zu Theorien mit objektivem Wahrheitscharakter ausgeformt werden können. Es ist dies im Raum der Psychotherapie nicht weniger geschehen als in andern menschlichen Erlebnisbereichen; die verschiedenen „Schulen" und ihre Betrachtungsweisen bezeugen dabei die Vielzahl der möglichen Perspektiven und vor allem auch die dichte Komplexität der Erfahrungswirklichkeit, die allen Theorien als ein Gemeinsames zugrunde liegt.

In der Praxis sind wir immer neu und unmittelbar in diese Erfahrungswirklichkeit einverwoben, sofern wir uns nicht künstlich dagegen abriegeln und mit einem gängigen Vorstellungsgehäuse zufrieden geben. Wir gewinnen zunehmend die Gewissheit, dass ein solch eingeengtes Selbstverständnis des Psychotherapeuten einen erheblichen Anteil seiner Wirkungsmöglichkeiten aufhebt, eine Einsicht, die vermutlich für jede Heilpraxis gilt, in welcher die mitmenschliche Beziehung zwischen Patient und Therapeut von integrierender Bedeutung für das gesamte Wirken ist. — In der Praxis der Psychotherapie gewahren wir in zunehmendem Masse, dass die entscheidenden Vorgänge im therapeutischen Raum dort zu suchen sind, wo die intersubjektiven Wechselwirkungen zwischen Patient und Therapeut frei ins Spiel kommen, d.h. in der therapeutischen Beziehung als solcher. Wir werden uns auch mehr und mehr inne, dass hier eine Beziehungsdimension wirksam ist, welche über die rein technischen Aktionen und Reaktionen hinausführt, auch wenn sie diese umgreifend mit einbezieht. Wesentlich ist der offene Verstehens- und Wirkhorizont dieser Dimension, wobei die entsprechenden Kommunikationsgeschehnisse und -erlebnisse freilich nicht ohne weiteres in Worten oder gar Begriffen zu fassen sind.

Wir gehen wohl am wenigsten fehl, wenn wir das Gesamt dieser Vorgänge als ‚Gespräch' im weitesten Sinn des Wortes bezeichnen. Vielleicht ist es sogar von einiger Bedeutung, dass wir dieses Geschehen und die grundlegende Beziehungsdimension als ganze nicht sogleich mit Namen belegen, die sie möglichst verbindlich und abschliessend definieren wollen und die dadurch leicht den Grundzug des Offenen vergessen lassen. Sollten wir uns nicht bemühen, diese Wirklichkeiten bereits in unserer Benennung so zu kennzeichnen, dass wir nicht Gefahr laufen, sie durch Vorstellungen, Vorurteile, Logismen oder was immer wir gern zu intellektuellen Fetischen machen, zu verfälschen oder gar gründlich zu verfehlen? Vor allem gilt es doch zu vermeiden, dass das menschliche Zwiegespräch oder das mitmenschliche Gespräch schlechthin, welches zweifellos im psychotherapeutischen Raum das tragende und alles übrige begründende Element ist, von vornherein in gewohnter Weise als Sache vorgestellt und gedacht wird.

Das mitmenschliche Gespräch ist in der psychotherapeutischen Praxis überhaupt keine Sache und auch kein wissenschaftlicher Gegenstand, sondern eine faktische Erfahrung. Erfahrung aber heisst dem Sinn nach: unterwegs sein und dabei etwas erlangen. Wir vermuten heute, dass sich in dieser Er-Fahrung, d.h. im Gespräch selber als dem Weg zur therapeutischen Wandlung, das eigentlich Wirksame jeder Psychotherapie verbirgt. Es ist dies auch nicht weiter erstaunlich, wenn wir bedenken, dass die Sprache und das Sprechen in sehr zentraler Weise zum Menschen gehören. Das Sprachvermögen wird von uns nicht einfach als eine Eigenschaft neben andern erlebt, sondern als eine dem Menschen spezifisch zugehörige und ihn spezifisch angehende Kraft. Die Sprache macht uns auch zu geschichtlichen Wesen, denn sie ermöglicht uns, Vergangenes in die Gegenwart zu holen und in gewisser Weise auch antizipierend mit Zukünftigem umzugehen. In der Sprache vermögen wir die Wirklichkeit unseres Erlebens zu entgrenzen und ins Offene der Zeit zu tragen, und was für die Menschheit als Ganzes, für die geschichtlichen Gemeinschaften der Kulturen, der Völker und Nationen gilt, bewahrheitet sich nicht weniger im Lebensablauf des Einzelnen. Auch hier auf dem individuellen Entwicklungsweg wird der Mensch erst Mensch durch die Gewinnung der Sprache, durch das Eingehen in sie und Sich-Bewähren in ihr, durch das eigene Ergreifen der Möglichkeiten, welche die Sprache erschliesst. Selbst wenn wir den Weg, den jeder Einzelne zu gehen hat, bis er zur Sprache kommt und selber sprechend wird, völlig unbeachtet lassen, ist uns das Wissen um diese Bedeutung nahezu selbstverständlich, denn jemandem die Stimme gewähren, seiner Mündigkeit ihre Rechte einräumen, heisst uns auch in institutioneller Beglaubigung soviel, wie ihn als Individualität anerkennen, ihn anhören und ernstnehmen.

Es ist naheliegend, dass auch jede Psychotherapie, die sich im wesentlichen als individuelle Entwicklungshilfe versteht, notwendigerweise im Element der Sprache lebt und hier ihren Weg sucht. Im therapeutischen Raum polarisiert sich die Sprache in ein Hin und Her von Rede und Gegenrede, von Wort und Ant-Wort, wodurch das Element zum Medium wird, bzw. die Sprache zum Gespräch. In dieser Form ist die Sprache die privilegierte Arbeitsstätte des Psychotherapeuten und dies – wie wir schon festgehalten haben – insofern in eigentümlicher Weise, als er selbst an seinem Arbeitsmedium entscheidend teilhat und es auch massgeblich mitgestaltet.

Seit der Entwicklung der Psychoanalyse geht es uns mehr und mehr auf, wie verheerend es sich für die Wissenschaft vom Menschen und besonders auch für die Psychiatrie ausgewirkt hat, dass sich im Wissenschaftsverständnis der Aufklärung – vielleicht auch schon vorher – das Denken von der Sprache loszulösen und abzusetzen begann, bis es sich schliesslich anmasste, die Sprache selber wie alles übrige zu einem wissenschaftlichen Gegenstand im neuzeitlichen Sinn zu machen. Die Sprache als Sprache wurde dadurch nicht nur entwertet, sondern in ihrer spezifisch humanen Dimension auch gründlich verfehlt. Ihre schöpferische Potenz geriet zunehmend in Vergessenheit, während die Möglichkeit des abstrakten, d.h. abgezogenen, losgelösten Denkens geradezu vergöttert wurde. – Was unsere Belange betrifft, so wurden die Horizonte zu Beginn unseres Jahrhunderts von der Psychoanalyse her wieder geöffnet, wodurch sich eine Wende der Blickrichtung, eine Umkehr der Einstellung anzubahnen vermochte. Dass FREUD mit dem Wagnis des „freien Sagens" die schöpferischen Potenzen der Sprache neu mobilisierte und diesen ermöglichte, sich nach langer Verbannung wieder ins Spiel zu bringen, stand für ihn zwar kaum im Vordergrund. Durch seine psychoanalytische Grundregel hat er jedoch dem leidenden Menschen in ganz neuer Weise das Wort erteilt und ihm auf diesem Weg Möglichkeiten der Heilung aufgeschlossen.

Das „freie Sagen" des Patienten wurde aber auch der Auftakt zu einer wesentlich veränderten Beziehungsstruktur innerhalb dessen, was wir heute den therapeutischen Raum nennen, und die entsprechende ärztliche Haltung, welche eine therapeutische Beziehung in unserem Sinn erst möglich macht, beginnt auch zunehmend über den Bereich der Psychotherapie hinaus ihre verwandelnde Wirkung zu entfalten und dabei eine allgemeinere Gültigkeit unter Beweis zu stellen. In der psychotherapeutischen Praxis wurden vermehrt Einblicke gewonnen, welche ebenso auf gesetzmässige Wirklichkeiten schliessen lassen wie andere Forschungen, auch wenn sie sich nicht in Zahlen wiedergeben und berechnen lassen. Es sind die Gesetze des Dialogischen oder des Zwischenmenschlichen im weitesten Sinn; sie wurden von keiner psychotherapeutischen Schule eigens gewertet und dargestellt, wenn auch alle sich in dieser oder jener Form mit der gemeinten Wirklichkeit befassen mussten. Freilich ist diese Wirklichkeit in sämtliche theoretischen Konzeptualisierungen eingegangen, die im therapeutischen Raum ihren Ursprung haben, aber weil jedes systematisierte Konzept sein Hauptgewicht auf inhaltliche Aspekte legt und dabei einem je besonderen Gesichtspunkt gerecht zu werden versucht, wurden die allgemeineren und zugleich höchst spezifischen Gesetze des Dialogischen bislang kaum besonders hervorgehoben.

Den Zugang zu diesem fundamentalen Geschehen in jeder psychotherapeutischen Praxis gewinnen wir meines Erachtens am eindrücklichsten über die Arbeiten von RENÉ SPITZ, welche sich mit dem frühen Dialog zwischen Mutter und Kind beschäftigen. Bekanntlich erforschte SPITZ vor allem die psychische Entwicklung des Säuglings, wobei er fand, dass die lebendige, d.h. reziproke Interaktion zwischen Mutter und Kind schon sehr früh eine für diese Entwicklung entscheidende Rolle spielt. Er nannte diese Interaktion auch dann Dialog, wenn sie noch ganz im Vorsprachlichen erfolgt, nämlich als Wechselwirkung von Tun und Reagieren zwischen Mutter und Säugling. Bereits bei diesem „Vorläufer des Dialogs, einer archaischen Form des Gesprächs" fand SPITZ, dass das Emotionale von grundlegender Bedeutung ist. Der frühe Dialog ist somit ein emotionales Wechselspiel, das überdies nicht in gleichförmiger Wiederholung vor sich geht, sondern derart, dass „die psychischen Reaktionen, die in der Mutter durch die Initiative des Kindes und beim Kinde durch das ausgelöste Verhalten der Mutter erzeugt werden," Konstellationen von wachsender Komplexität bewirken. SPITZ betont, dass sich solche Vorgänge nur zwischen lebendigen Partnern abspielen können, und deshalb ist für ihn dieses dialogische Wechselgeschehen eine unumgängliche Voraussetzung für den Erwerb der Unterscheidungsfähigkeit zwischen Belebtem und Unbelebtem. Nur zwischen lebenden Partnern kommt es zu einer Wechselwirkung, die immer neue und differenziertere Antworten zum Vorschein bringt und so auch die Möglichkeit eröffnet, den Dialog allmählich auf höheres Entwicklungsniveau zu tragen.

Von grossem Gewicht scheint dabei auch der Umstand, dass ein lebendiger Partner den Ansprüchen des anderen Grenzen setzt, was vom Kleinkind offenbar ebenso gewünscht wird wie die Möglichkeit, selber emotionelle Erlebnisse zu äussern. SPITZ vermochte aufzuweisen, dass restriktive Haltungen der Mutter in der Perspektive des Dialogs nicht ausschliesslich als Versagung zu werten sind, sondern oft im Gegenteil als gewährendes Freigeben eigener Aktivität, speziell zu lustvollem Finden von Befriedigungsweisen, welche die spätere Unabhängigkeit von der Mutter vorbereiten und die Entwicklung eines Selbstgefühls zulassen. Es versteht sich ohne weiteres, dass in dieser Sicht die Mutter nicht mehr ausschliesslich ein Trieb-„Objekt" ist, sondern vor allem ein menschliches Gegenüber, das durch sein partnerschaftliches Teilnehmen und Verhalten dem Kinde hilft, die eigenen Ich-Kräfte zu entwickeln und so den rein triebhaften Bedürfnissen nicht gänzlich ausgeliefert zu bleiben.

Derartige Einsichten erlaubten SPITZ eine wirklichkeitsgerechtere Annäherung an elementare Vorgänge, für welche die psychoanalytische Terminologie bisher keine andere Bezeichnung hatte als den recht abstrakten und missverständlichen Begriff der Objekt-Beziehung. Was von SPITZ schliesslich mit dem Wort Dialog benannt wurde, meint ein reales Geschehen, das vor allem durch seine Reziprozität, seine Gegenläufigkeit, charakterisiert ist. Die spätere Fähigkeit zur verbalen Kommunikation ist in dieser Sicht vornehmlich eine Weiterentwicklung des ursprünglichen präverbalen Dialogs zwischen Mutter und Kind, wie er sich aus dem frühesten emotionalen Austausch zwischen den beiden gestaltet. Das Hervorheben des Emotionalen soll dabei deutlich machen, dass nicht eine abstrakte Interaktion zwischen zwei Energiezentren das Tragende ist, sondern ein lebendiges Wechselspiel innerhalb der gesamten Erlebnisfülle, die sich zwischen den Beteiligten auftut. SPITZ spricht in diesem Zusammenhang vom „elastischen Faden des Dialogs", der aus der ursprünglichen Körpernähe und dem Kontakt im wörtlichen Sinn herauswächst und diesen mehr und mehr entbehrlich macht, indem er ihn ersetzt.

Das dialogische Wechselgeschehen ist jedoch nicht ein gleichbleibendes Hin und Her, sondern bewirkt als emotionaler Austausch auch eine Entwicklung in der Zeit, jedoch nicht in Form eines Prozesses, der in gültiger Weise vorauszusehen oder gar zu planen wäre, sondern vielmehr derart, dass die entscheidenden Ereignisse sich mehr oder weniger zufällig einstellen (Stochastischer Prozess). Die Ebene der Gefühle und Empfindungen ist dabei die massgebliche Bühne, d. h. in den Emotionen verbergen sich die bewegenden Kräfte, „die den Dialog in Gang bringen und vorwärts treiben". SPITZ hebt zudem hervor, dass dieses dialogische Geschehen auch nicht einfach als blosse Abfolge von Ursache und Wirkung zu verstehen ist; ebenso bedeutsam ist der prospektive Charakter dieser Interaktion: „die Erwartung, dass etwas geschieht, ist das wahre Wesen des Dialogs". Solches bedeutet freilich, dass nur Lebewesen dialogsfähig sind, welche Initiative ergreifen oder Initiative erwarten und sich in das entsprechende Wechselspiel einzulassen vermögen. Die Tatsache, dass der Partner antwortet, scheint primär wichtiger zu sein als die Qualität der Antwort; denn nur durch seine Möglichkeit, Initiative zu ergreifen und zu entfalten, bekommt er sein eigenes Gesicht, wird er zu einem personhaften Gegenüber und damit erst zu einem Partner, einem „Mitspieler".

Der Dialog im Sinne von SPITZ ist somit in erster Linie das Medium, dessen sich das entwickelnde Ich bedient, um den Ansturm der innern und äussern Reize meistern zu lernen. Im weiteren ist er der Vorläufer der sprachlichen Kommunikation und ferner auch unabdingbare Voraussetzung für die Fähigkeit, Beziehungen einzugehen, die als sinnvoll erlebt werden können. Die Forschungen von SPITZ machten deutlich, dass nicht erst die verbale Kommunikation eine dialogische Beziehung erlaubt, sondern dass umgekehrt die dialogische Beziehungsstruktur die grundlegende Voraussetzung des Sprachlich-Werdens und der Fähigkeit zum Gespräch darstellt. Bereits der Vorläufer des verbalen Dialogs weist dessen wesentliche Elemente auf; Spitz vermochte nachzuweisen, dass im „präverbalen Gespräch" der frühen Kindheit bereits sehr Entscheidendes für die spätere Persönlichkeitsentwicklung vor sich geht oder aber unterbleibt.

In einem seiner letzten Aufsätze, der den Titel trägt: „Der Dialog entgleist", befasste sich René Spitz speziell mit den Konsequenzen, die sich ergeben, wenn der frühe dialogische Austausch verkümmert. Seine Folgerungen weisen in fundamentale Bereiche des Zwischenmenschlichen und vermögen diese massgeblich zu erhellen. Es geht dabei um die Voraussetzungen der menschlichen Kommunikation schlechthin, die nur aufrechterhalten, bewältigt und sinnvoll gestaltet werden kann, wenn sich ein eigenständiges Ich entwickelt, das die Beziehung zu seiner Umwelt zu steuern lernt und sich nicht von der Flut der hereinbrechenden Reize dauernd überschwemmen lassen muss. Eine genügende Ich-Entwicklung ist die unerlässliche Bedingung dafür, dass schädigende Umwelterfahrungen in zureichender Weise verarbeitet werden. Eine masslose Reizüberflutung in den allerersten mitmenschlichen Erfahrungen beeinträchtigt offenbar die Entwicklung der autonomen Möglichkeiten des Ichs ebenso wie eine fehlende oder insuffiziente dialogische Zuwendung. Spitz hat vorwiegend den Zusammenbruch, die „Entgleisung" des Dialogs in der Frühkindheit untersucht, d.h. in jenen Entwicklungsphasen, in denen das menschliche Ich noch besonders schwach und verletzlich ist. Nach seinen Beobachtungen setzt die Verfehlung oder der Abbruch des Dialogs in dieser Phase den Anfang zu einer unglücklichen Kettenreaktion, die letztlich zur Fehlentwicklung der Persönlichkeit als Ganzem führt. Spitz vermutet, dass in unserer Kultur eine fortschreitende Entgleisung des Dialogs vor sich gehe, und er gibt seiner Überzeugung Ausdruck, dass diese Entwicklung allein vom Ich des Einzelnen aus zu korrigieren sei. Er setzt sich für „das eigentlich Menschliche im Menschen" ein und warnt vor den „Gefahren für das Ich als der einzigen Instanz, die die Fähigkeit besitzt, diesen Gefahren zu begegnen".

Wenn nun die frühen und frühesten Kommunikationsstörungen von bestimmender Bedeutung sind, nicht allein im Hinblick auf die späteren mitmenschlichen Beziehungen, sondern ebenso für die gesamte Persönlichkeitsentwicklung der betreffenden Individuen, so erscheint es offenkundig, dass wir von daher auch einen wesentlichen Blick für das Entscheidende am therapeutischen Vorgang erlangen. Soll dieser die Fehlentwicklung der Persönlichkeit korrigieren, so muss wohl ein wichtiges Therapieziel im Wiederfinden jener ursprünglichen Dialogsfähigkeit liegen, die vor der Entgleisung einmal gegeben war und dann empfindliche Beeinträchtigungen erlitt. Freilich lässt sich dies leichter sagen als vollbringen, denn eine solche Absicht kann nicht ohne weiteres und willentlich in Tat umgesetzt oder gar zur allgemein-verbindlichen Behandlungstechnik zugerichtet werden. Anderseits wird es aber im therapeutischen Raum mehr und mehr deutlich, dass die wesentlichen Kräfte in der zwischenmenschlichen Begegnung und Beziehung selber zu suchen sind, und dass die therapeutische Potenz nicht notwendig in direktem Zusammenhang mit den theoretischen Vorstellungen eines entsprechenden Heil-„Prozesses" steht.

In rein praktischer Betrachtungsweise sind wir wohl berechtigt, das therapeutisch Wirksame gerade im Bereich jenes dialogischen Geschehens zu vermuten, welches SPITZ im Hinblick auf die Entstehung grundlegender Defekte untersucht hat. Natürlich lässt sich nicht ohne weiteres definieren, was dieses Dialogische – diesmal im therapeutischen Raum – bedingt und bestimmt. Nach MARTIN BUBER ist es gerade ein zentraler Wesenszug des mitmenschlichen Dialogs, dass sich die gemeinte Zwiesprache nicht auf der diskursiven Ebene der Begrifflichkeit fassen lässt. Die Arbeiten von SPITZ erhärten dies insofern, als sie deutlich machen, dass sich das Entscheidende des geglückten Dialogs im Bereich der Gefühle und Empfindungen abspielt, d. h. in einer Beziehungsdimension, die sich mehr der Empathie und der unmittelbaren Anschauung im Hier und Jetzt erschliesst. MICHAEL BALINT, der zeitlebens solchen Phänomenen im therapeutischen Raum nachspürte, bezeichnete diesen Kommunikationsbereich als die Dimension der primären Liebe oder – in negativer Fassung – als Ebene der Grundstörung. BALINT hat vor allem die Andersartigkeit dieser Beziehungsdimension im Vergleich mit der gewohnten Ebene der Beobachtung und der Verständigung hervorgehoben. Er hat ferner deutlich gemacht, dass diese Ebene des Verstehens und Wirkens in der Praxis – nicht allein in derjenigen des Fachpsychotherapeuten – vor allem das bestimmende Kommunikationselement ist, in welchem auch das Gespräch erst die Qualität eines sinnvollen zwischenmenschlichen Austausches im Modus des Innewerdens gewinnen kann.

Dieser Austausch bedient sich allerdings nicht derselben Sprache wie unsere Wissenschaft, welche vor allem eine sachlich-nüchterne Präzision anstrebt. Die Sprache der Wissenschaft ist gekennzeichnet durch die Schärfe ihrer Abstraktionsmöglichkeit und damit sehr geeignet zur Benennung von eindeutig abgrenzbaren Gegenständlichkeiten. Im Hinblick auf die psychotherapeutische Praxis, aber auch auf jedes andere Gespräch, das nicht allein der sachlichen Information dient, haben diese Vorzüge indessen nicht sehr viel Gewicht, weil diese Art von Sprache einem vertiefteren interpersonalen Dialog nicht gerecht zu werden vermag, weder im alltäglichen Umgang noch im ärztlichen Sprechzimmer. Gerade weil sie ein Höchstmass an Abstraktion gewonnen hat, fehlt es dieser Sprache an jener Dichte, welche die lebendige, sogenannt natürliche Sprache auszeichnet. Diese verfügt über sehr viel reichere Ausdrucksmittel als jene, allerdings auf Kosten der Eindeutigkeit und der Allgemeinverbindlichkeit.

Es ist paradox, aber auch sehr bemerkenswert, wenn wir heute innerhalb des wissenschaftlichen Raumes ausgerechnet von der Atomphysik auf diesen Sachverhalt hingewiesen werden. Der kürzlich verstorbene WERNER HEISENBERG hat in einem Aufsatz über „Sprache und Wirklichkeit in der modernen Physik" eindrücklich dargelegt, wie sehr und in welcher Weise das Sprechen über die von der Physik neu erschlossenen Wirklichkeitsbereiche problematisch geworden ist. In der Atomphysik sahen sich die Wissenschaftler offenbar schon bald gezwungen, ihre Begriffssprache mit Elementen einer anschaulichen Bildersprache zu ergänzen, gleichsam mit Wortgemälden, „mit denen man dem wirklichen Geschehen nahezukommen" versuchte. HEISENBERG konkretisiert dies durch die Feststellung, „dass die Physiker, wenn sie über das atomare Geschehen reden, sich oft mit einer ungenauen und gleichnishaften Sprache begnügen, dass sie nur wie die Dichter versuchen, im Geist des Hörenden durch Bild und Gleichnis gewisse Bewegungen hervorzurufen, die in die gewollte Richtung weisen, ohne ihn durch eindeutige Formulierung zum präzisen Nachvollziehen eines bestimmten Gedankenganges zwingen zu wollen".

Für uns und die Psychotherapie sind diese Hinweise vor allem deshalb interessant, weil offensichtlich auch die Einsichten und Erkenntnisse der Physik, dort wo sie ungegenständlich werden, am zutreffendsten in einer möglichst lebendigen und bilderreichen Sprache auszudrücken sind. Die natürliche Umgangssprache hält anscheinend am ehesten Wege und Mittel bereit, solchen urständlichen Wirklichkeiten zu entsprechen. Denken wir über die Sprache und ihre Möglichkeiten im therapeutischen Raum nach, so gelangen wir zu sehr analogen Einsichten. Im Bereich des Traumes und der Phantasie beispielsweise vermögen wir uns ebenfalls nur mittels einer bildhaften und konkreten Sprache einigermassen zu verständigen, und wenn wir über Träume und Traumphänomene begrifflich sprechen wollen, finden wir uns vor denselben Schwierigkeiten wie die Physiker. Auch wir müssen uns mit Bildern und Gleichnissen behelfen, d.h. wir sind genötigt, eine Sprache zu sprechen, die der natürlichen Sprache nahesteht, und wenn wir uns von dieser entfernen, um mehr allgemeinverbindliche Klarheit und Eindeutigkeit zu erlangen, so ist die verwendete Sprache den konkreten Phänomenen nicht mehr voll angemessen. Wir müssen uns jedes Mal vergegenwärtigen, was wir wollen; es ist nicht dasselbe, ob wir in generalisierenden Begriffen Sachverhalte und Tatbestände so präzis wie möglich zu fassen wünschen, wie es die Bemühung der Wissenschaft ist, oder ob wir in einer mitmenschlichen Beziehung miteinander sprechen, um uns über persönliche Erfahrungen und Erlebnisse zu verständigen.

Innerhalb der *therapeutischen* Beziehung führt uns zweifellos die lebendige und natürliche Sprache weiter als eine abstrakte Semantik. Die dialogischen Prozesse im therapeutischen Raum finden ihren sprachlichen Ausdruck oft in Worten und Sätzen, welche neben der bestimmten und bewusst intendierten Bedeutung gleichzeitig auch Träger für halbbewusste oder unbewusste assoziative Nebenbedeutungen sind. Für den kommunikativen

Sinn der gesprochenen und gehörten Sprache ist diese sogenannte Aura der Worte vermutlich nicht weniger richtungweisend und massgebend, als die Wortbedeutung selbst. Der Sinn dessen, was im therapeutischen Raum zur Sprache kommen soll, wird umfassender und auch authentischer übertragen, wenn die Sprache das komplexe Gewebe von bewussten und halbbewussten Vorstellungen in sich zusammenhält und in der ursprünglichen Dichte vermittelt. SIGMUND FREUD hat dies mit genialer Intuition erfasst, als er die therapeutische Beziehung so gestaltete, dass der Patient frei aus dem Ganzen heraus sprechen und der Therapeut mit offenem Sinn zuhören und entsprechend antworten soll. Diese einfache Regel schafft im wesentlichen den therapeutischen Raum; nur wenn dieser offen bleibt und die ursprünglichste Kommunikationsmöglichkeit nicht ausschliesst oder durch Vor-Stellungen verstellt, wird die therapeutische Beziehung früher oder später auch jene Verkümmerungen und Verbiegungen erkennen lassen, welche sich auf die Persönlichkeitsentwicklung und die Beziehungsfähigkeit des Patienten störend ausgewirkt hatten. Nur so findet der „entgleiste Dialog" im therapeutischen Raum eine Möglichkeit der Korrektur mit den entsprechenden Konsequenzen.

Wir dürfen wohl vermuten, dass es letztlich das gleiche „dialogische Prinzip" (BUBER) ist, welches sowohl für die Genese der psychischen Störungen wie auch für deren Therapie von wahrhaft essentieller Bedeutung ist. Der gemeinsame Nenner, wenn man sich so ausdrücken darf, findet sich dabei im individuellen Selbst-Erleben und der darauf gründenden Ich-Stärke. Beides gewinnt aus dem dialogischen Geschehen erst Gestalt und Kraft, sei es in den ersten Beziehungen der frühen Kindheit oder in der psychotherapeutischen Beziehung im Sprechzimmer. Über das Ich nur vermag das Gespräch seine verwandelnde Wirkung zu entfalten, wobei es hier vornehmlich um das ungegenständliche Ich geht, das durch keinen Begriff voll zu identifizieren ist und auch nicht ohne weiteres als Instanz aufgefasst werden darf. Es kommt in diesen Bereichen nicht so sehr auf die Worte und Namen an; diese können leicht wechseln, nicht aber das Bezeichnete, das sich durch die Zeiten gleich bleibt und schon zahllose Bezeichnungen erhalten hat. Die menschlichen Grundwirklichkeiten verändern sich nicht mit unseren wechselnden Vorstellungen von ihnen, und es ist nicht die Benennung, welche ihre Wirklichkeit bestimmt. Im praktischen Raum bleibt entscheidend, dass in jedem „Ich" spezifische Kräfte leben, welche durch das dialogische Geschehen sich entwickeln und entfalten können, vorausgesetzt, dass sie mitmenschlich angesprochen und er-hört werden. Im Dialog mit einem antwortenden Gegenüber verwandeln sich zahlreiche Begebnisse und Wahrnehmungen, die sonst indifferent blieben, in sinnhafte und bedeutsame Erlebnisse, und dadurch vermag individuelle Selbstkraft zu wachsen und an Vertrauen zu gewinnen. Innere Erfahrung wird erst zu erlebter Wirklichkeit, wenn sie durch die Wechselbeziehung im Dialog mit anderen hindurchgegangen ist und dabei entsprechende Wertung erlangt hat. Was nie mitmenschlich angesprochen bzw. beantwortet wurde, kann nicht leicht als wirklich oder gar wertvoll empfunden werden; im Dialog und durch ihn bekommt das „Innere" (vielleicht auch manches „Äussere") Wirklichkeit und Wert. In dieser Sicht kann auch Heilung nur in einer gemeinsamen Welt vor sich gehen.

Dies Letzte und manches andere ist nicht ausschliesslich in der *psychotherapeutischen* Praxis von grundlegender Bedeutung, sondern in jedem therapeutischen Feld, in welchem der Beziehung zwischen Patient und Arzt ein wesentlicher Spielraum belassen wird. Selbst in der hochspezialisierten Medizin von heute bleibt die menschliche Beziehung eine erstrangige Wirklichkeit jeder Heil-Praxis. Obwohl diese Tatsache in Wissenschaft, Forschung und Unterricht zur Zeit nicht allzu grosses Gewicht hat, werden doch viele Ärzte in ihrer *praktischen* Tätigkeit wieder vermehrt darauf aufmerksam, dass den mitmenschlichen Beziehungs- und Begegnungsphänomenen eine elementare, alles übrige prägende Bedeutung zukommt. Es gilt dies weitgehend unabhängig von der jeweiligen Fachrichtung und dem entsprechenden Arbeitsgebiet des Arztes. Vielleicht weisen diese Erfahrungen im Bereich der Arzt-Patient-Beziehung sogar in zunehmendem Masse auf eine entscheidende Gemeinsamkeit hin, welche alle praktisch tätigen Ärzte unter sich verbindet. Zur Zeit sind sie jedenfalls ein unumgängliches Kriterium der ärztlichen Praxis schlechthin, speziell im Gegensatz zur wissenschaftlichen Forschung, die immer mehr nach spezifischen Fachbereichen ausgerichtet ist.

In der gängigen Sicht der Wissenschaft beruht alles Vernehmen und Tun in der ärztlichen Praxis selbstverständlich auf vorgegebenen Voraussetzungen, welche den Erfahrungs- und Arbeitshorizont abstecken. In diesem Sinn ist auch unsere herkömmliche Form der Beziehung zwischen Arzt und Patient charakterisiert; die Wirklichkeit wird in dieser Einstellung bekanntlich auf das Objektivierbare reduziert, und das Denken, das sich dieser Objektwelt zu bemächtigen sucht, wird seinerseits auf entsprechende Kategorien eingeengt. Dies bedeutet, dass sowohl der Patient wie der Arzt als individuelle Person mit eigenen Erlebens- und Wahrnehmungsmöglichkeiten weitgehend ausgeschaltet werden; der Kranke gerät hinter seinen objektivierbaren, körperdinglichen Veränderungen (den Krankheiten und ihren Zeichen) in Vergessenheit, der Arzt hinter den entsprechenden Sachkenntnissen (Nosologie und Semiotik).

Gewiss hat diese Sachlichkeit ihre Rechte und auch ihre Verdienste, zumindest in den Wirklichkeitsbereichen, die ohne Schwierigkeiten auf dieser Ebene fassbar sind. Die *menschliche* Wirklichkeit und damit auch die Wirklichkeit jedes Kranken beschränkt sich jedoch nicht auf diese eine Dimension; speziell die Sphäre des subjektiven Erlebens und des mitmenschlichen Umganges ist in ihr nicht adäquat aufzuschliessen. Wir verdanken es auch hier zu einem guten Teil den Impulsen, die seit der Jahrhundertwende von der psychoanalytischen Therapie ausgingen, wenn unser Blick sich nach und nach wieder für andere Beziehungsdimensionen im ärztlichen Sprechzimmer zu schärfen vermochte und wir diese von neuem ernst nehmen. Die psychoanalytische Behandlungsmethode gründet bekanntlich in einer Beziehungsstruktur, welche den Kranken dazu befreien soll, sich als eigenständiges und selbsttätiges Ich zu erleben und aus der Rolle des nur passiven *Patienten* herauszuwachsen. Entscheidend ist dabei für unsere Belange, dass in dieser Behandlungssituation eine Beziehungsform entstanden ist, die den Kranken selbst zu Wort kommen lässt und ihm auch in bezug auf sein Subjektives Gehör verschafft. Dadurch öffnen sich die Horizonte auf umfassendere Wirklichkeiten hin; die Sprache und das Gespräch erschliessen auch solche Erlebnis-Welten, die nicht zu vergegenständlichen sind und gerade dadurch weiter reichen und tiefer dringen.

Dass sich dies nicht allein in der psychotherapeutischen Praxis bewahrheitet, sondern in jedem ärztlichen Sprechzimmer, davon hat uns in den vergangenen Jahren die Balint-Arbeit mit Ärzten verschiedener Fachrichtung überzeugt. Diese Seminare zeigen immer deutlicher, dass sich in jeder ärztlichen Praxis ein ,,therapeutischer Raum" konstituiert, in welchem entsprechende Beziehungsphänomene wirksam sind. In Balint-Gruppen wird das Sensorium für diese Phänomene anhand von periodischen Fallbesprechungen über längere Zeit entwickelt und geschult. Die wesentliche Voraussetzung dazu erfüllt sich auch hier eindeutig im Bereich der Sprache: Ein anderes Zuhören von seiten des Arztes führt zu andern Gesprächen mit den Patienten, und diese andern Gespräche führen auch zu andern Wirkungen und Ergebnissen. Es geht vor allem um ein sukzessives Wiedereinbeziehen und berufliches Verwenden der eigenen persönlichen Möglichkeiten im Umgang mit Mitmenschen, und dies auch in jenen Erlebnisbereichen, die von der traditionellen medizinischen Wissenschaft und Forschung ausgeklammert bzw. dem Spezialfach Psychiatrie zugewiesen wurden. Wie schon erwähnt, hat MICHAEL BALINT dieser Sphäre grosse Bedeutung zuerkannt, vor allem jener Beziehungsdimension, in welcher die Gefühle, Empfindungen und Stimmungen zu vernehmen sind und somit der Arzt selbst mit seinem eigenen Sein und Erfahren einbezogen ist. Diese ,,andere Ebene" schwingt und klingt in jeder zwischenmenschlichen Beziehung und folglich auch in jeder Arzt-Patient-Beziehung mit; sie diagnostisch und therapeutisch zu nutzen, ist das Bemühen einer jeden Psychotherapie und ebenso das Anliegen des Balint-Trainings. Es wird uns zunehmend einsichtiger, dass wir in der ärztlichen Praxis vor jedem beruflichen Wissen und Können und neben aller erlernten Technik und Methodik über ein Instrument verfügen, das uns wesentliche Erfahrungsbereiche erschliesst, sofern wir dieses Instrument, das *wir selber sind,* ernstnehmen und zu verwenden lernen.

Die „andere Ebene" der Arzt-Patient-Beziehung wird unter dieser Voraussetzung zu einem Medium, in welchem auch Wirkungen ins Spiel kommen, die neben dem als Krankheit zu objektivierenden Geschehen einhergehen und mehr oder weniger eng mit diesem in Konnex stehen. Indem der Arzt selber mit seinem eigenen Fühlen und Empfinden in dieses Medium eingelassen ist, hat er erstens die Möglichkeit, aus den Wahrnehmungen bei sich selbst auf entsprechende Vorgänge im Patienten zu schliessen, und zweitens ist er in diesem Geschehen auch immer mitbestimmend, ob er darum weiss oder nicht. Dem Arzt stehen mit andern Worten von vornherein bedeutsame diagnostische und therapeutische Möglichkeiten offen, die er in der Regel nicht beachtet oder doch zumindest nicht benützt. Wenn er aber durch stetige Anwendung und Übung diese Fähigkeiten zum Wachsen bringt und dabei zunehmend Vertrauen gewinnt in sein eigenstes „Instrument", so wird er nicht nur seine Wahrnehmung für das jeweilige Geschehen auf der „andern Ebene" schärfen, sondern mehr und mehr auch die Fertigkeit entwickeln, in diesem Medium ent-sprechender zu reagieren.

Es muss immer wieder betont werden, dass es beim Ausbilden und Entwickeln der erwähnten Fähigkeiten nicht darum geht, die Aufmerksamkeit von einem medizinischen Fachbereich auf einen andern zu schieben und sich beispielsweise anstelle eines internistischen Wissens und Könnens einer psychiatrischen Begrifflichkeit zu erinnern oder eine allgemein-verbindliche Gesprächstechnik in Anwendung zu bringen. Jeder Arzt kann und soll in seinem eigenen Fachgebiet bleiben, in diesem aber zusätzlich eine Wahrnehmung gewinnen für die Erfahrungswelten der „andern Ebene" und für die dialogische Wechselwirkung zwischen seinem Patienten und sich selbst. Es soll dabei nicht „die Sicht" gewechselt werden, indem eine vorgegebene Betrachtungsweise durch eine andere ersetzt wird, sondern „der Blick" des Arztes im weiten Sinn des Wortes soll frei werden für eine umfassendere Zusammenschau. – Vor allem können nur in solch unverstelltem Blick all jene Besonderheiten sichtbar werden, welche auf Beeinträchtigungen oder Verkümmerungen der primären Beziehungsmöglichkeiten des Patienten hindeuten und manches Kranksein entscheidend mitprägen oder ihm gar zugrunde liegen. Die Beziehungsstörungen nehmen ganz allgemein zunehmend unser Interesse in Anspruch, und dies nicht nur im Hinblick auf Neurosen und Psychosen, sondern ebenso in bezug auf Stress-Toleranz, bzw. Krankheitsanfälligkeit schlechthin. Es ist naheliegend, sich Gedanken darüber zu machen, wieviele Patienten wohl in diesen ursprünglichen menschlichen Existenzbereichen einen Mangel aufweisen, und in welcher Relation solche fundamentalen Verkümmerungen mit ihrem Kranksein stehen mögen. Wenn wir hier mehr und mehr Zusammenhänge sehen oder auch nur ahnen, so gelangen wir in die Nähe eines Verständnisses für die hohe therapeutische Potenz der Arzt-Patient-Beziehung als solcher. Je mehr wir hier wahrnehmen, desto verständlicher wird uns auch die Bedeutung der eigenen Funktion als

Beziehungspartner und der Wirkmöglichkeiten, welche in der Beziehung selbst gegeben sind. Wenn diese wahr- und ernstgenommen werden, kann jede ärztliche Praxis dadurch eine Dimension zurückgewinnen, welche im wissenschaftlichen Denken unserer Epoche weitgehend vergessen, verloren oder gar willentlich ausgeklammert wurde. Es ergeben sich für die Praxis zusätzliche Möglichkeiten, wenn die Beziehungsform dem zwischenmenschlichen Geschehen auf der „andern Ebene" den nötigen Raum gewährt und dieses auch dann Beachtung findet, wenn es nicht sprachlich artikuliert wird.

Von daher wird uns besonders einsichtig, warum die Praxis als Praxis eine Bedeutung besonderer Art zu beanspruchen vermag und diese auch vermehrt wieder im Bewusstsein der Ärzte zurückerlangt. Die Praxis wird damit erneut zum offenen Raum, in welchem sich die menschlichen Wirklichkeiten ursprünglich zu zeigen vermögen und in entsprechender Weise wahrzunehmen sind. Wenn der Arzt ihre „Sprache" beachtet und sie beantwortet, bleiben auch die therapeutischen Möglichkeiten des Gesprächs, speziell des Dialoges auf der „andern Ebene", unverstellt und wirksam. Die Praxis ist dann ein *vor*wissenschaftlicher Ort, an dem sich die Wirklichkeiten in vielfältiger Erscheinung zeigen; unsere herkömmliche Weise, mit ihnen umzugehen, d. h. sie messend zu registrieren und technisch-sachlich zu beantworten, ist nicht die einzige und auch nicht immer die beste Art des Eingehens und Entsprechens. Sobald es sich um Wirklichkeiten handelt, die nur durch mitmenschliches Einfühlen und Verstehen adäquat zu vernehmen sind, greift diese Art des Zugriffs unvermeidlich ins Leere, während das Instrument, das wir selber sind, hier entschieden mehr taugt. Das technische Wissen und Können wird dadurch keineswegs negiert; es findet jedoch den ihm zubemessenen Platz in einem grösseren Zusammenhang.

In einer solchen Praxis ist nicht mehr die Sache allein der alles bestimmende Boden, auch nicht ein anonymes Denken und Wissen an sich, sondern ein Werten und Urteilen, das sich nach dem Vernehmen des jeweiligen Gegenübers ausrichtet und dessen subjektive Wahrheit mit einbezieht. Der offene Arzt-Patient-Dialog führt somit aus den abgesteckten Gebieten der vorgegebenen Sachgegenstände hinaus und stiftet von Fall zu Fall eine Wahrheit, welche diese Sachbezirke zwar einschliesst, sie aber auch transzendiert und relativiert. Die therapeutische Beziehung und das Gespräch werden die Mitte dieser Praxis; von ihr her öffnet sich die je besondere Perspektive auf das Ganze. Das Bemerkenswerte daran ist freilich auch hier, dass der Arzt sich selbst nicht ausserhalb dieses Ganzen hinstellt, sondern – ähnlich wie in der modernen Physik der Forscher – ernsthaft inne wird, dass er selbst, in seinem Blick und durch seinen Blick, aktiv an dem teilhat, was in seiner Optik sichtbar wird. Die Wahrheit steht dann nicht mehr schon als vorgegebene Unumstösslichkeit fest, sondern bildet sich in einem offenen „Spielraum" erst zu jenem Erkenntnisgegenstand aus, der schliesslich als „Wahrheit" gefasst und mit Sinn versehen wird. Im Hinblick auf die therapeutische Beziehung und deren spezifische Wirkungsmöglichkeiten ist eine „Wahrheit" umso wirksamer, je mehr sie beiden Beteiligten „einleuchtet" und damit eine sinnvolle Verständigungsmöglichkeit schafft.

Auf diese Weise wird der Arzt in der Praxis zunehmend gewahr, dass es auch seine Sache ist, was ursprünglich Sache der Medizin war und im Laufe der Zeit derart versachlicht wurde, dass der Arzt selbst sich nur mehr als unbeteiligter, „reiner" Beobachter und Sachverständiger zu verstehen begann. Man wird sich vermehrt inne, dass im konkreten Praxisraum und beim einzelnen Patienten eine Sachlichkeit, die allein im quantifizierenden Messen und Rechnen gründet, leicht Gefahr läuft, zur absurden, weil sinn-entleerten Sachlichkeit zu werden. In der Praxis sehen wir uns ernsthaft vor die Frage gestellt, ob die Versachlichung im Sinne der präzisen Quantifizierung, wenn sie ein bestimmtes Mass überschreitet, nicht gerade der Sache der Medizin, nämlich dem leidenden Menschen, kaum mehr gerecht wird und dadurch riskiert, in einem tieferen Sinne unsachlich zu werden. Es gehört wohl zur Sache der Medizin, dass ihr die Frage nach ihrer Aufgabe und ihrem Sinn nicht verloren geht; anderseits scheint es ziemlich sicher, dass diese Frage heute nicht in erster Linie von der medizinischen Wissenschaft gestellt wird, vermutlich sogar für diese gar kein fragwürdiges Thema sein kann. Im Bereich der Praxis jedoch ist die Frage nicht nur gegenwärtig, sondern auch ziemlich brennend; zugänglich wird sie vorab im menschlich und zwischenmenschlich bewegten Raum der therapeutischen Beziehung.

Sofern die Praxis in diese Dimension eingelassen ist, und der Arzt sich persönlich für ihre Wirklichkeit offen hält, wird sie selbst in je spezifischer Weise zu einem Ort des Fragens und Suchens. Wichtige Voraussetzung bleibt, dass sich der Arzt von vornherein in eine dialogische Beziehung zum Patienten setzt, was heisst, dass er sein fachliches Wissen und Können nicht einfach mit strategieloser Gründlichkeit und Routine einsetzt, sondern nach Massgabe einer konkreten menschlichen Situation, wie sie sich aus dem Gespräch zwischen Arzt und Patient ergibt. Die daraus hervorgehenden Notwendigkeiten sind dann nicht unbedingt solche, die im unpersönlichen, nosologischen Katalog vorgeschrieben sind, und sie beziehen sich nicht in erster Linie auf Krankheiten und deren Etikettierung, sondern auf den Patienten als Person.

Wir nennen diese Betrachtungsweise „patientenzentriert" und stellen sie der „krankheitszentrierten" Optik unserer traditionellen Wissenschaft und Forschung gegenüber. Im „patientenzentrierten" Blick ist die Krankheit immer auch eine subjektive Erfahrung, die in den weiten Zusammenhang der inneren Lebensgeschichte des Kranken gehört. Oft erscheint sie in solcher Sicht als leiblicher Austrag eines essentielleren Leidens, gleichsam als dessen Konkretisierung im Körperlichen. Unser traditionelles Denken ist in diesem Fall schnell bereit, einen Bezug im Sinne des Kausalitätsprinzips herzustellen und im Körperlich-Konkreten eine Wirkung zu sehen, deren Ursache in einem anderen Bereich zu suchen wäre. Diese Betrachtungsweise hat sich jedoch nicht sonderlich bewährt; eine Psycho-Somatik, die einem rigiden Kausalitätsprinzip verpflichtet bleibt, vermag zwar interessante Hypothesen im Hinblick auf komplexe Zusammenhänge von Krankheit und Psyche zu erarbeiten, aber wenn sie diese Einblicke im Sinne ihrer eigenen Kriterien beweisen muss, finden nur diejenigen Wirklichkeitsbezüge Gnade, welche sich mit Müh' und Not der geforderten Sehweise angleichen lassen. Gewisse Krankheiten können so vor einem erweiterten Horizont verstanden werden, was dazu führte, dass sie als nosologische Einheiten ausgesondert und als „psychogene" oder „psychosomatische" Erkrankungen etikettiert wurden. Das entsprechende Wissen fand in der Folge als Sonderkapitel im „Lehrbuch der Medizin" seinen Platz. Für die ärztliche Praxis jedoch hat diese Betrachtungsweise nur sehr begrenzte Bedeutung im Gegensatz zu einer mehr pragmatischen, weiteren und „patientenzentrierten" Auffassung von Psychosomatik, welche sich bei *jeder* Erkrankung um eine ganzheitliche Sicht bemüht, d.h. das körperliche Geschehen stets in engem Konnex mit den psychischen und sozialen Lebensbedingungen des Patienten wahrzunehmen sucht.

Wenn der Arzt lernt, auch die spezifisch-menschliche Sphäre der Begegnung, des Gesprächs und der Beziehung zu seiner Forschungsstätte zu machen, so erweitern sich seine Erkenntnis- und Wirkmöglichkeiten, ohne dass sich notwendigerweise seine berufliche Belastung wesentlich erhöhen müsste, wie es oft befürchtet wird. Nicht eine weitere Ausdehnung der Investigationsfläche, nicht eine nochmalige Vergrösserung des Spielfeldes tut Not, sondern die Einsicht, dass die Wirklichkeit zwar immer weiter und mächtiger bleibt als unsere organisierten Spielfelder, dass wir aber im Raum der Praxis die Möglichkeit haben, all unser Tun sinnvoll durch die Notwendigkeiten bestimmen zu lassen, welche sich aus dem dialogischen Geschehen zwischen Arzt und Patient ergeben und weniger nach dem Leitbild der gründlichen Motorenkontrolle bei Flugmaschinen. Im Bereich der Arzt-Patient-Beziehung und des ärztlichen Gesprächs öffnen sich andere Möglichkeiten, dem menschlichen Leiden auf den Grund zu gehen, und diese Wege erweisen sich selbst dann noch als sinnvoll, wenn das betreffende Leiden nicht mit technischen Kunstgriffen zu beseitigen ist, sondern „nur" im Gespräch geäussert und mitmenschlich verstanden wird. Es ist nicht einzusehen, warum eine Forschung, deren „Laboratorium" in erster Linie das Gespräch im weitesten Sinn ist, nicht auch zu einem gesicherten Wissen führen sollte; es wäre ohne Zweifel ein empirisches Wissen, und es dürfte mit Fug und Recht ein psychosomatisches genannt werden.

Im dialogischen Gespräch öffnet sich der Zugang zum Vernehmen und Verstehen dieser Wirklichkeiten; sie sind paradoxerweise umso sicherer und gültiger zu erfahren, je mehr Einmaligkeit die zwischenmenschliche Begegnung und Beziehung auszeichnet. In dieser inter-subjektiven Dimension des Gesprächs erschliesst sich uns das ganze Menschsein, und weil nur in ihr auch eine lebendige Beziehung mit sich selbst zu gewinnen ist, kommt ihr in der Psychotherapie und letztlich in jeder Form praktischer Heilkunst eine grundlegende Bedeutung zu.

Einsichten dieser Art führen notwendigerweise auch zu gewichtigen Konsequenzen für den Arzt; er kann seine Patienten in ihrer inneren Beziehung mit sich selbst nur insofern verstehen und fördern, als er auch seinerseits in der Beziehung mit sich selbst wach bleibt und sie in seinem praktischen Tun sinnvoll zu verwenden weiss. Dies setzt wiederum voraus, dass er mit seiner persönlichen Disponibilität realistisch umzugehen lernt, d. h. sich nicht ständig überfordern oder gar zu Unmöglichem verpflichten lässt. Eine wirklichkeitsgerechte und einigermassen freundschaftliche Beziehung mit sich selbst hilft dem Therapeuten besser, für seine Patienten ein stärkendes mitmenschliches Gegenüber zu sein, als beispielsweise die Bemühung, durch eigene ,,Selbstlosigkeit" die grösstmögliche therapeutische ,Potenz' zu erlangen. Wir wissen gut genug, wie bodenlos und zerbrechlich eine so gewonnene ,Potenz' im Raume der Praxis ist; sehr leicht führt sie in den Strudel jenes Teufelskreises, in welchem Allmachtsverpflichtungen und Insuffizienz- bzw. Schuldgefühle sich wechselseitig bedingen und steigern. Eine gute Beziehung mit sich selbst hilft dem Arzt, diesen Wirbel zu vermeiden und ein realistisches Gefühl für seine Möglichkeiten und Grenzen, nicht zuletzt auch für seinen Wert zu gewinnen. Es ist dann nicht mehr allein sein Wissen, welches diesen Wert bestimmt, sondern ebenso sein eigenes Wachsen und Werden. Auch der Arzt hat so ein wesentliches Wort mitzusprechen im Hinblick auf die Fragen, wie weit der ,,therapeutische Raum" seiner Praxis reicht und wie therapeutisch seine Beziehungen in diesem Raum sind.

Literatur

BALINT, M.: Der Arzt, sein Patient und die Krankheit, 2. Aufl. Klett, Stuttgart 1957.
– Die Urformen der Liebe und die Technik der Psychoanalyse. Klett, Stuttgart 1966.
– Therapeutische Aspekte der Regression. Klett, Stuttgart 1970.
BALINT, M. und E.: Psychotherapeutische Techniken in der Medizin. Huber-Klett, Bern/Stuttgart.
BLUM, E.: Grundsätzliches zur psychotherapeutischen Situation. In: Diederichs-Verlag: Der leidende Mensch. Düsseldorf/Köln 1960.
– Sprache als Psychotherapie – Psychotherapie als Sprache. Schweiz. Zeits. für Psychologie und ihre Anwendungen 29, Nr. 1/2, 1970.
BUBER, M.: Das dialogische Prinzip. Schneider, Heidelberg 1965.
FREUD, S.: Ratschläge für den Arzt bei der psychoanalytischen Behandlung. Gesammelte Werke VIII, 1912.
HEISENBERG, W.: Sprache und Wirklichkeit in der modernen Physik. In: Sprache und Wirklichkeit, Essays; deutscher Taschenbuchverlag, München 1967.

LUBAN, B. (Hrsg.): Praxis der Balint-Gruppen. Lehmanns, München 1974.
POHLEN/TRENKEL (Hrsg.): Psychotherapie als Dialog. Huber, Bern/Stuttgart/Wien 1973.
SCHOTTE, J.: „seit ein Gespräch wir sind und hören von einander" – Über Kunst und Wissenschaft des menschlichen Gesprächs. Vortrag im Berner Arbeitskreis für Tiefenpsychologie und Psychotherapie, im Februar 1975.
SPITZ, R. A.: Vom Dialog. Klett, Stuttgart 1976.
TRENKEL, A.: Das therapeutische Gespräch. In: Gestörte Beziehungen. Walter, Olten 1973.
– Der Traum in der Perspektive der Praxis. In: Der Traum. Huber, Bern/Stuttgart/Wien 1976.

Adresse des Autors:

Dr. med. Arthur Trenkel
Kramgasse 47
3000 Bern

Autorenregister

Adler, A. 13, 44–55
Allen, M. 49, 55

Balint, M. 16, 92, 134, 138, 143
Battegay, R. 109, 114, 117–126
Beckmann, D. 56, 101, 114
Beer-Hofmann, R. 60
Benedeck, Th. 19
Benedetti, G. 63, 69
Berger, M.M. 95, 114
Besems, T. 97, 114
Bettschard, W. 9, 10
Binswanger, L. 13, 67, 72, 93
Bleuler 13
Blum, E. 143
Boss, M. 73–75, 82, 93, 94, 100, 114
Brandl, G. 49, 55
Bräutigam, W. 72, 94
Brown, I.G. 114
Buber, M. 53, 55, 95, 114, 134, 136, 143
Bühler, Ch. 49, 55
Bugenthal, J.F.T. 114, 116

Cohn, R. 101, 105, 114
Condrau, G. 71–94

Deleuze, G. 66
de M'Uzan 20
Dostojewskij, F.M. 64, 65, 70
Dreikurs, R. 50, 52, 55
Dürckheim, K. Graf 67, 112, 113

Eells, J. 69
Ellenberger, H. 58
Erikson, E.H. 49, 55

Fagan, J. 115
Feifel, H. 69
Ferenczi, S. 61, 62, 66
Fiedler, F. 69
Flies, 17
Flournoy, O. 19
Freud, A. 18
Freud, S. 9–14, 16, 19–21, 35, 39, 40, 44, 48, 53, 56, 58–66, 68, 71–75, 81, 83, 86, 90, 94, 96, 100, 104, 106, 111–114, 123, 125, 130, 136, 143

Gadamer, H.G. 49, 55
Gitelson 14
Görres, A. 82, 94
Goethe, J.W. v. 57, 58, 60
Goetschel, M. 35
Goodman, P. 101, 115
Green, A. 18
Greenson, R. 100, 105, 113, 114
Groeli, Y.A. 98, 114
Grunberger, B. 16
Guattari, F. 66
Guggenbühl, A. 22–34

Haigh, G.V. 103, 114
Hartmann, H. 61
Hatcher, C. 101, 114, 115
Heferline, R. 115
Hegel 44
Heidegger, M. 74, 76–80, 94, 100, 114
Heimann, P. 14, 115
Heisenberg, W. 135, 143
Henny, R. 9–21
Himmelstein, Ph. 114, 115
Hofstätter, P.R. 123, 125

Isaacs, S. 115
Iwanow, W. 64, 65
Janet 84
Jaspers, K. 67, 91
Jouard 101, 103, 114
Jung, C.G. 10, 13, 22–34, 59, 62, 66, 68, 73, 81, 84, 90

Kant 24
Kautzky, R. 67
Kempler, W. 101, 103, 114
Klauber, J. 67, 68
Klein, M. 11, 35–43, 111, 115
Kogan, G. 100, 115
Kohut, H. 61, 119, 125
Künkel 46

Lacan 19
Laplanche, J. 101, 111, 115
Lebovici 17
Leutz, G. A. 106, 112, 115
Levin, L. S. 101, 104, 115
Lewin 92
Louis, V. 44–55
Lowen, A. 112
Luban, B. 144
Luquet 15

MacAlpine 11
Maeder, A. 62, 65, 66, 69, 71
Marcel, G. 95–97, 115
Maslow, A. H. 103, 105
Masserman, J. H. 115
Matson, F. W. 115
Maurer, Y. A. 95–116
May, R. 103, 115
Meerwein 76
Meltzer 15
Merleau-Ponty, M. 95, 113, 115
Montagu, A. 115
Moreno, J. L. 103, 106, 112, 115
Mowrer, O. H. 91, 103, 115

Nacht, S. 11
Neufeld, J. 64
Neyraut, M. 19
Neyroud, M. 20
Nunberg 14, 16
Nuttin 91

Pache, F. 12, 15
Paiges 111
Parin, P. 61
Perls, F. S. 95, 96, 100–102, 107, 108, 110, 112, 115
Perls, L. 101, 105, 115
Petzold, H. G. 95–116
Pfister-Ammende, M. 61
Pohlen 144
Polster, E. 101, 111, 114, 116
Polster, M. 101, 111, 114, 116
Pontalis, J. B. 101, 111, 115

Racker 14
Reich, W. 103, 112
Revers, W. J. 53, 55
Richter, H. E. 56, 67
Riemann 88, 89
Rilke, R. M. 68
Ringel, E. 49
Riviere, J. 115
Rogers, C. R. 50, 53, 55, 103, 116

Saint-Exupéry 49
Sandler 18
Sartres, J. P. 98
Sbandi, P. 125
Scheler 67
Schotte, J. 144
Seguin, C. A. 88, 92, 94
Shapiro, E. 101, 104
Shapiro, S. B. 116
Shepard, M. 100, 116
Shepherd, I. L. 101, 104, 115
Simkin, J. 101, 116
Slavson, S. R. 117, 125
Smith, E. 101, 116
Spira, M. 10, 35–43
Spitz, R. 45, 131–134, 144
Staehelin, B. 107, 116
Stekel, W. 66
Strachey 17
Sullivan, H. S. 71, 96, 116
Szondi, L. 56–70

Thibon, G. 86, 87, 94
Trenkel, A. 127–144
Trüb, H. 105, 116

Van Kaam, A. 103, 115
Vööbus, K. V. 104, 116

Wagner-Simon, Th. 56–70
Walter, H. J. 95, 110, 116
Weisz, P. 101
Wiesenhütter 51
Winnicott 18, 20

Zopfl, H. 49

Sachregister

Abstinenter Stil 101–105
Abstinenz/Abstinenzregel 12, 13, 16, 101, 102, 106
Abwehr 93, 102, 105, 112, 121, 123
Adlerianer 30
Ärztliches Sprechzimmer 134, 138
Aggression 44, 51, 52, 78, 89, 93, 110, 119, 120, 121
Agieren 12, 40, 75, 82
Aktive Ich-Leistung 123
Aktive Technik 61, 62, 66
Allianz 14–16, 18
Allmachtsverpflichtung 143
Analysand 11, 13, 15, 20, 58, 59, 73, 75–78, 81, 82, 87
Analytiker 11–13, 15–20, 30–32, 37, 38, 42, 56, 58, 59, 61, 63, 66, 67, 69, 71, 73, 75–78, 81, 82, 87, 88, 99
Analytisches Durcharbeiten 48
Analytische Selbsterfahrungsgruppe 118–124
Analytische Sprechstunde 80
Analytische Technik 102
Anatomie 92
Angst 9, 35–44, 50, 51, 67, 68, 72, 80, 89–93, 102, 109, 118–124
Angstquelle 35
Anonymes Denken 140
Anthropologie/anthropologische Psychotherapie 71, 72, 96, 98, 99, 112, 114
Archetypen 25–32, 59, 62, 67, 68, 90
Archetypische Konstellation 25–27
Archetypischer Mythos 29
Arzt 28, 34
Arzt/Patient-Beziehung 9, 12, 27–30, 54, 59, 69, 72, 73, 78, 79, 88, 90, 92, 95, 96, 99, 100, 102, 107, 137–139, 142
Arzt/Patient-Dialog 140
Asketentum 89
Assoziation 11, 12, 83, 102–104, 122
Autistisch-schizophrenes Schweigen 80
Averbale Interaktion 96

Balint-Gruppe 92, 138

Behavouristen 30
Bekenntnis 57
Bewusstsein 22, 23, 39, 84, 91
Beziehungsarchetypus 26, 27
Beziehungsgefüge 125
Beziehungssystem 117
Brutpflegeinstinkt 45

Case-Work 9
Chaos 18
Couch/Couchlage 11, 15, 29, 66, 67, 81, 82

Daseinsanalyse 71–94, 100
Depression 23, 89, 95
Depressive Angst 38, 40, 41
Depressive Position 36, 37, 40, 42
Deutung 111
Dialogisches Prinzip 134, 136
Direkte Kommunikation 99, 110
Dressur 46–48, 51
Dualunion 57, 58
Durcharbeiten 48, 51, 60, 109, 123

Eifersucht 41, 42, 48, 83
Einsicht 103, 105, 121–123, 125, 128, 132, 135, 143
Einverleibung 119
Emotion 9, 24, 44, 49, 50, 52, 56, 57, 68, 123, 131, 132
Emotionale Verstärkerwirkung 109
Entgleister Dialog 136
Erbkreis 59
Erblichkeit 59
Erziehung/Erziehungshaltung 25, 46–48, 51
Es 10, 16, 113
Evolutorischer Aspekt 112
Evozierter Archetypus 26
Existenzphilosophie 114
Experientieller Stil 103–105
Explorative Kontaktnahme 117, 118, 125

Familiäres Unbewusstes 58, 59
Fazilitator 117

Feed-back 124, 125
Finalistisches Konzept 49
Freie Assoziation 83, 102, 104
Freiheit 50, 59, 61, 76, 77, 82, 87, 88
Fremddeutung 103
Fremden 46
Freudianer 30, 53
Frustration 122
Führer 9
Füreinandersein 72
Fundamentale Verkümmerung 139
Fusionswunsch 119, 125

Geburtstrauma 35
Gefühle 24–26, 50, 51
Gegenübertragung/-gefühl 12–14, 19–21, 31, 32, 38, 42, 66, 67, 71, 72, 88, 101, 102, 105
Geheime Verführer 23
Gelassenheit 78, 81, 82
Gentheorie der Objektwahl 57, 59
Gen-Verwandtschaft 57, 58
Geschwistereifersucht 48
Gestaltgedicht/Gestaltgebet 98, 107, 108
Gestalttherapeutische Handhabung 107
Gestalttherapie 62, 95–116
Gestimmtheit 78, 80
Göttlicher Funke 33
Gott 25, 28, 33
Gruppenbehandlung 117
Gruppenmitglieder 99, 107–110, 117–123
Gruppennorm 125
Gruppenpsychotherapie 117–126
Gruppenselbst 123, 125
Gruppentherapie 79, 99, 107–109, 117–126
Gutes 33

Heilbringer 67, 68
Heilende Gestalten 65
Heiler 27–34, 65
Heil-Prozess 134
Hereditäre Ich-Veränderung 61–63
Hereditäre Triebveränderung 61–63
Herrschaftsansprüche des Therapeuten 65, 68
Homosexualität/Homosexuelle 23, 42
Hypnose 12, 104
Hysterie/hysterische Patienten 88, 89

Ich 10, 16–19, 35, 36, 40, 43, 58, 62, 63, 84, 98, 106, 107, 113, 131–133, 136, 138
Ich-Leistung 123
Idealisierte, kreative feminine Seite 42
Identifikation 14, 15, 28, 34, 35, 41, 43, 89, 93, 102, 111, 123
Impotenz 31
Individualpsychologie 44–55
Individuation 33, 34
Infantilisierung 66
Insuffizienzgefühl 143
Integrativer Stil 105, 106
Interaktion 22, 96, 104, 105, 107, 108, 112, 117, 124, 125, 131, 132
Internalisiertes Modell 21
Internalisiertes Objekt 16, 40
Internalisierung 16, 21, 40
Interpretation 11, 15, 17, 19, 20, 31, 35–39, 42, 43, 107
Interpretation der Träume 31
Interpretierender Analytiker 19
Intersubjektive Beziehung 9, 10, 12, 96, 98, 99
Intersubjektiver Spannungsbereich 127
Intersubjektivität 96–99, 103, 109, 110
Intuition 88, 136

Jungianer 30
Jungsche Psychologen 22–34

Kastration 31, 32
Kastrationsangst 41
Kastrierender Vater 31, 32
Katharsis 12, 104, 120, 121, 125
Kindheit/Kind 7, 24, 35, 36, 38, 40, 44, 46–48, 102, 131–133, 136
Kommunikation 9, 20, 72, 89, 99, 110, 117–119, 127, 129, 132–134, 136
Komplexe 24
Konstruktive Fragen 63
Kontrollanalyse/Kontrollanalytiker 30, 31, 66
Kräftefeld 14
Krankheitszentrierte Optik 141
Kunstfehler 31
Kunstwerke 25
Kybernetik 125

Lebenstrieb 35
Lehranalyse 30, 50, 56, 59, 77, 88, 89, 92, 95

Lernen 46
Libido 10, 14, 48, 63
Liebe 72–74, 88, 91, 134
Liebesobjekt 57

Macht 12, 41
Märchen 25
Masse 9
Mechanistische Theorie 86
Medizinstudenten 92
Menschlicher Existenzbereich 139
Menschliche Geschichte 9
Metapsychologie 7, 10, 11, 13, 20, 21, 69
Metapsychologischer Unterschied 11
Methodologischer Fehler 11
Miteinandersein 72–80, 87, 90
Mitmenschliche Offenheit 72
Mittelbares Lernen 46
Moderator 117
Moralische Intransigenz 89
Moralischer Masochismus 64
Multimodaler Therapeutenstil 101
Mutter-Kind-Dualunion 57
Mythologie 25, 29

Narzissmus 16, 88, 89, 125
Narzisstischer Fusionswunsch 119, 125
Narzisstisches Gruppenselbst 123, 125
Narzisstisches Hoch 123
Negative Übertragung 38, 106
Neotenie 9
Neurose/Neurotiker 7, 33, 45, 48, 49, 53, 61, 66, 73, 75, 87, 89, 91, 100–114
Neutralität 12, 13
Nicht-Ich 18, 40
Nutritive Therapie 68

Ödipus-Konflikt 36, 39, 40, 42, 112
Offenheit 72, 77–79, 86–88, 91, 101, 103, 105, 106, 127, 128
Offensein des Daseins 72, 76, 79, 86, 87
Ökonomie des Ich 18
Ontogenese 9, 18
Operotropismus 59
Organisiertes Spielfeld 142

Pädagoge 74
Paranoide Angst 38–41
Partielles Engagement 101, 105, 106

Partizipative Therapie 62, 63, 65, 68
Patient/Arzt-Beziehung 9, 12, 27–30, 54, 59, 69, 72, 73, 78, 79, 88, 90, 92, 95, 96, 99, 100, 102, 107, 137–139, 142
Personalität 97
Personation 18
Phänomenologie 11
Phobie 89
Phylogenetische Geschichte 9
Physik/Physiker 134, 135, 140
Politische Beziehung 9
Positive Übertragung 38, 106
Pränatales Gleichgewicht 35
Praxis 127–144
Primär-autoerotisch-narzisstische Psyche 90
Primärprozess 11
Projektion 13, 16, 17, 23, 24, 26, 32, 35–42, 58, 60, 90, 105, 107, 121
Psychagoge 74
Psychiater 28
Psychiatrische Begrifflichkeit 139
Psychiatrische Exploration 23
Psychiatrischer Fachmann 24
Psychischer Apparat 20, 87
Psychische Realität 14, 37
Psychoanalyse/-analytiker 7, 10–20, 36, 53, 58, 61–64, 71, 72, 74, 75, 81, 82, 86, 87, 95, 96, 98–103, 105–114, 118, 123, 130, 138, 139
Psychoanalytisches Feld 11, 14, 18
Psychoanalytische Konstruktion 13
Psychodrama 103, 106, 108, 112
Psychoide 22, 24
Psychopathologie 28–30, 33, 34
Psychoschock-Methode 61, 62
Psychose/Psychotiker 33, 37
Psychosomatische Medizin 92
Psychotherapie/-therapeut 7, 11, 28–34, 50–53, 56, 63, 64, 66, 67, 74, 86–92, 95, 96, 103, 127–130, 135, 138, 143
Psychotherapeutischer Eros 88–90
Psychotherapeutische Praxis 129–131, 134, 136–139

Räumlichsein des Daseins 77
Realität 13, 14, 17, 18, 37, 107, 123
Realitätsgefühl 40
Regression 11, 37, 66, 107, 108, 110, 117–120, 123, 125

Regressive Phase 117, 119, 120, 123
Reiztherapie 62
Religion 25, 91
Richter 27, 28
Ritual 29, 30, 34, 81
Rivalität 39, 41
Rollentausch 101, 108

Schicksalsanalyse 56–70
Schicksalsanalytische Therapie 60–62
Schizoide Typen 89, 95
Schizoparanoide Position 36, 37
Schizoparanoide Situation 42
Schlechtes Teilobjekt 35, 36
Schöpferische Potenz 130
Schuldgefühle 18, 37, 40, 41, 43, 69, 72, 90, 91, 93, 143
Schweigen 11, 38, 39, 67, 68, 75, 78–82, 111, 118
Sekundärprozess 11
Selbst 16, 18, 107, 136
Selbsterhellung 91
Selbstkastration 12
Selbstverwirklichung 90, 98
Selektive Offenheit 101, 105, 106
Sexualität/Sexualisierung 10, 11, 18
Sexuelle Frustriertheit 89
Sexuelle Impotenz 31
Sexuelle Perversion 33
Sich-Zeitigen 77
Sozialarbeiter 9
Soziales Lernen 123–125
Spiegel-Therapeut 16
Spielraum/Spielfeld 140, 142
Sprechstunde/Sprechzimmer 80, 134, 136, 138
Stadium der Einsichtnahme 121–123
Stadium der Katharsis 120, 121, 125
Stadium der Regression 119, 120, 123, 125
Stadium des sozialen Lernens 124, 125
Strafbedürfnis 90
Sublimation 9
Suggestion 12

Teilobjekt 35, 36, 42
Tempelschlaf 28
Tendenziöse Apperzeption 45, 47, 48, 50, 51
Test 24, 60, 61
Teufel 25, 33, 84

Therapieende 53, 113, 114
Therapeutische Allianz 16, 18
Therapeutisches Beziehungskonzept 114
Therapeutischer Eros 70, 88–90
Therapeutischer Ethos 70
Therapeutischer Nihilismus 92
Therapeutischer Raum 127–131, 134–138, 142, 143
Therapeutische Schule 10, 11, 21, 30, 34, 127, 130
Tod 33, 93
Todestrieb 35
Totales Objekt 37, 43
Transaktionsanalyse 62
Transzendenz 33
Traum 7, 25, 26, 28, 29, 31, 42, 82–85, 99, 102–104, 122, 127, 135
Traumanalyse 102
Traumatische Erinnerung 12
Triebtheorie 35, 69, 70

Übertragung/-gefühle 12–14, 17, 19, 23, 24, 26, 31, 32, 37, 38, 39, 42, 44, 48, 58, 60, 61, 63, 67–69, 71–73, 82, 88, 90, 101, 102, 104–111, 117, 120–122
Übertragungsbedingtes Agieren 12
Übertragungsbeziehung 13, 15, 37, 106, 117
Übertragungsheilung 88
Übertragungsneurose 26, 106, 107
Übertragungsphänomen 73, 106, 107, 109, 111, 120
Unbewusstes 10, 11, 18, 22, 23, 58, 59, 73, 83, 110

Vaterkomplex 31
Verantwortung 51, 53, 54, 75, 88, 90, 102, 119
Verbale Interaktion 96, 107, 108
Verdrängung 75, 83, 93, 106, 108, 112
Verführer 23
Verhaltenstherapie 124
Vermittler 91
Verstärkerwirkung 109, 123
Verstärkerwirkung der Gruppe auf die Gefühle 123
Versuchs-Irrtums-Lernen 124
Verwöhnung 122
Vor-Übertragung 14–16

Wahlverwandtschaft 57
Wandlung 123–125, 129
Warum?-Frage 75
Werbung 23, 25
Widerstand 14, 15, 17, 50–52, 61, 62, 67, 71–75, 82, 89, 92, 93, 102, 106–111, 120, 123
Widerstandsanalyse 111

Wiederholungszwang 14
Wohlwollende Neutralität 13
Wort 127, 130, 136
Wunsch 44, 112

Zwiesprache 129, 134
Zwischenmenschliche Beziehung 9, 22, 24, 47, 56, 57, 62, 63, 66, 71